宁波区域开放合作与自贸区研究基地成果

双循环格局下
宁波创新型产业集群发展研究

SHUANGXUNHUAN GEJUXIA
NINGBO CHUANGXINXING CHANYE JIQUN FAZHAN YANJIU

刘春香 著

中国财经出版传媒集团
中国财政经济出版社

图书在版编目（CIP）数据

双循环格局下宁波创新型产业集群发展研究 / 刘春香著. --北京：中国财政经济出版社，2022.7

ISBN 978-7-5223-1235-4

Ⅰ.①双… Ⅱ.①刘… Ⅲ.①产业集群-产业发展-研究-宁波 Ⅳ.①F269.275.53

中国版本图书馆 CIP 数据核字（2022）第 039757 号

组稿编辑：周桂元　　责任校对：徐艳丽
责任编辑：周桂元　　责任印制：张　健
封面设计：卜建辰

双循环格局下宁波创新型产业集群发展研究
SHUANGXUNHUAN GEJUXIA NINGBO CHUANGXINXING CHANYE JIQUN FAZHAN YANJIU

中国财政经济出版社 出版
URL：http：//www.cfeph.cn
E-mail：cfeph@cfeph.cn

社址：北京市海淀区阜成路甲 28 号　邮政编码：100142
营销中心电话：010-88191522
天猫网店：中国财政经济出版社旗舰店
网址：https：//zgczjjcbs.tmall.com
北京财经印刷厂印刷　各地新华书店经销
成品尺寸：170mm×240mm　16 开　18.25 印张　318 000 字
2022 年 7 月第 1 版　2022 年 7 月北京第 1 次印刷
定价：75.00 元
ISBN 978-7-5223-1235-4
（图书出现印装问题，本社负责调换，电话：010-88190548）
本社质量投诉电话：010-88190744
打击盗版举报热线：010-88191661　QQ：2242791300

前　言

创新型产业集群是推动区域发展和产业结构调整的重要助推器，是传统产业集群转型发展和顺畅国内国际双循环的必经之路。做大做强做优创新型产业集群，对加快发展现代产业体系、坚持创新在我国现代化建设全局中的核心地位具有重要意义。当前，上海、山东、广东、北京等多地加码发力，聚焦生物医药、人工智能、集成电路、新材料产业等关键领域，打造创新型产业集群，千亿级、万亿级产业集群加速崛起。

作为长三角南翼经济中心，宁波在长三角区域高质量一体化发展的国家战略中扮演着重要角色。双循环背景下，发展创新型产业集群可以很好地将宁波各种创新主体和创新要素整合起来，可有力地支撑宁波创新体系，推动宁波工业双循环格局良性发展。

基于此，本书在产业创新和集群理论的基础上，基于双循环发展背景，较为详细地分析了宁波创新型产业集群。全书共分为九章，各章内容为：第一章为导论，主要介绍研究背景和意义、国内外研究现状以及相关理论基础；第二章对创新型产业集群进行理论概述，主要介绍创新型产业集群的定义、分类、特征、构成要素、生产机制以及创新型产业集群形成的充分和必要条件；第三章分析双循环格局下宁波推进创新型产业集群发展的必要性和可行性，认为宁波具备了发展创新型产业集群的优良条件；第四章在介绍宁波工业经济发展现状的基础上，着重研究双循环格局下宁波创新型产业集群发展现状，包括其发展特点、分布情况等；第五章构建了评价体系，通过问卷调查，实证分析了双循环格局下宁波创新型产业集群竞争力现状。第六章选取电子信息、汽车、高端装备、软件与信息服务和新材料产业集群，对双循环格局下宁波创新型产业集群发展现状进行典型案例分析；第七章分析双循环格局下宁波创新型产业集群存在的主要问题，例如部分集群规模较小、要素制约严重，科技创新实力有待增强，高层次人力资本较为短缺等；第八章梳理并介绍国际国内关于发展创新型产业集群的经验；第九章主要从群内企业和政府角度提出了双循环格局下宁波创新型产业集群的发展对策。

综合来看，目前关于系统研究宁波创新型产业集群发展的文献尚不多见，希望本著作可以为学者们进行相关研究提供有益的借鉴和参考。

作者

2022 年 1 月于宁波

目　录

第一章 导 论

第一节 研究背景及意义

一、研究背景

随着以知识为基础的经济增长时代的来临，发展创新型产业集群已成为一个国家或地区提高竞争力的重要手段。创新型产业集群可以理解为：以创新型企业和人才为主体，以知识或技术密集型产业和品牌产品为主要内容，以创新组织网络和商业模式等为依托，以有利于创新的制度和文化为环境的产业群体。与模仿型产业集群相比，其创新程度较高；与劳动密集型产业集群相比，它属于知识或技术密集型产业集群；与传统产业集群相比，它属于现代产业集群。

早在 2011 年，国家科学技术部火炬中心围绕“一个行动、两项工程”开展相关调研，部署了创新型产业集群建设工程试点工作，同年 11 月批复了包括中关村移动互联网产业集群在内的 41 个国家创新型产业集群首批试点。此项工作极大地激发了各地建设创新型产业集群的热情，陕西省、黑龙江省从2012年开始着力实施创新型产业集群建设工程和科技服务体系建设工程，重点提升科技服务能力，推进创新型企业培育。泉州市作为国家创新基金的首个产业集群试点、首批创新型产业集群试点（培育）之一，提出要积极抓住创新型产业集群、服务体系建设试点双双列入国家试点工程的契机，加速推进技术转移和科技成果产业化，大力培育科技型企业群体。厦门市、无锡市等城市也加快了创新型产业集群的发展步伐。2021年8月，宁波高新区工业互联网创新型产业集群入选了当年的国家创新型产业集群试点（培育）名单。这是本次浙江省唯一入选的产业集群，也是宁波市获批的首个创新型产业集群。毫无疑问，双循环格局下宁波应该花更大的力气，积极推动创新型产业集群建设。

作为重要的沿海城市，宁波市具备了发展创新型产业集群的有利条件。从区位和市场腹地看，宁波是长三角南翼经济中心和亚太地区的重要门户，既拥有长三角2亿多的人口规模和雄厚的产业集群，又辐射全球市场。宁波舟山港背靠长三角经济圈，通过260条集装箱航线连接190多个国家和地区的600多个港口，编织成一张港通天下的航运贸易网。宁波舟山港货物吞吐量连续12年居全球第一位、集装箱吞吐量居全球第三位，口岸进出口居全国第五位、自营进出口居全国第九位。

自1999年实施以加快发展高新技术产业为重点的科教兴市“一号工程”以来，宁波市高新技术产业快速发展，全市高新技术产品产值以年均10%以上的速度增长。2020年全市高新技术产品增加值达到2338.76亿元、增长6.9%，增速高于规模以上工业企业1.7个百分点。高新技术产业成为全市经济新的增长点，形成了新材料、电子信息、先进制造等领域的高新技术产业集群，这三个产业目前占全市高新技术产品产值的比重分别为33.49%、21.88%、23.73%。“十三五”期间，宁波创新“栽树工程”成效显著，国家自主创新示范区和甬江科创大走廊加快建设，产业技术研究院总数达71家，人才净流入率居全国主要城市前列，全社会研究与试验发展经费支出占生产总值比重提高至2.85%。另外，宁波市不断促进传统产业和传统产业集群转型升级的各项战略也为创新型产业集群的发展奠定了坚实基础。

“十三五”期间，宁波市加快构建“311”战略性新兴产业体系，聚焦新材料、新一代信息技术和高端装备（含新能源汽车）等三大战略性引领产业，加快培育发展新能源、节能环保、生物产业、数字创意等一批新兴产业和一批生产性服务业。全市战略性新兴产业产值和增加值由2015年的3557.0亿元、583.3亿元分别增长到2020年的5263.2亿元、1199.3亿元，年均增长率分别为8.2%和15.5%。2020年，全市战略性新兴产业增加值占全市规模以上工业企业比重为29.7%，占GDP比重达9.7%，成为经济增长的重要引擎。

2020年宁波市“246”万千亿级产业集群规模以上工业增加值3190.9亿元，同比增长5.6%，增速高于规模以上工业企业平均0.4个百分点，占规模以上工业企业增加值比重达到78.9%。12个产业集群中有11个实现正增长，其中汽车、电子信息、生物医药等7个集群增长6.0%及以上，引领增长态势较为明显。

具体来说，宁波市发展创新型产业集群的重要意义表现在：（1）落实科技部部署的需要。宁波市被科技部、国家知识产权局列为首批国家创新型试点城市、国家知识产权工作示范城市。2020年宁波市完成专利申请量8.0万件，其中发明专利2.0万件；专利授权6.1万件，其中发明专利5340件。新认定高新技术企业1667家，累计有效高新技术企业3102家；新增国家级企业技术中心2家，累计32家；新增省高成长科技型中小企业248家，累计1381家；新增省级众创空间3家，累计66家；新增国家级孵化器1家，累计12家。全年全市共认定登记技术合同3318项，比上年增长7.8%；完成技术交易额271.4亿元，增长25.4%。因此，宁波应该积极抓住机遇，落实科技部部署，积极培育和发展创新型产业集群，以强化创新导向聚合力，强化创新主体培育壮实力，强化创新载体建设提升能力，强化创新要素支撑添动力。（2）持续推进“六争攻坚”决策部署的需要。2018年，宁波深入实施“六争攻坚”行动，即项目争速、产业争先、科技争投、城乡争优、服务争效、党建争强，突出稳企业、增动能、保平安。创新型产业集群的建设可以凝聚创新人才，整合创新要素，有效推进区域创新，带动传统产业（集群）转型升级，因此是宁波“加快推进产业升级”的重要力量。（3）提升宁波综合竞争力的需要。首先，创新型产业集群是宁波创新型企业最好的生存基地。创新型企业在创新型产业集群内能得到较好的专业化服务，因此发展创新型产业集群可促进区域创新的基本主体及创新型企业的发展。其次，创新型产业集群是宁波教育科研机构的支持者和需求者，是创新型人才施展才华的大舞台，发展创新型产业集群可成为宁波区域创新的重要动力。再次，创新型产业集群是区域内研究机构产品的重要市场，发展创新型产业集群可促进宁波研究机构的产业化和市场化。最后，创新型产业集群可以很好地将宁波各种创新主体和要素整合起来，发展创新型产业集群可有力地支撑宁波创新体系。

而从国内外的研究现状来看，尚缺乏对宁波创新型产业集群的系统研究。基于此，本著作将在产业创新和集群理论的基础上，构建创新型产业集群理论框架，分析创新型产业集群形成机理，构建评价指标体系，最后构建宁波培育和发展创新型产业集群的运行机制模型并提出具体对策建议。

二、研究意义

第一，本书的研究建立在经济地理学、产业经济学、创新经济学、技术经济学、演化经济学、新制度经济学以及组织行为学等学科交叉的基础上，研究开放条件下创新型产业集群的定义、分类和特点，分析传统产业集群与创新型产业集群的区别，将进一步深化和丰富区域经济学、产业经济学和创新经济学，拓展产业集群理论研究视角，因此有着较强的理论意义。

第二，基于宁波工业经济和宁波产业集群发展概况的分析，通过划分区域分析宁波创新型产业集群的发展现状，为宁波创新型产业集群的培育和发展提供理论依据。最后，提出宁波发展和培育创新型产业集群的具体建议，因此具有较强的实践意义。

第二节 国内外研究现状及评价

一、国内外研究现状

创新型产业集群这个概念很早就有，早在熊彼特提出创新的时候，就曾指出其具有集群特性。需要指出的是，早期的创新型产业集群与当代创新型产业集群的内在含义是完全不同的。早期的创新型产业集群是指创新所发生的时间上的集群，当时学者们对创新的研究是沿着时间轴上的分布进行的。在早期的创新型产业集群概念中，“集群”是用来说明“创新”同时期出现这一现象的。然而，自20世纪80年代起，创新型产业集群开始被赋予新的内涵，并慢慢演化成今天的创新型产业集群理论。当代的创新型产业集群已经不再是研究创新在“时间”上集群的现象了，而是研究创新在“地域”上的集群。1999年和2001年，OECD连续出版了《集群——促进创新之动力》《创新型产业集群——国家创新体系的驱动力》两部研究报告，标志着当代创新型产业集群思想的正式提出。随着人们对创新集聚效应对产业升级及区域经济增长重要性认识的不断提高，“创新型产业集群”概念的内涵也日益拓展，相关研究逐渐成为学术界的一个新热点。

（一）对创新型产业集群概念的研究

相关研究主要集中在以下四个方面：

1. 强调高强度的合作与联系

在西方的文献中，这一类型的定义是最为普遍的，强调了创新型产业集群内部高强度的合作以及内部企业之间的互动。如美国竞争力协会（Council on Competitiveness，2010）把创新型产业集群定义为“很多互相连接的工业或者服务业公司之间具有程度很高的合作。特别是在同样的环境下，形成了紧密的供给链，其核心是以合作优势取代了竞争优势”。他们把“合作”作为形成创新型产业集群最为核心的原因，指出合作是创新型产业集群具有的一个非常重要的特征。但是，这个定义不仅仅可以用来描述创新型产业集群，实际上可以用来描述任何类型的集群。尽管“高强度的合作”可能在创新型产业集群中确实发挥了重要作用，但是这个特征与波特（1998）以及OECD（2001）对产业集群的定义在很大程度上是重合的。

2. 强调创新的产业集群内嵌特征

汉弗里（Humphrey J.，1995）认为创新型产业集群在本质上是“创新性的产业集群或基于创新的产业集群”。该理论基于产业发展的研究视角，对国内创新型产业集群的研究产生了很大的影响，国内学者如王缉慈、聂鸣等在研究中均采用这种观点。蒙新春（2003）认为，可从动态性、国际化、科学与技术紧密联系、网络化、集群成员创新紧密联系等方面去界定创新型产业集群；孔瑞里（2006）研究认为，创新型产业集群是“不同功能企业在垂直、水平和地理的集聚，以分享知识和使新产品增值”；马泽蒂（2008）则认为，创新型产业集群是一个“以集群内部部门之间技术流动为纽带的通畅的简化技术系统”；王缉慈（2004）认为，创新型产业集群是产业集群发展的高级阶段，产业集群是诱发创新型产业集群的核心诱因和内在依据；滕堂伟（2007）认为，创新型产业集群来源于基于范式的不连续性、技术复杂系统、累积性的学习过程以及范围经济；吴伟萍（2021）、钟书华（2008）则强调了价值链和知识链在创新型产业集群形成中的作用，将创新型产业集群定义为“具有集聚经济和大量知识溢出特征的技术经济网络”。

3. 强调技术功能上的联系

对创新型产业集群更加有意义以及更加详细的定义是一种基于“技术功能”上的分析，代表人物为 Preissl 与 Solimene；Casper S. 与 Murray F.；Bekele G. W. 与 Jackson R. W.；Sallet Jonathan 与 Ed Paisley 等。例如，Preissl B，Solimene（2003）认为“创新型产业集群是一系列相互依靠的组织，他们对于经济部门和工业部门创新的实现有着很大的帮助”。需要指出的是，强调技术功能似乎比较容易“校准”创新型产业集群，因为创新型产业集群具有很明确的功能目的。尽管如此，这个定义过多地依赖了技术和功能上的背景，对一些关键的维度缺乏整合。实际上，创新型产业集群内部机构是嵌入在社会和体制层面中的。过于强调技术功能则会把机构之间的互动、对环境的嵌入以及人际关系的作用忽略。出于同样的原因，在这个界定模式中，影响创新型产业集群形成、功能和发展的各种机构也没有被清楚地强调。

4. 基于创意领域的视角

把创新型产业集群看成是一种“创意领域”的集群的代表人物有 Romaneli E，Khessina O. M.；Scott，Robinson K. R.，Rip A.，Mangematin V. 等。其中，Scott 提供了三个并不相同的，但互为补偿的定义来说明什么是所谓的“创意领域”的集群：第一，作为一个创意力量的领域，可以用来描述形成或影响人的聪明才智以及发明创造的任何社会关系体系，它是伴随创新而出现的场所。这个领域很少会被冻结在时间或者空间范畴内，但它所激发的创新会形成反馈效应，导致集群的组织和行为逻辑的改变。第二，一个创意领域更加具体的识别是指包含所有这样的例子：即所有拥有空间和区域属性的组织，他们的这些属性可以促进发展并引致创新，无论组织的规模有多大。第三，创意领域是一系列工业活动和相关的社会行为所形成的地理上分化但却互动的网络，这些互动的网络可以引致多种创业、创新结果。此定义的内在要素是，无论是所处的领域还是它在创业和创新方面所引起的效果，它们都是彼此本能地交织在一起的（Allen S.，2006）。

对于Scott来说，此概念的显著特点是，创意性领域的理念远远超越了在经济领域的具体应用，其在文化和科学领域的发展也能部分地帮助理解创意领域本质上的多样性。Scott等把创新型产业集群定义为一个生产创意的集群，确实是一个比较有意义的视角。然而，Scott所提供的定义仍然存在一定的不足，例如创新型产业集群的这些多尺度的空间属性不能作为创新型产业集群的本质特征，实际上这是创新（创意）交互行为的普遍特征（Abdelillah Hamdouch，2008）。

总之，各种各样的定义和讨论方式对于创新型产业集群的主要特征提供了非常有价值的探析，但是还值得继续进行有价值的整合。在综合相关研究的基础上，编者认为：创新型产业集群包含一系列的组织和机构，并满足三个限定条件：第一，在特定的制度环境和空间尺度下，地理本地化发生的；第二，通过机构间、个人之间或者偶然的关系和网络进行正式的和非正式的互动；第三，对于一个给定的产业或者行为领域（例如由某一特定的知识、能力、技术限定的领域）内各种创新的贡献是基于整体层面上的贡献，而不是其中个别的几个企业。

（二）对创新型产业集群分类的研究

国外对创新型产业集群分类的方法很多，最基本的分类方法是1984年美国经济学家罗森伯格（1984）从时间和空间意义上对创新型产业集群进行的分类。时间意义上的M型创新型产业集群主要表现为由于需求的全面旺盛，在同一时期集中出现成群的在技术上并无直接联系的创新；空间意义上的T型创新型产业集群，则主要表现为在某一区域涌现出一系列在技术上相关的创新。后人关于创新型产业集群的分类研究，基本是在上述两种创新型产业集群分类基础上的进一步细化。如夏保华（2000）从空间分布角度进一步研究了M型和T型创新型产业集群，认为从技术经济空间角度看，M型发生式集群是虚假的，T型发生式集群才是真实的。同时，也有一些学者从其他视角提出了不同的分类方法。如骆静（2003）从内外部联系的角度，将创新型产业集群分为内聚性集群、新工业区集群、创新环境集群、邻近集群四种不同的类型；田桂玲（2007）从创新型产业集群内部创新产生条件的角度，将创新型产业集群分为产业创新型产业集群、创新型产业集群、网络创新型产业集群等。但从整体看来，目前对创新型产业集群的分类研究大体上仍是围绕创新型产业集群的时间、空间分类来进行。从理论上揭示时间和空间角度下的技术创新相互关系、平衡状态特征及变动趋势方面的研究，现阶段仍具有一定的局限性。

（三）对创新型产业集群效用机制的研究

现有文献对创新型产业集群效用机制的研究主要可以概括为以下四个方面：

1. 创新机制

创新型产业集群的核心功能是快速、有效地产生大量的新技术、新产品。近年的研究成果一再表明，集群内的企业明显的更具创新性（Spencer Gregory Tara Ninodrai Meric Gertler，Wolfe D，2010；张冀新、张俊龙，2021），其原因在于创新型产业集群内部的创新网络提高了企业创新的效率。在当前的知识经济时代，知识产生的模式已经发生了根本转变。因此，需要有不同的制度和组织形式来与其相适应，创新网络正是适应新知识生产模式的一种新的组织形式。这实际上也反映出了创新的内在要求和特点，因为创新型产业集群内的网络更强调行为主体之间的相互作用机制，并突出了其中的非线性因素，以及弥漫于区域创新系统中的文化因素的作用。Liu X.、Buck T.（2007）也指出，在一个创新型产业集群中，行为主体之间的网络是理解行为多样性的关键，一个创新型产业集群的内部网络，渴望提高知识的扩散和本地的学习。在一个相对发达、有效的集群创新网络中，集群内的各个行为主体都能够激活集群内外的资源，通过创新型产业集群内部各行为主体的有效合作、协同创新（Daskalakis，Kauffeld - monz，2011），进而带动集群中产业网络、融资网络与虚拟网络，以至整个创新型产业集群的高级化演进。同时，和创新型产业集群外的企业相比，企业根植于集群内渴望得到更多的帮助。通过多样的和不断变化的组织内部关系，企业获得了成长。战洪飞（2009）对宁波地区的产业集群进行了调研并分析了产业集群的技术创新、企业信息化、资源与能力约束的现状。在产业集群原有产品协作的基础上，从增强集群企业可持续发展能力出发，提出了产业集群协作创新战略模型。从系统工程的角度研究了资源共享、制度与机制、社会氛围、网络技术体系等多个层面的集群协作创新问题，并探讨了网格化协同创新支撑平台的设计。赵忠华（2009）、刘凯琳（2020）从技术创新扩散和知识流动两个视角重新界定了产业集群，提出了创新型产业集群概念。在对创新型产业集群网络的核心要素，即技术创新扩散网络和知识流动网络的运行机制进行分析的基础上，研究了创新型产业集群网络内技术创新扩散与知识流动程度的测度，建立了以技术创新扩散和知识流动为中间变量的创新型产业集群网络个体结构特征、关系特征与绩效的关系模型，最后以沈阳市大东区汽车行业产业集群网络为对象开展了实证研究。

2. 创业机制

除了创新之外，创新型产业集群还通过另外一个机制发挥重要的作用，那就是创新型产业集群的创业机制。近年来西方文献对创新型产业集群的研究更多地关注创新型产业集群在新企业的生成、增长以及生存等方面的作用（Feldmanet al，Acs、Armington，Haltiwanger etal，Glaeser、Kerr）。其中，Glaeser E. L，Kerr W. R.（2009）、张冀新、王怡晖（2019）认为，某一相关产业创新型产业集群的存在将会通过降低开创公司的成本、提高创新的机会，以及更好地获得更多的丰富多样的投入和配套产品而促进创业的成功。公司、客户、供应商和其他机构位于同一个区域也会增加创新机会，同时也会增大创新的压力。由于企业家是创新的代理人，所以一个强烈的集群环境应该培育创业活动。较强的集群环境的存在，减少了企业进入和增长的障碍，提高了区域比较优势，这应该是创业活力的核心驱动力。

在对于创新型产业集群如何促进内部创业方面，很多学者都是基于社会资本的观点，认为创新型产业集群内部的联系和关系网络对创建新企业有着十分重要的作用（Myint Y. M.，Vyakarnam S.，Mary J. New.，2005）。Delgado Mercedes，Michael Porter，Scott Stern（2010）发现创新型产业集群内的创业者更容易利用已有的社会网络和发展新的关系网络帮助自己获得信息、资源和支持。Glaeser E. L.，Kerr W. R.（2009）发现集群内创业更容易成功是因为这些人拥有更好的关系网络。Mercedes D. P.，Scott S.（2010）则进一步指出，集群不仅会有利于新企业的进入，还会提高集群内部企业的生产率，这将会提高内部新生企业的成活率。同时，一个很强的区域集群可以使产品或服务在商业化过程中更容易获得其必须的投入，这将有利于创业企业的成长。

3. 产业促进机制

在整个产业的发展层面上，创新型产业集群也被确认有助于生产率的提高和产业的增长。Henderson 通过对 218 个大都市区的调查研究发现，相同产业内的企业在同一地区的集聚可以极大地提高企业的生产率。Nakamura R.（2008）发现，在日本和英国，创新型产业集群与制造业、零售批发业、金融业等行业的生产率有着明显的正相关性。Gregory Spencer（2009）在对加拿大的经济进行综合分析后也指出，经济行为的地理集群，导致更好的产业绩效。最值得注意的是，这项调查的结论是，坐落在某个城市区域的产业达到了一定的数量规模后，将倾向于产生更高的收入和就业增长率。

4. 区域发展机制

相关研究表明，当地创新型产业集群的强度对区域经济发展的绩效有着重要的影响。Mercedes Delgado，Michael Porter，Stern S.（2008）等发现，美国创新型产业集群与当地的就业、专利的增长都有着很大的相关性。与此相似的是，Spencer（2010）、李刚（2017）等也发现，在集群就业比例较高的城市地区，要比集群欠发达的地区有着更好的经济表现（表现在收入水平和就业增长上）。

5. 学习效应与生产率机制。Martin 和 Ottaviano（1999）、沈小平（2014）构造了 GS 模型，认为集群的学习效应的增强会逐渐降低产品成本，因而提高集群内工人的劳动生产率。Ottaviano 和 Robert Nicoud（2003）构造了 LS 模型，指出如果知识的溢出效应随着空间距离的增加而逐渐减小，则产业集群内企业的生产率越高。Fujita，M. 和 Krugman P.（2004）认为研发部门工人的创新活动会提高集群内的技术水平，进而提高整个集群内的劳动生产率。Dekle 和 Eaton（1999），Braunerhjelm，Pontus 和 Borgman（2006）对日本和瑞典的分析得到了同样的结论。范剑勇（2006）的研究结果表明，就业密度增加 1 倍，工人的劳动生产率可提高 8.6%—8.9%，远远高于发达国家的劳动生产率对就业密度弹性水平，所以中国集群与劳动生产率的关系远比发达国家明显。章元，刘修岩（2008）发现中国城市的产业集群与劳动生产率是一种正向关系。陈建生，李文宇（2012）发现成都经济区内的集聚力大于扩散力，并在一定程度上提升了劳动生产率。王丽丽（2012）则指出，在制造业集聚促进生产率提升的过程中存在门槛效应。贸易开放程度提高，产业集群促进全要素生产率增长的作用越明显。

实际上，在创新型产业集群的五个效用机制中，最核心的还是创新型产业集群的创新与创业机制，创新与创业也是产业促进、生产率提高和区域发展的基础。创新型产业集群所起到的作用在西方的研究文献中已经给出了充分的证明。但是，他们对于集群为什么能够促进创新、创业的解释方面则似乎有些过于强调网络的作用。诚然，无论是创新网络，还是与创业相关的社会资本、人际关系网络，可以说对集群内部的创新、创业方面都有着极大的帮助。但是为什么会形成这些网络呢，大学、研究机构、企业集中在一个地理区域就能自然产生这些网络吗？答案是否定的。即使像硅谷这样的部门之间紧密网络化的地区，也没有任何事实显示他们可以立即自动地根据市场的变化调整资源。因此，只强调网络，而忽视网络背后的“个人因素”的核心的、微观的作用机制，无法得到让人信服的理论解释。

（四）对创新型产业集群影响因素及形成机理的研究

1. 波特“竞争优势”理论的解释

波特认为，产业的地理集中是由竞争所致，集群有助于提升产业竞争力和国家竞争力。波特提出了提升国家竞争力的“钻石模型”。他列举了大量例子来说明一个国家的产业集群有助于提升该产业部门的国家竞争力；反过来，他认为相互强化国家竞争力的产业都会出现集聚，其原因通常是因为在一个国家的钻石体系中，每个关键因素都具有地理集中的含义。

2. 新经济地理学派的解释

以2008年诺贝尔经济学奖得主保罗·克鲁格曼为代表的新经济地理学派对创新型产业集群的形成用“偶然事件”和“循环累积”的观点进行了解释。该理论认为，创新型产业集群在某一地区最初的萌芽往往是一种历史的偶然因素导致的，是一种巧合，然后由于“路径依赖”再经过一段时间的“累积过程”最终形成的。“生产活动倾向于集聚在市场大的地方，而市场因为生产活动的集聚而进一步扩大”，这就是累计循环因果关系。一些经济学家根据收益递增理论分析，认为像硅谷、剑桥这类的创新型产业集群的出现并没有什么特别神秘的地方。克鲁格曼（1991）特别指出，创新型产业集群只是一个人们过于吹捧的地理区域，实质上它只是经济发展的一种自然现象。

3. 其他观点

除了上述两种主要的观点外，还有一些其他的经济学家分别从不同的角度作出了解释。一些国外经济学家认为创新型产业集群与经济一体化、贸易自由化有密切的关系，如 Alcacer 与 W. Chung 等指出，贸易成本的降低促进了集群的形成且具有转移集群中心的效果；Feser E，Renski H，Goldstein H（2008）等从产业经济学的角度考察认为，集群的形成与规模经济有关，集群的产业都是规模报酬递增的；此外，还有学者认为创新型产业集群的形成与集群的外部性有关，如 Bottazzi 分析了集群中的知识溢出对高科技产业的效应等。

在国内，学者宁钟（2003）基于经济地理理论对创新集聚的研究进展，总结出创新型产业集群的三个主要形成动力：聚集经济、知识溢出和技术多样性。彭灿（2003）、沈小平（2014）对集群创新模式进行了研究，强调了内部知识溢出能力在创新型产业集群学习中的重要作用。陈亚辉（2006）认为，创新型产业集群的形成动因与群内社会资本具有高度相关性。李顺才（2008）、唐勇（2016）则特别强调，知识的流动及互动学习机制在创新型产业集群的形成与发展过程中起着决定性作用。

从以上国内外研究成果来看，众多学者认为创新型产业集群形成的主要推动因素包括知识溢出效应、聚集经济性和技术多样性。同时，社会资本、学习机制等因素的重要作用也得到了广泛认可。

（五）对创新型产业集群演进机理的研究

李空瑞（2003）认为，持续稳定的、利于创新的科技政策环境是促进创新型产业集群发展的重要原因。马丁娜、基特（2005）、张骁（2016）、郭娜（2019）认为，创新型产业集群的演进路径具有多样性，具体可从政府在集群形成路径中发挥的作用大小和创新型产业集群发展的动力来源两个维度来衡量。莫雷诺（2006）则通过分析创新活动的关键因素，认为知识溢出在创新型产业集群发展中具有重要作用。弗朗茨（2006）、陈松（2017）进一步从发展模式的“知识经济”转变特性出发，强调了知识共享在集群创新中的重要作用。

目前，国内关于创新型产业集群演化机理方面的研究较有代表性的观点，是借鉴技术创新生命周期理论对创新型产业集群进行阶段划分。陈剑锋（2002）从创新产出角度划分创新型产业集群的生命周期，认为划分技术创新型产业集群所处阶段的指标是参与企业在技术集群中所发挥的作用。张敏（2007）、任国亮（2015）同样从集群创新驱动角度来分析创新型产业集群演化过程，初步建立起了企业技术创新型产业集群技术演化路径模型与一套阶段指标体系。滕堂伟（2008）、李刚（2015）强调，应可在特定的创新型产业集群环境下提供专业化技术研发服务，而这对于以中小企业为主、处于发展中的集群而言极其重要。

通过对相关研究的梳理，我们可以看出国内外目前对创新型产业集群演化机理的研究，主要着眼于集群创新驱动机制、创新轨道的跃迁条件、最终创新系统形成这样一条研究思路。然而，它们多限于对各种影响因素综合效应的宏观描述，而对各个影响因素进行系统研究的文献尚不多见。

（六）对创新型产业集群政策的研究

创新型产业集群政策虽然在西方最早开始实施的，但时间并不长，主要是从 2000 年后由 OECD 大力推动的，而且西方创新型产业集群政策的实施具有明显的地域特征。因此，目前西方对创新型产业集群政策的研究可以分为欧盟的创新型产业集群政策以及美国的创新型产业集群政策。

1. 欧盟的创新型产业集群政策

欧盟是最早实行创新型产业集群政策框架的地区，在 2003 年欧洲委员会名为 *Theme Specific Country Report – Iceland* 的报告中，对集群政策的定义是：“集群政策可以表现为不同的形式，它们可以是显性的，被贴上‘集群政策’标签的，也可以是隐性的。从这种意义上讲，集群政策就是对集群有影响的政策，不一定必须是以集群为目的设计的。”2005 年欧洲委员会的一份欧洲集群政策与实践的综述报告中对集群政策进行了进一步的描述：“集群政策自身表现为将彼此分离的政策工具结合成一个整体的方法”。本质上讲，集群政策不是孤立的、独立的和定义严密的政策，它包含了所有影响集群发展的政策，并考虑了这些政策之间的协同与互换。

由此可见，集群政策既包括“显性”的，贴上标签的政策，同时也包括隐含在其他政策框架内，但对集群的发展同样会产生影响的政策。欧盟的创新型产业集群政策可以概括为三个方面：一是为企业成长和创新创造有利的微观经营环境方面的便利政策，这些政策通常对集群的发展和形成只发挥间接的激励作用。二是涉及传统的框架政策，例如，产业政策、中小企业政策、研究和创新政策、地区政策，但是与传统政策不同的是，这些政策是通过集群的方式发挥其政策工具的效率的。三是发展政策，政策目标通过一些集群行动来创造或加强一个特定的产业集群。

然而，当前欧盟的创新型产业集群政策又开始发生了新的变化，这种变化就是欧盟由以往强调提高国家和地区的竞争力为主转向强调创新型产业集群政策的跨国合作（European Commission，2010）。尽管欧盟国家之间跨国集群政策的合作程度还不高，但是，欧盟已经认识到从欧盟层面制定相关的集群政策可以解决集群政策跨国合作的很多障碍，欧盟层面的集群政策的出发点应该是欧盟各国和地区集群政策的补充。通过欧洲集群观测站（The European Cluster Observatory，TECO）提供可比较的集群信息，从而避免重复建设。

2. 美国的创新型产业集群政策

美国拥有全球最发达的创新型产业集群，并且集群的理念最早也是由美国经济学家波特提出并推广的，但是一直以来美国都没有制定专门的创新型产业集群政策。直到2008年美国金融危机的爆发，使得美国商业领导者、主流评论、政策分析者都普遍认为美国应该采取另一种发展模式：一种基于大都市经济中持续的价值生产、效率的提高和具有超级生产力的创新型产业集群，而不是基于泡沫或者过度消费（Mark Muro、Bruce Katz，2010）。在创新型产业集群政策制定方面，美国本着这样一个发展规划：第一，构筑集群的信息基础（如集群地图项目等）；第二，为确保在政策实践交流与合作方面的有效互动建立专门论坛；第三，发展区域集群中介；第四，在国家重大挑战领域实施集群范式；第五，发展一个论坛来协调不同的集群发展项目。

二、研究述评及展望

纵观创新型产业集群的研究成果，可知创新型产业集群的研究还处于起步阶段，已有研究的重点是国家对现有问题的反应性研究，系统性的研究尚不多见，某些关键问题的研究有待深入。例如，创新型产业集群效用机制的研究应该更加深入和微观，对创新型产业集群政策系统性研究有待深化，对集群政策的研究要综合考虑各层面政策的作用以及政策之间的协调性问题等。

基于以上分析，本书将基于双循环格局，系统分析创新型产业集群的形成机理，探讨宁波发展创新型产业集群的必要性与可行性，在实地调研宁波产业集群发展现状的基础上，实证分析其创新能力并选择宁波适合培育的创新型产业集群，最后提出宁波培育和发展创新型产业集群的具体对策与路径。因此，从选题角度与研究内容来看，本书都有其创新性，也具有很强的实际应用价值。

第三节 相关理论基础

一、双循环格局的内涵和意义

（一）双循环格局的内涵

2020 年 5 月 14 日，中共中央政治局常委会会议首次提出“深化供给侧结构性改革，充分发挥我国超大规模市场优势和内需潜力，构建国内国际双循环相互促进的新发展格局”，之后新发展格局在多次重要会议中被提及。

2020 年 12 月 4 日，“国内国际双循环”入选《咬文嚼字》2020 年度十大流行词；12 月 16 日，入选“2020 年度中国媒体十大新词语”。

双循环新发展格局，简称双循环格局。经济学意义上的“循环”即经济循环，指的是经济要素之间互为前提、互相依赖、互相渗透、互相包含、互相转化的对称平衡关系，宏观上指的是经济结构的两大基本要素供给和需求之间的对称平衡，中观上指的是产业链各环节、产业链之间的相互衔接对称平衡，微观上指的是资源的再生型利用。内循环，指的是国内经济循环的经济格局。外循环，指的是国内外经济循环的经济格局。双循环，指的是国内经济循环与国内外经济循环之间以国内经济循环为主导的经济格局。

双循环格局一般指国内国际双循环，是指扩大内需，注重中国国内市场，提升自身创新能力，避免过于依赖中国以外市场，同时保持对外开放。以国内循环为主体，是对当前发展态势的清醒认识，在发展的过程当中，要充分利用国内国际两个市场、两种资源的优势，以国内循环为主体，国内国际双循环相互促进，推动中国的高质量发展。

（二）发展双循环格局的意义

2020 年 5 月以来，特别是全国两会以来，习近平总书记多次强调，加快形成以国内大循环为主体、国内国际双循环相互促进的新发展格局。这是我国在全面建成小康社会，进而开启全面建设社会主义现代化国家新征程的历史节点，面对世界“百年未有之变局”，面对国家发展优势和现实约束提出的发展新战略，是关系我国发展前途的重大谋划，为“十四五”规划乃至更长远的发展提供了方向性的引领。

1. 加快构建以国内大循环为主体、国内国际双循环相互促进的新发展格局，有着深刻的时代背景

这是适应我国比较优势和社会主要矛盾变化、适应国际环境复杂深刻变化的迫切要求，是当前和未来较长时期我国经济发展的战略方向。

2. 以国内大循环为主体是增进人民福祉的主动选择

我国经济社会发展新阶段需要以国内经济循环为主，以更好地满足国内消费和发展作为落脚点之一。这是国家发展战略的转变，经济发展要更加关注人民生活水平的提高。目前我国人均 GDP 已经达到 1 万美元，从美国、日本、德国等这些大国经济发展的规律来看，一旦发展到了一定阶段，必须要逐步从外向型的发展模式转变为以内循环为主的发展模式。十多年前这一规律开始显现，我国的外贸依存度已经从 2006 年的超过 60% 下降到 2019 年的 31.8%，这与全面建成小康社会的经济配置要求大体一致。过去，我们利用国际国内两个市场、两种资源，参与国际经济分工与合作，大幅提高了人民生活水平。现在，我国城镇化率超过 60%，总体上进入向全面建设社会主义现代化强国迈进的新阶段。靠原有发展模式无法实现新的目标，必须更好地利用国内超大规模市场优势，把满足国内需

求作为发展的出发点和落脚点，构建新的双循环发展格局，让发展成果更好地为全体人民所共享，真正体现以人民为中心的发展思想。

3. 加快构建国内国际双循环相互促进的新发展格局，是满足人民对美好生活的向往特别是消费升级换代的迫切需要

我们拥有全球最完整、规模最大的工业体系，正处于新型工业化、信息化、城镇化、农业现代化快速发展阶段，经济增长的动力强劲，投资需求潜力巨大。加快形成世界最大的消费市场，形成国内大循环是可行的。重要的是，我们的基本经济制度将在构建新发展格局中发挥作用。以公有制为主体、多种所有制经济共同发展，以按劳分配为主体、多种分配方式并存，社会主义市场经济体制，既有利于激发各类市场主体活力、解放和发展社会生产力，又有利于促进效率和公平有机统一、不断实现共同富裕。

4. 实现以国内大循环为主体的战略目标，我们有着充分的主动权，政策工具也有很多

对这些优势，我们应当有充分的判断、认识和信心。应当说构建完整的内需体系，补上消费市场的短板，把满足国内需求作为发展的出发点和落脚点，有利于更好解决我国社会现阶段面临的主要矛盾。

5. 构建双循环新发展格局是实现我国经济高质量发展的可行路径

高质量发展是我国经济发展战略的根本指导原则。当前，应充分发挥我国超大规模市场优势和内需潜力，快速提升产业基础能力和产业链现代化水平，改变出口导向战略形成的我国长期处于价值链中低端的国际分工地位。国内经济循环在不断提升产业水平、技术水平的过程中，能够快速发现所面临的瓶颈问题，在这些瓶颈问题上进行全面突破。同时，未来具有很多不确定性，我们要考虑到国际循环可能会发生一些极端现象。为了减轻这种状况的冲击，我们必须补齐相关短板，维护产业链供应链安全稳定，提高产业链供应链的全球竞争力。这就需要对国内经济循环的短板进行更深入地梳理，提高国内经济循环产业链供应链的安全性。以国内经济循环为主体，并不意味着不再重视国际经济循环，而是强调通过供给侧结构性改革，进一步畅通国内经济循环，使得国外产业更加依赖中国的供应链和产业链，更加依赖中国巨大的消费市场，从而在提高经济循环能力的同时，实现我国经济高质量发展。

二、产业集群的定义、分类和特征

（一）产业集群的定义

目前产业集群理论已经成为区域经济学、产业经济学等学科研究的核心问题。19世纪初，杜能（Tunen，1826）从区域地租出发探索因地价不同而引起的农业分带现象，创立了农业区位论，最早把经济学引向了对经济活动空间分布特征的关注，并奠定了区域经济学理论的学科基础。20世纪初，德国经济学家韦伯（Weber，1909）试图寻找工业区位移动的规律，并判明影响工业区位的因素及其作用大小。韦伯提出工业区位论，并把集聚作为区位因子之一，纳入对单个厂商的选址据测定的分析框架之中。

1890年前英国著名经济学家马歇尔最早提出的产业区（Industrial District）的概念。马歇尔在其经典著作《经济学原理》一书中，详细描述了产业区的特征，并提出了获取外部规模经济（External Economy of Scale）是工业在产业区内聚集的根本原因的重要论断（参见图1-1）。

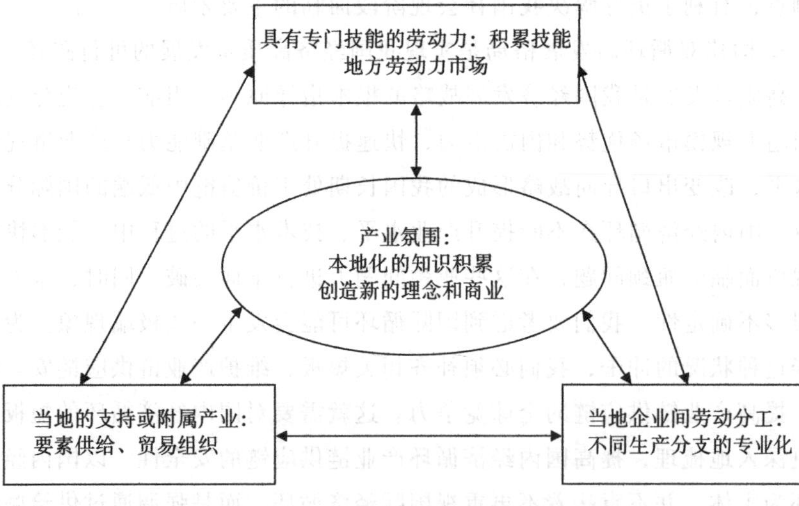

图1-1 马歇尔的三种外部经济

20世纪80年代以来，新的产业聚集原理对于经济发展的重大意义得到了国际上学界、商界和政界的空前重视。产业集群（Industrial Cluster）一词首先出现于迈克尔·波特在1990年《国家竞争优势》一书。波特认为，产业集群是在某一特定领域内互相联系的，在地理位置上集中的公司和机构集合。产业集群包括一批对竞争起重要作用的、相互关联的产业和其他实体。

在国内外学者对于产业集群的具有代表性的定义如表 1－1 所示。

表 1－1　　产业集群的定义

学者	定义
迈克尔·波特（1998）	产业集群是在某一特定领域内互相联系的、在地理位置上集中的公司和机构的集合。产业集群包括一批对竞争起重要作用的、相互联系的产业和其他实体。产业集群经常向下延伸至销售渠道和客户，并从侧面扩展到辅助性产品的制造商，以及与技能技术或投入相关的产业公司。产业集群包括提供专业化培训、教育、信息研究和技术支持的政府和其他机构
J. A. Theo，Rolelandt & Pim denHertog（1998）	产业集群是在某一特定领域内互相联系的、在地理位置上集中的公司和机构的集合。产业集群包括一批对竞争起重要作用的、相互联系的产业和其他实体。产业集群经常向下延伸至销售渠道和客户，并从侧面扩展到辅助性产品的制造商，以及与技能技术或投入相关的产业公司。产业集群包括提供专业化培训、教育、信息研究和技术支持的政府和其他机构
Rosenfeld（1997）	产业集群是地理接近和相互依赖的具有协同效应的企业在地理位置的集中
Swann & Prevezer（1998）	产业集群是相关产业的大量企业集中在特定的区域
Van den Berg，Braun & Vanwinden（2001）	产业集群是专业化的地方网络
Enright（1998）	区域集群就是产业集群，产业集群中企业相互接近
曾忠禄（1997）	产业集群指同一产业的企业以及该产业的相关产业和支持产业的企业在地理位置上集中
刘有金、黄鲁成（2001）	产业集群中的产业概念不是指广义上的产业，而是指狭义上的产业，如个人计算机产业、大型计算机产业、传真机产业、医疗器械产业等
徐康宁（2001）	产业集群是指相同的产业高度集中于某个特定地区的一种产业成长现象
慕继丰、冯宗宪、李国平（2001）	企业网络是指一批具有相互联系的企业和机构在某些地理区域的集中。他们借用迈克尔·E. 波特的族群的概念，认为企业网络是许多相互关联的公司或企业及各类机构为解决共同问题通过一段时间的持续互动而形成的发展共同体，企业网络包括三类相互联系、持续互动的组织：某类相似或相关的企业；政府有关部门和机构及其他中介机构；高水平研究机构和大学

（二）产业集群概念的演进

产业集群的研究主要从外部规模经济、工业区位、竞争优势及新经济地理等角度解释产业集群存在的原因，并分析了集群对区域产业发展的影响。

产业具有系统特征，产业的运行遵循熵变原理、耗散结构原理和协同原理。产业具有动态演进性，创新是产业演进的基本动力，聚集是产业的普遍现象，产业具有聚集效应，聚集效应是增强产业活力的主要机制。①

（三）产业集群的分类

在1996年美国科学基金的地理学和区域科学研究项目中，马库森在《光滑空间中的黏着点：产业区的分类》一文中，提出了四种典型的产业集群类型：（1）马歇尔式产业集群、意大利式产业集群为其变体形式。（2）轮轴式产业集群，其地域结构围绕一种或几种工业的一个或多个主要企业。（3）卫星平台式产业集群，主要跨国公司的分支工厂组成，这些分支工厂可能是高技术的，或主要由低工资、低税率、公众资助的机构组成。（4）国家力量依赖型产业集群。PeterKnorringa /Jorg Meyer - Stamer（1998）在对发展中国家的产业集群研究中，借鉴 Markusen（1996）对产业集群的分类，把产业集群分为三类（详见表1-2）。

表1-2 产业集群及其相关概念

相关概念	提出者
产业区（Industrial Districts）	Aldrd Marshall，1890
部门（产业）（Sector/Industry）	John Wilkes，1903
发展成长极（Development and Growth poles）	Francois Perroux，1950
发展集团（Development Blocks）	Eric Dahmen
能力组合（Competence Blocks）	Eliasson，1950
产业联合体（Industry comleexes）	Czamanski 和 Ablas，1979
价值链产业群（Value Chain Indusrry Clusrer）	Czamanski 和 Ablas，1979

① 陆国庆，高飞．产业地理集中抗产业衰老的机理分析及其应用［J］．中国经济问题．2001（2）．

续表

相关概念	提出者
创新环境（Innovative Milieu）	Maillat，1998
产业集群（Industrial Cluster）	Porter，1990
技术系统（Technological Systems）	Carisson 和 Stankiewicz，1991
资源区（Resource Areas）	Weber，1991
都市产业区（Urbanization Cluster）	R. E. Dichnson，1993
商业网络（Business Network）	Rosenfeld，1995
区域产业群（Agglomeratopm/Regional Indusrry Cluster）	Enright，1995

（四）产业集群的特征

产业集群与产业集中、产业积聚、产业链和产业园区等的概念不同，它具有如下几个基本特征：

（1）范围有限性，即一个产业集群往往围绕某一特定产业领域；

（2）产业关联性，即集群内的产业或企业之间存在较高的相关性，存在明显的分工协作关系；

（3）空间集聚性，即集群内的企业和机构聚集在一定的空间内，在地理上相互靠近；

（4）机构系统性，即产业集群内部不仅包括企业（上下游企业），还包括相关的行业组织（商会、协会等）、金融服务机构、中介机构（信息、教育培训、研究开发等）和政府服务机构（标准制定等），是一个复杂的有机体。①

伊萨克森等通过各国的案例研究，将区域内成功的产业集群的特征总结如下：

（1）一个或多个产业形成专业化，即在有限的地域（通常是劳动力市场区域内）有大量的企业和员工集中于某一特定产业集团，其中很多企业是由当地所有的。

（2）拥有本地内生的网络，集群所在区域内的企业通常以生产系统的形式构成本地化网络。生产系统大量采用分包方式，在同一生产阶段的企业间进行横向合作。集群的供应链已成为企业之间产生、传播知识及解

---

① 李佐军．创新型产业集群发展的国际经验［J］．对外经贸实务，2008（6）．

决方案的一种机制。网络内的沟通规则“社会亲近”和恰当的机构在特定区域的积聚对于企业间的成功合作非常重要。

（3）有本地化的研发和教育机构，如技术中心、专业化的服务中心、大学等，这些机构围绕主导的区域集群而分布，使创新在一定程度上有正规的科学基础。

（4）胜任的劳动力，企业及集群的能力体现在就业者的能力上，因此营销、管理、战略等能力与技术能力同等重要。

（5）拥有融资通道，金融机构谙熟相关产业甚至每个企业的情况，并能为企业提供必要的金融服务。

（6）企业之间以及企业和其他组织间的合作构成区域系统。区域经济的基础建立在特定的社会和文化条件上，能产生相互信任和共同愿景、适宜的“会议场所”、非正式的经验和思想交流，这点在硅谷特别明显。

（7）与知识环境无处不在的联系。获取补充本地能力的知识和技能供给渠道，若不能接受外界的动力和能力，企业将被锁定在老技术、老产品和老方案上而失去技术升级和产品开发的外在激励。

（8）具备创新能力。为具备在全球产品系统市场的竞争力，区域集群需有高水平的创新。

三、产业集群的形成条件

（一）产业集群形成的一般经济学解释

经济学家们从不同的角度对一般企业集群的形成机理进行了研究。早在 1920 年马歇尔便从外部经济性的角度研究了企业在同一区位集中的现象。他认为是市场规模扩大带来的中间投入品的规模效应、劳动力市场的规模效应、信息交换和技术扩散三种类型的外部性导致了集群的产生；克鲁格曼在收益递增的理论基础上，通过他的新贸易理论发展了聚集经济的观点；阿尔弗雷德·韦伯从工业区位理论的角度阐释了产业集群现象；胡维尔等（1948）对运输成本进行了研究；弗农（1960）对信息传递成本进行了研究；邓坎等（1960）研究了企业共用交通、通讯等基础设施所得到的利益；M. 波特（1990）从集群对竞争、信息的影响进行了考察。不同于上述传统的，注重地理上的临近性对集群的影响，Aldo Romanl Giusppina Passiante 和 Valerio Elia（2001）用组织接近的概念来代替传统的地理接近概念，认为组织接近是虚拟集群形成动力的新的来源，这种组织的接近是通过供应链和客户关系管理来实现的。

综合上述经济学家的研究成果我们可以发现，集群的发展源于众多相关企业聚集于某一地区所形成的：

(1) 内部范围经济，即通过集群中细化的专业化分工，各个中间生产商更容易努力降低生产成本、提高自己的生产效率，从而在集群内部形成了一个高效率的需求——供应链；此外通过企业间长期的合作建立起的信赖关系可以大大降低企业间的交易成本。

(2) 集聚效应，即众多的企业在一起形成的对公共设施使用效率的提高；大批量的购买原材料的成本降低；大型的、专业化的市场对销售成本的降低；获得劳动力、专业技术工人和相关技术的成本的降低等等。

(3) 知识的溢出效应，即集群内部企业之间技术、管理人员之间的流动以及企业之间既竞争又合作的关系使集群中技术传播速度和效率大大提高。

(4) 追赶和拉拔效应，即由于同一领域的众多企业在一起，一方面使他们可以相互借鉴、相互学习，但同时也使他们面临随时可见的竞争压力，从而产生后进追先进、先进不断创新的追赶效应。所谓拉拔效应是指迈克尔·波特讲的集群内的某些产业可以因集群内那些先进的相关产业的拉拔而提升它的竞争力，产生一种上下游相关产业共同进步的效应。

(5) 衍生（Spin - off）作用，即指由集群内人员新成立企业，或由母公司分裂出新公司。由于新企业在一个集群内，一方面熟悉集群的环境，容易得到所需的资金、技术、劳动力等生产要素；另一方面又面对行业已形成的比较成熟的产品市场，这都可以大大降低创业风险。通常集群的规模越大，越能够吸引更多的厂商加入，从而形成集群与企业发展之间的良性互动。

（二）社会环境与产业集群的形成和发展

本书所讨论的社会环境或社会因素主要包括以下几个方面：

(1) 制度环境，包括经济体制、法律、法规等。制度环境在集群的形成和发展中往往起着关键性的作用。

(2) 文化和传统背景，比如历史形成的企业与政府间的沟通方式、当地的企业自组织情况（如行业协会的发展状况）等。历史文化传统资源某些情况下往往直接影响集群发展的成败。

(3) 服务业和其他条件发展状况，比如娱乐、零售业，公共福利发展状况、政治层面的聚会、体育俱乐部发展情况、培训、产品质量认证体系等。上述社会因素中，虽然有些从表面上看来与集群的发展毫不相关，但他们确实都可以为企业间、企业与社会机构之间、科研团体之间的相互交流提供一个平台，从而加强集群内各个组织间的联系。也有研究者称这种社会条件为“集群形成的辅助条件”。

(三) 产业集群研究的意义

(1) 它可以为集群中的企业提供信息和技术、人才服务。即通过专门的信息服务部分收集、分析、传播与集群相关的信息为企业提供包括市场、产品、技术等各方面的信息，政府可以为企业提高产品质量、扩大市场、改进技术从而提高竞争力创造条件；通过建立职业培训学校、大学、科研机构等政府或政府与私人合作的机构或组织可以为产业发展提供专业的人才；通过建立由政府和企业双方人员共同组成的贸易服务组织以及组织商品交易会等方式可以引导企业建立与外界的广泛联系、开阔视野。

(2) 作为第三者能够协调集群内部中小企业和大企业之间的关系。在集群中如果存在大型企业，就会形成其与其他规模和影响力较小的企业之间在技术、信息、谈判能力等各方面的不对称。

(3) 政策支持、基础设施提供。当地政策构成的软环境以及基础设施组成的硬环境都会对集群的发展以及潜力的挖掘产生重要的影响。

(4) 通过对第三产业的支持，鼓励娱乐、商业零售、保险、金融、社会福利等事业和领域的发展。

四、产业集群的创新研究

(一) 产业集群的技术创新

1. 产业集群的技术创新定义

产业集群的技术创新（Cluster - based Technological Innovation，CBTI）是指“产业集群 + 技术创新”，即同一产业或相关产业的企业通过有意识地在空间范围上的集中，在深度专业分工合作与分层竞争的基础上所形成的一种有效突破技术创新阈值而又获得技术创新优势的一种新型技术创新模式，这是技术创新管理中的一种新型的基于能力的创新范式。如表1-3所示。

表 1-3 技术创新管理中的范式转变

传统范式	基于能力的组合创新范式
强调单个创新、忽视创新项目之间的相互作用	考虑创新的组合效应
强调产品创新，不注意产品与工艺创新平衡	强调产品创新与工艺创新的协调
强调重大创新、忽视渐进创新	寻求重大创新与渐进创新的平衡优化
强调创新的显性效益	显性效益与隐性效益的平衡组合
忽视组织因素对创新绩效的影响	重视组织创新与技术创新的协调

2. 技术创新的产业文化来源

产业集群创新的产业文化来源于以下三个方面：

(1) 区域的文化背景。在这种背景下，崇尚创造的奋斗精神深深地扎根于区域环境中，挑战困难已经成为区域的一种风俗习惯，并且这种精神已融合于经济发展之中，不仅培育了大量企业家资源，更孕育着创新的精神和动力。

(2) 基于自由选择的平等、宽松的工作环境。集群各企业内部、企业和机构之间是平等的经济实体，经济交往遵循平等互利的市场契约原则，同时人才可以在集群被快速、自由流动，因而集群内包括企业在内的各种组织趋向于形成分权的组织环境，这种联系被称之为“弱联带”，和一般的组织行为——“强联带”相比，更有利于业务的不断创新和快速反应。

(3) 有利的信息交流环境。集群除正式合作外、非正式信息交流出现的频率更高。内容广泛的各类市场、技术、竞争信息在集群内集聚，使创业者和员工更容易了解市场和技术的变化，寻求和把握市场机会和空隙。①

3. 产业集群的技术创新特征

作为一种新型的技术创新管理范式，基于产业集群的技术创新具有如下特征：

(1) 技术创新的主体是企业，各企业是有意识地集中在一起，可以是自组织方式或有组织方式；可以是企业的全部部门，也可以是企业的某些部门。

---

① 鲁若愚，徐强．中小企业集群创新动力研究［J］．科技管理研究，2003 (3)．

（2）各个主体在深度专业化分工的基础上，即各个主体各自集中于产业增值链中最擅长的一个或几个环节，由部门专业化、产品专业化发展到零部件专业化和工艺过程专业化，每个主体无论规模如何，都有可能实现某些环节的规模经济。

（3）突破了技术创新阈值。技术创新遵循阈值理论，即技术创新活动存在着最小有效规模的限制，尤其是随着科学技术的飞速发展，科学技术日益向高度化和大规模化迈进，其特征是研究开发需要巨额投入，技术创新门槛越来越高，仅凭单个主体的力量已无法驾驭；而基于产业集群的技术创新模式可以使得单一的主体突破技术创新阈值，拥有不同技术能力、资源的各主体整合各自的能力，共同研究开发，共同面对产业的未来，这一点对于中小企业来说尤其重要。①

4. 产业集群的技术创新机制

（1）产业集群的创新文化激励创新。“创新孕育于一种空气之中”，这种“空气”即为集群的创新文化。当一定数量的企业在某一区域内聚集后，与当地社会文化历史相融合，成为具有共同历史观和价值观的集群。对企业来说，隐性知识根植于企业员工的心智和经验，通过非正式交流，隐性知识在集群内部企业之间得以传播，形成区域性的隐性知识，由于这种隐性知识根植于区域内共同的社会文化背景，集群外的企业不能轻易模仿，因此它成为整个集群的核心竞争力。集群的隐性知识和当地的企业家精神及制度环境相结合，形成了一种创新文化。

（2）产业集群内的竞争效应促进创新。当创新在某一企业率先实现时，集群内其他企业就面临新的挑战。率先创新者的成功，会打破原来的竞争格局和企业间的利益分配格局，使其他企业处于不利的竞争地位或面临生存危机，或使他们原有的创新贬值或完全失去价值，落后的企业为了在激烈的竞争中占据一席之地，为了避免被兼并、被淘汰，就必须不断地进行技术创新，提升自身的竞争力。

（3）产业集群的区域环境推动创新。

①基础设施共享环境有利于创新资源的获取。基础设施的共享不仅包括硬件设施的共享，更重要的是还包括技术创新过程中所需要的软件设施，对任何一个企业而言，不可能拥有其所从事业务的所有知识以及相关

① 孙伟．基于产业群的技术创新研究［D］．哈尔滨：哈尔滨工程大学，2003（5）．

的基础设施，但是集群内企业通过业务上的联系与互补性能够获得技术创新活动所需要的知识与设施，这不但提高了知识与设施的利用率，也降低了创新成本，提高了创新效率。①

②分权的“弱联带”组织环境有益于创新人才的流动。群内各企业内部、企业和其他机构之间是平等的经济实体，经济交往遵循平等互利的市场契约原则，因而集群内的各种组织趋向于形成分权的“弱联带”组织环境。与“强联带”的组织行为相比，这种“弱联带”的组织环境更有利于创新人才在群内企业之间进行快速、自由的流动。

③信息技术交流环境有助于创新技术的扩散。罗森堡等人的链状创新过程模型表明，在创新主体内部的各个环节之间以及创新主体与外部环境之间存在大量的信息反馈，各行为主体之间能否有效地进行信息交流是创新成功的重要因素。②

5. 产业集群技术创新体系设计

柳卸林和 Steven White 建立了一种技术创新体系，从技术创新要素、技术创新过程来分析创新活动的完成，为我们设计产业集群的技术创新体系提供了借鉴。

（1）产业集群技术创新要素分析在产业集群技术创新体系中，主要包含三类创新要素：主要实施者、辅助实施者和规章制度，三类创新要素分别承担着不同的功能和作用（如图 1－2 所示）。

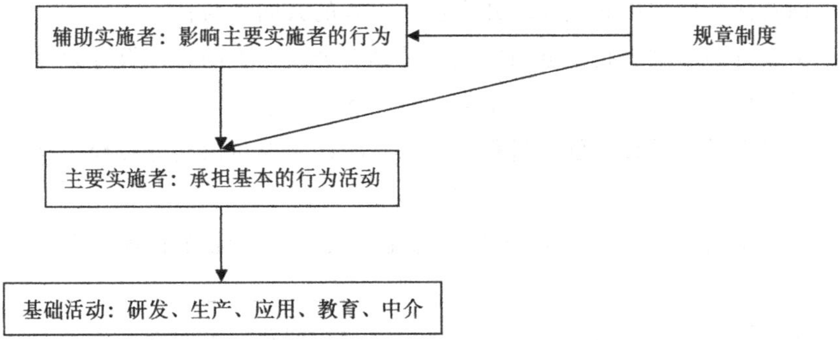

图 1－2 产业集群技术创新体系框架的要素分析

① 王道平，林华．企业集群及其成长环境与技术创新［J］．财经理论与实践，2003（2）．

② 刘爱中，邹冬生，周文新．产业集群竞争力的形成机制分析［J］．科学学与科学技术管理，2006（5）．

①主要实施者是指从事基础活动（研发、生产、应用、教育、中介）的组织机构，它在整个系统中起着基础性的作用，新技术的研究和开发、产品的应用、组织间行为活动的整合等都是由实施者来完成的。

②辅助实施者是指间接影响主要实施者之间的活动和联系的组织机构，它可以直接地采取措施为主要实施者制定战略、目标和计划，从而间接地影响主要实施者的活动；也可以通过制定相关的规章制度对主要实施者的行为进行约束，对主要实施者之间的关系及行为进行规范，从而间接地影响主要实施者的活动。

③规章制度是一整套规范主要实施者行为的规则、惯例，它通过非实体的组织机构（如政府机构）的执行来规范和限制主要实施者的行为。

（2）产业集群技术创新构成分析。按一般规律而言，一项科研成果从发明到真正实现产业化，必然要经历四个阶段：原理型成果阶段、实用型模型阶段、工业化样机阶段、产业化阶段（如图 1－3 所示）。

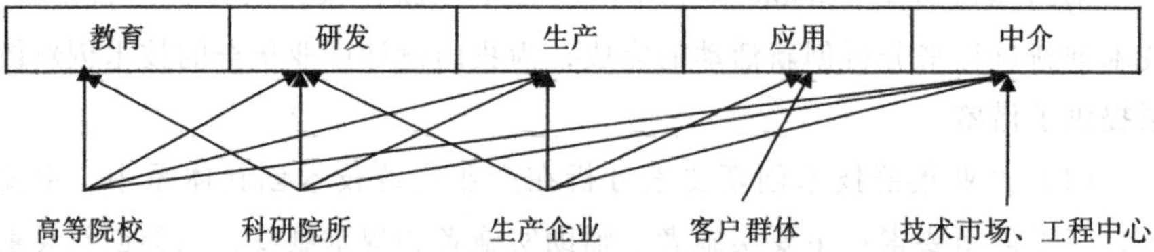

图 1－3 技术创新体系框架的过程分析

创新活动的完成必然要求几个创新过程的共同参与：

①教育是基础，技术创新的主题是具有创新能力的人，教育为各个创新体系提供了人力资源，保障了创新对人才的需求。

②研发过程是技术创新过程的起始阶段，主要是由高等院校、科研院所、生产企业的研发部门来参与和实施的。

③技术创新过程是研发成果的实现阶段，是实现技术创新的重要阶段，主要由生产企业完成。

④应用过程是技术创新成果的应用阶段，创新成果服务于客户，是检验创新成果的阶段。

⑤中介机构能够促进技术的快速转移、劳动力的合理配置，可以是发明、创新成果更快更成功地实现产业化，中介机构主要包括技术市场、工程中心、劳动力市场等。由此，一个创新活动的完成需要上述五个过程的

共同参与。①

（二）产业集群的组织创新

1. 产业集群是介于市场与科层之间的中间体组织

（1）产业集群的中间体组织功能。产业集群作为一群独立自主又相互关联的企业与机构通过分工协作聚集在一起，是一种介于纯市场组织与科层组织之间的中间体组织。它比市场稳定，比层级灵活。

（2）产业集群产生结构竞争力。产业集群内，众多企业、服务单位和政府机构群聚在一起，共同构成一个机构完善，功能齐全的生产—销售—服务—信息网络。

（3）产业集群是产业组织体的创新。产业集群是一种引导专门领域的产业自组织，是市场组织与企业组织相互交融在更高层次上的一种效率更高的制度综合体。

2. 产业集群的创新网络

产业集群的创新网络是指一定的地域范围内，构成产业集群的各个行为主体（如企业、大学、研究机构、政府、金融机构等）在交互作用与协同创新过程中，彼此建立起各种相对稳定的、能够促进集群创新的正式或非正式关系的总和。②

在产业集群中存在着清晰的支持企业创新的网络资源（如图1-4所示）。

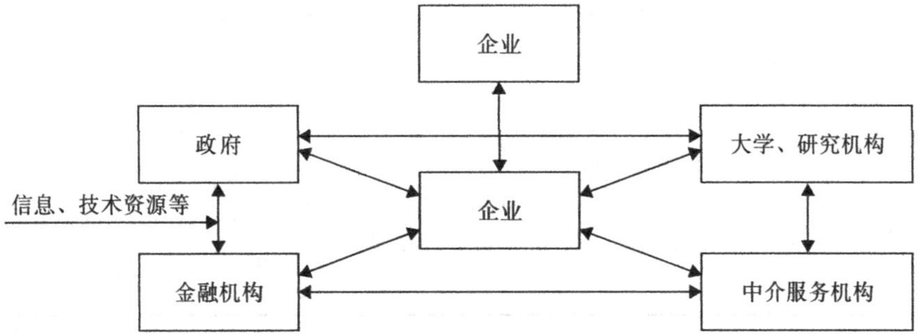

图1-4 产业集群的创新网络结构

---

① 唐华．产业集群论［D］．成都：四川大学，2004（10）．

② 陈柳钦．产业集群的创新、合作竞争和区域品牌效应分析［J］．兰州商学院学报，2008，24（01）：71-78．

3. 产业集群中网络类型

（1）基于组织地位和关系的网络类型。基于组织在网络中的地位和关系可以把产业集群中的网络分为马歇尔式网络、卫星式网络和轮轴式样网络三类（详见表1－4所示）。

表1－4　　产业集群的类型

项目	马歇尔式产业集群	卫星式产业集群	轮轴式产业集群
主要特征	大多数为中小企业 强的专业化 强的地方竞争对手和合作网络 基于信任的关系	大多数中小企业 依赖外部企业 基于低廉的劳动力	大的地方企业和中小企业 明显的等级制度
主要优点	柔性专业化 高的质量品质 创新的潜力	成本优势 技能/隐性知识	成本优势 柔性 大企业的重要性
主要弱点	路径依赖 面临经济环境和技术突变的缓慢的适应性	销售和投入依赖外部的参与者 有限的信息影响了竞争优势创造	整个集群依赖少数大企业的绩效
典型轨道	停滞/衰退 内部劳动分工的变迁 部分活动外包给其他区域 轮轴式结构的出现	升级 前向和后向工序的整合，提供客户全套产品或服务	停滞/衰退（如果大企业停滞/衰退） 升级，内部分工的变化
政府干预	集体行动形成区域的优势 公共部分和私营部门的合营	中小企业升级的典型工具（培训和技术的扩散）	大企业/协会和中小企业的支持机构的合作从而强化中小城市企业实力

资料来源：Peter Knorringa/Jorg Meyer－Stamer（1998）.

（2）基于技术复杂性的网络类型。基于技术复杂性可以把网络分为四类。技术复杂性又分为技术系统复杂性和技术基础复杂性。技术系统复杂性指产品和生活活动的结构；技术基础复杂性指创新需要的能力和技能的多样性（如图1－5所示）。

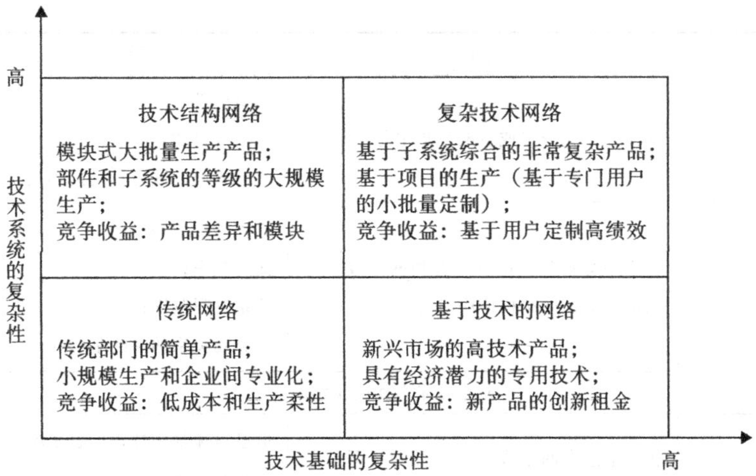

图 1 –5 基于技术复杂性的网络类型

资料来源：Jorge Britto，Industrial Competitiveness and Inter – Firm Cooperation.

4. 产业集群中创新组织网络的影响分析

（1）网络竞争优势决定因素分析。Jorge Britto 把网络竞争优势的决定因素分为六个：技术效率；内部后勤；集体协调；结构柔性；信息密度；创新强度。其认为网络就是企业间合作关系。从而把企业间合作分为生产合作、组织合作和技术合作。相应地，把以上网络竞争优势的决定因素分为三类（如表 1 –5 所示）。

表 1 –5 网络竞争优势的决定因素

决定因素	特征	关键元素
基于生产合作的决定因素		
技术效率	基于供应商功能的专业化产生的技术收益从而影响生产成本	规模经济和范围经济； 技术效率产生的外部经济； 生产率和品质收益； 标准化收益
生产性后勤	供应链瓶颈消除和调整时间； 间隔缩短所带来网络内部后勤； 适应市场变化的能力提高	供应链后勤； 系统组合效益； 模块效益
基于组织合作的决定因素		

续表

决定因素	特征	关键元素
集体协调	基于专业化分工或者网络集中化水平	网络内部层级； 网络成员的相对规模； 激励机制；联合行动的形式
结构柔性	基于环境刺激、竞争压力和网络成员进入退出的网络结构适应能力	进入和退出规则； 交易频率； 关系时间范围； 企业间关系的契约基础
基于技术合作的决定因素		
信息密度	相关信息在网络成员中分配和协调信息流的能力	信息传递复杂性；信息系统； 交流基础设施； 网络编码过程
创新强度	基于交互学习机制和多样能力和技能聚集的网络创新能力	联合研究开发； 研究开发的专业化模式； 技术转移机制

资源来源：Jorge Britto，Industrial Competitiveness and Inter – Firm Cooperation.

在不同的网络中，网络竞争优势的决定因素的作用是不同的，表 1 – 6 描述了网络竞争优势决定因素在不同网络中的作用。

表 1 – 6　　网络竞争优势的决定因素与网络关系

	技术效率	生成性后勤	集体协调	结构柔性	信息密度	创新强度
传统网络	非常重要	不重要	重要	非常重要	不重要	不重要
技术结构网络	重要	非常重要	重要	不重要	非常重要	重要
复杂技术网络	不重要	重要	非常重要	重要	非常重要	非常重要
基于技术网络	不重要	不重要	非常重要	重要	非常重要	非常重要

（2）产业集群中网络竞争优势影响因素分析。Jorge Britt 的网络的基础是企业间的生产合作、组织合作和技术合作。其网络实质上是经济网络和知识网络。作者从经济、知识和社会三方面建立解释产业集群中网络竞争优势的理论框架。

1）基于生产网络的解释。生产网络的优点表现在：①提高专业化分工合作水平，并基于外部规模经济和范围经济提高经济效率。②生产网络的形式克服市场协调经济活动通常遇到机会主义的问题，克服企业的组织刚性问题，是市场和企业的一种替代形式。③生产网络超越企业配置资源的企业边界的局限性，从而实现资源在更大范围内优化配置，提高了资源配置效率。

2）基于知识网络的解释。网络是知识流动的天然途径，基于效率最优，网络替代市场机制成为知识流动的机制。有限理性和不完美信息决定知识的开发和使用依赖企业间的互动、企业的技能和组织形式。而知识网络为知识的开发和使用提供有效途径。产业集群能力的基础是知识，知识网络是产业集群的知识生产、获得和利用的工具。知识作为产业集群乃至经济发展的新的重要资源，其存量和增量决定产业集群的能力。

3）基于社会网络的解释。Grano better（1973）认为经济网络植根于社会网络中。社会网络是基于产业集群所在的区域的社会背景的。社会背景决定社会网络的初始社会资本。信息不对称和有限理性导致企业的机会主义行为，提高企业间合作的交易成本。社会资本作为一种控制机制，它强化产业集群中成员的彼此约束，降低机会主义行为出现的概率，降低交易成本，约束成员的行为。

（3）产业集群中组织创新网络的变化分析。产业集群中组织创新网络的变化会带来创新过程和创新绩效的变化。

1）产业集群组织为创新提供了良好的基础。因为在产业集群内部，尤其是处于中心城市、大城市的高技术产业集群，在地理上与科学研究机构临近，使科学知识能及时传播，从而使企业获得更多的基础性知识。

2）产业集群组织促进了成员间创新活动互动。集群内部由于相互间的了解、信任和社会文化制约，技术合作更为方便，而且合作成本低。由于成员之间持续的互动，实现了用户、供应商和生产者之间的创新合作。

3）产业集群组织使创新风险降低。因为集群成员之间的紧密互动以及在知识和信息上的共享，可以降低技术和市场不确定性带来的风险。

4）产业集群组织使创新速度加快。创新速度加快与成员之间快速互动是紧密相关。产业集群成员之间快速互动也是促进集群创新的重要因素。

5）产业集群能促进创新绩效的提高。

5. 产业集群的创新网络建设

产业集群创新网络建设，既是科技和经济体制改革的目的，更是进一步发展的手段。创新网络建设主要为新知识，新技术的传播、应用，产业化提供有效的制度保障。

产业集群创新网络建设必须遵循的原则有：竞争力最大化原则、集群发展阶段化原则、产业和市场针对性原则、低门槛原则、公共资源共享最多原则以及企业与政府互动定位原则。

其内容架构包括：确定产业指导和创新措施的战略定位、共性技术平台建设措施；针对中小企业的技术、信息、管理服务支撑体系；提供有针对性的产业政策及正向的激励投资、创新，国际化扩张的措施；建立人力资本开发体系、鼓励非正式交流和非政府机构融入产业发展的氛围；建立产业集群监控体系。创新网络组织更新是产业集群创新网络建设的关键。

（三）产业集群的资本创新

1. 社会资本的定义

国外学者关于社会资本的定义如表1-7所示。

表1-7　　　　国外学者关于社会资本的定义

学者	定义
皮埃尔·布迪厄（1992）	社会资本是真实或虚拟资源的总和。对于个人和团体来说，由于要拥有的持久网络是或多或少被制度化的相互默认和认可关系，因而他是自然积累而成
罗纳德·伯特（1992）	社会资本是朋友、同事和更普遍的联系，企业内部和企业间关系是社会资本，他是竞争成功的最后决定者
格伦·洛利（1992）	社会资本是促进或帮助获得市场中有价值的技能或特点的人之间自然产生的社会关系
罗伯特·D. 普特南（1993）	社会资本是社会组织的特征，例如信任、规范和网络，他们能够通过推动协调的行动来提高社会的效率
亚历山德罗·波茨（1995）	社会资本是处在网络或更广泛的社会结构中的个人动员稀有资源的能力
理性选择学派	社会资本作为一种信息资源，是理性能动者之间相互作用的结果
新韦伯主学派	社会资本是各种联系和规范的结合，它把巨型组织中的基本单位内的个人粘合在一起或通过不同的制度部门把他们联系起来

续表

学者	定义
詹姆斯·科尔曼（2000）	社会资本是有利于行动者的隐藏于社会结构中资源。它们都包括社会结构的某些方面，而且有利于同一结构的参与者的行动；社会资本也是生产性的。社会资本存在于参与者关系结构中。具有不可转让性和公共品的特征
Ostrom（2000）	社会资本是关于互动模式的共享知识、理解、规范、规则和期望，个人组成的群体利用该模式来完成经常性活动
Kurt Annen（2001）	社会资本是社会网络中基于合作的参与者的声誉

基于以上学者的观点，作者认为社会资本是相对于正式制度的非正式制度，是网络、规范和信任。社会资本应该具有以下特征：

（1）社会资本是公共资源，正确使用不会减少社会资本而且会增加社会资本。

（2）社会资本是无形资本，不可直接观测，难以用精确的语言描述。

（3）社会资本不能通过经济交易购买，是其他活动的副产品或有意识投资的产品。社会资本形成需要时间。

（4）社会资本具有区域植根性。区域社会文化背景决定其初始存量，组织间重复交易形成其增量。

（5）社会资本是其他资本形式必要的补充，有助于其他资本发挥作用，而自己没有直接的生产功能。

2. 社会资本的分类

社会资本通常分为结构社会资本和认知社会资本（如图1－6所示）。

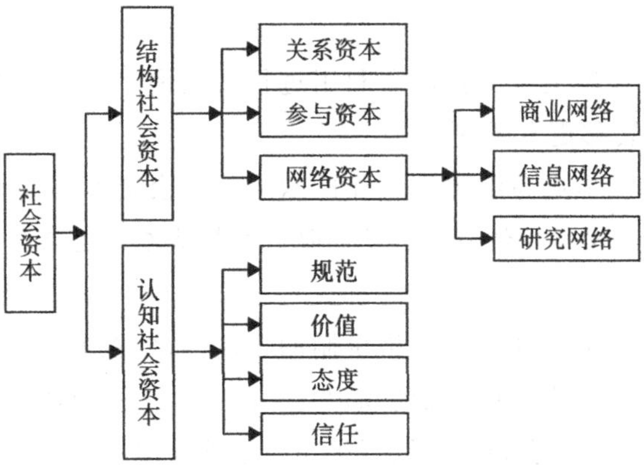

图1－6 社会资本的分类

资料来源：Rejean Landry，Nabil Amara and Moktar Lamari（2000）.

3. 社会资本的分析视角

（1）植根性个体视角。微观层次的社会资本分析视角是个体指根性。其探讨个体通过其植根的网络配置资源的潜在能力，关注的重点是个体的结果。

（2）结构视角（结构空洞理论）。结构视角属于中观视角。结构视角强调社会资本的结构，强调的是个人之间的关系网络模式，关注作为特定的结构性后果和资源通过网络的流动。

（3）结构植根视角。结构植根视角属于宏观层次的分析，其研究社会在其中运作的网络是如何植根于更大的政治、经济、文化规范体系中。

4. 基于产业集群的社会资本价值模型

产业集群的地方生产网络和空间创新系统的性质决定社会网络的形成和发展，而社会网络又促进地方生产网络和空间创新系统的有效运行。本著作试图在以上研究的基础上建立产业集群的社会资本模型：

Sev = f（Sc，N，L，I，T，Sd）

式中：Sev 表示产业集群中社会资本的经济价值；Sc 表示产业集群初始社会背景；N 表示产业集群中组织数量；L 表示产业集群中组织间的关联；I 表示产业集群中信息对称程度；T 表示产业集群的时间维度；Sd 表示产业集群的空间维度。

5. 社会资本对知识生产、获取和利用过程的影响

（1）社会资本克服了知识的植根性。知识变得越来越隐性、越来越复杂、越来越具有植根性。从而使获取知识和组织间的知识转移更困难。

（2）提高知识生产、获取和利用过程的效率。产业集群中社会资本使组织间知识转移更有效率。

（3）社会资本提高组织间合作的水平。社会资本提高个体行动的效率，减少机会主义发生的概率，从而降低交易成本，提高产业集群中组织间合作水平。

（4）社会资本弥补基于价格机制的市场经济在知识生产、获取和利用过程中的不足，提供更有效的知识交换的工具。社会资本已经成为技术创新的关键因素。社会资本克服了组织植根性和组织文化的障碍，减少制度的距离，使知识生产、获取和利用更有效率，对知识生产、获取和利用的影响（如图 1 - 7 所示）。

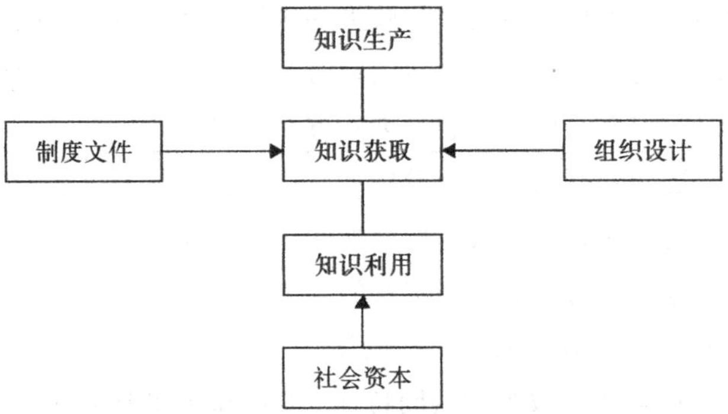

图 1－7 社会资本对产业集群知识资本的影响过程

（四）产业集群的制度创新

1. 产业集群制度创新的概念

制度创新是指一个社会以新的更高效率的制度规则（或组织）取代旧的缺乏效率的制度规则（或组织），包括产权制度、竞争规则、科技政策、政治制度等各种主要的规则的变革和新性质的交易组织的产生。产业集群与制度创新的良性互动，才能构筑产业集群升级的技术创新平台。①

2. 产业集群制度创新的产生背景

（1）市场失灵。新古典经济学认为公共品的存在、外部性和自然垄断行业是市场失灵的重要原因。交易成本学派更进一步用信息不对称和有限理性来解释市场失灵原因。政府通过政策直接和间接干预经济活动来弥补市场失灵。政府的政策解决市场失灵虽然不是最优选择，但却是不可缺少的选择。

（2）政府失灵。政府及政府政策同样存在失灵问题，同样可以用信息不对称和有限理性来解释政府（政策）失灵问题。政策是建立在以往经验和教训的基础上，为了维护政府权威和政策稳定性和连续性，政策又常常持续一定时间，市场的变化要快于政府的政策调整，同样存在于政府，即使政府拥有足够的信息（知识），也不可能作出最优选择和最完美的设计。

（3）集群实践的兴起。产业集群的成功实践吸引许多国家尤其是发

① 陈柳钦，黄坡．产业集群发展的制度经济学分析［J］．云南财经大学学报，2005（8）．

展中国家的学习和模仿。传统产业政策和区域发展政策的缺陷也需要基于产业集群的政策的深入研究。发达国家对基于产业集群的政策研究已经初步开始，所以我们有必要进行制度创新方面的研究。

从以上论述我们可以清晰地看出，产业集群进行制度创新的背景不光是来源于市场的变化，也有政府所掌握的信息不完全或者是政府政策调整的滞后，同时也有来自产业集群实践的因素。

3. 基于产业集群政策的特征和设计

（1）基于产业集群政策的共同特征。Roelandt 和 Hertog（1998）归纳了经济合作与发展组织（OECD）中相关国家关于产业集群政策的共同特征（如表 1－8 所示）。

表 1－8　　OECD 国家基于产业集群政策的共同特征

相关竞争政策和规章制度的改革	涉及的 OECD 国家
有力竞争政策和规章制度改革	几乎所有国家
通过某种方式提供战略信息	瑞典、荷兰的技术前瞻性研究；芬兰、丹麦、瑞典、荷兰、英国、美国、奥地利和意大利的集群研究；丹麦和澳大利亚的专门研究团体、加拿大的专用网址
中介和网络机构和计划	丹麦的网络计划；荷兰的创新中心
集群发展计划	芬兰和荷兰的集群计划；英国、美国和德国的区域发展机构；弗兰德的对集群的研究开发和支持
创办企业和研究机构的联合中心	比利时、丹麦、芬兰、西班牙、瑞典、瑞士和荷兰
公共采购政策	奥地利、丹麦和荷兰
产业政策制定中的制度创新	芬兰和加拿大
为建设性对话提供平台	美国 focus group、瑞典的产业系统方法、英国区域发展机构和荷兰中介政策

资料来源：Theo J. A. Roelandt & Pim den Hertog.

（2）产业集群政策的设计。第一，OECD 的集群政策设计，如表1－9所示。

表 1－9　　市场和系统不完美条件下基于产业集群的政策反应

系统或市场失灵的具体内容	政策反应	涉及的 OECD 国家
市场功能无效率	竞争政策和规章制度的改革	大多数国家

续表

系统或市场失灵的具体内容	政策反应	涉及的 OECD 国家
信息失灵	技术预见； 战略市场信息和战略集群研究	荷兰、瑞典、英国； 加拿大、丹麦、芬兰、荷兰、美国
创新系统中参与者有限的交互作用	经济人和网络中介； 提供建设性对话平台； 促进网络中合作	澳大利亚、丹麦、荷兰、英国； 奥地利、丹麦、芬兰、德国、瑞典、荷兰、英国、美国； 比利时、芬兰、荷兰、英国、美国
公共知识基础设施与市场需求的制度不对称	联合产业与研究中心； 促进产业与研究机构合作； 人力资本开发； 技术转移项目	比利时、丹麦、芬兰、荷兰、西班牙、瑞典、瑞士； 芬兰、西班牙、瑞典； 丹麦、瑞典； 西班牙、瑞士
目标消费者的缺乏	公共采购政策	奥地利、荷兰、丹麦、瑞典
政策失灵	私有化； 合理化业务； 同业政策制度； 公共咨询服务； 减少政府干预	大多数国家； 加拿大； 加拿大、丹麦、芬兰； 加拿大、荷兰； 加拿大、英国、美国

资料来源：Hertog，Leyten，Limpens & Whalley，Approaches to cluster analysis and its rationale as a basis of policy，Literature review for the RISE project.

第二，全面集群政策设计。OECD 国家的集群政策设计的前提条件是市场失灵和创新系统的失灵。其政策目标是促进创新型产业集群的形成与发展。产业集群具有其独特的区域社会背景和基于比较优势的相对独立生产网络，是在专业化分工合作的基础上企业基于其核心能力形成完整或相对完整的价值链。

①基于生产网络的集群政策设计。通过集群政策设计可以为生产网络的形成提供支持条件和促进条件，集群政策是地方生产网络的润滑剂和催化剂，设计不但关注地方生产网络，而且要基于价值链思想考虑，地方生产网络如何融入全球生产网络中。

②基于社会网络的集群政策设计。社会网络是经济发展的润滑剂。集群政策可以设计严格的信用体系，为产业集群中参与者建立信用档案，从

而强化社会网络以其社会资本，更好降低交易成本，促进合作。通过政策设计可以实现社会网络的自我表现强化机制。基于生产网络和社会网络的集群政策应该采取以下措施：打破行业和区域壁垒，建立自由竞争的市场体系；初期通过政策优惠吸引相关企业和机构，基于比较成本优势形成地方生产网络的雏形；建立社会信用体系，为社会网络提供统一的评价社会资本的体系。

4. 产业集群制度创新系统构建

任何一种产业的发展，都是土地、人才、技术、管理等多种要素综合作用的结果。保证产业健康发展的关键是充分发挥人力资本的潜能，要激发人力资本的积极性和创造性，就必须设计出一种合理的制度为人力资本所有者提供足够的激励。要使产业集群保持长久的生命力，构建集群制度创新系统是十分必要的。

（1）互补、配套制度安排形成稳定的制度结构。制度存在有赖于供求双方的均衡关系，一种制度的有效运转是以其他制度安排的存在为条件的，不同制度安排之间的相互补充，方可能形成一个相对稳定的制度结构。制度是作为一个区域激励机制而存在的，制度的基本任务是对集聚区的个人行为形成一个激励，鼓励集聚区内人们的单独创新及合作创新。

（2）加强制度供给以弥补制度需求的不足。任何一项制度，随着时间的推移、形势的变化，都迟早要变化、更新或彻底改变，以一种新的制度取代旧的制度，以适应变化了的客观世界；如果不能及时变化更新，仍以旧的制度去应对新的情况，将会产生一系列的制度弊病，从而制约甚至滞缓经济与社会的发展。

（3）注重非正式制度安排的演变。区域正式制度的演变总是从正式制度的边际演变开始的，制度边际的存在源于执行制度的成本，成本越高，边际就越大。在边际上是非正式制度而不是正式制度起着协调分工的作用，这一方面是因为非正式制度操作的成本比正式制度小得多，另一方面是因为行为在边际上尚无多大变化，制度在边际上的连续演变造成了制度中正式的也是可见的规则的变迁。

（4）不断完善以有效的财产制度为核心的制度创新。通过产业集聚实现专业化的利益来提高生产率要求制度结构的不断发展，以便降低每项交易成本。金融、信贷、银行、行销、保险等体制的发展使得在有利可图的生产成本下进行交易成为可能。

5. 产业集群制度创新中政府的作用

（1）政府通过制度安排，为产业集群提供高效的制度框架，从而保证稳定的经济和政治环境。

（2）建立公共研究机构，完善公共知识的基础设施，为产业集群发展提供丰富的公共知识，同时解决研究开发的外部性问题。通过中介机构构筑企业、高校和研究机构（公共和私人）合作的平台，建立彼此间互动关系，促进知识的交换，从而形成知识网络。

（3）为适应市场的变化，保证制度的柔性，从而更好支持产业集群的发展。

（4）基于社会文化背景，积极引导社会网络向有利于产业集群的方向发展。

（5）鉴于政府失灵的教训，政府在产业集群创新发展中扮演的角色是促进者而不是参与者。

第二章 创新型产业集群理论概述

第一节 创新型产业集群的定义、分类和特征

一、创新型产业集群思想的历史演变

（一）创新型产业集群思想的萌芽及历史演变

“创新型产业集群”一词其实是一个复合概念，它包括“创新”和“集群”两个概念。所以，追溯“创新型产业集群”的思想渊源，也应该分为“创新”和“集群”两部分。

1. 创新思想

“创新”成为一个专门术语和理论概念是在20世纪初。1912年，美籍奥地利经济学家熊彼特（Joseph Alois Schumpeter）在其出版的德文版的《经济发展理论》中首先提出创新的思想。该书在1934年译成英文时，正式使用了“创新”一词，他把创新定义为“生产要素和生产条件的一种从未有过的新组合”，包括五个方面：生产新产品；采用新的生产方

式；开辟新市场；取得新的原材料供应来源；实现任何一种新的产业组织方式或企业重组。创新的最终目的是将这种新组合引入生产体系从而获取“企业家利润”或“潜在的超额利润”。1935 年，他从经济学的角度定义“创新是生产函数的变动”。1939 年出版的《商业周期》（*Bussiness Cycles*）一文中，他又系统全面地提出了创新理论：“创新实际上是经济系统中引入新的生产函数，原来的成本曲线因此而不断更新。经济的变革，诸如成本的降低、经济均衡的打破、残酷的竞争以及经济周期本身，都应主要地归因于创新。”显然，熊彼特的“创新”一词包含技术创新的内容但又不局限于技术创新，即同时涉及技术性变化的创新和非技术性变化的组织创新。此外，他还认为，创新不是孤立事件，不是在时间上均匀分布的，而是趋于结成集群，鱼贯而出；创新不是随意地均匀分布于整个经济系统中，而是趋于在某些部门及其周围环境中聚集。可见，熊彼特定义的创新是一个系统的概念。

此后，许多学者沿着熊彼特的研究思路来重构创新理论。经过索罗（S. C. Solo）、伊诺思（J. L. Enos）、曼斯菲尔德（M. Mansfield）、弗里曼（C. Freeman）等人的努力，历时半个多世纪，技术创新的理论得到了确定和发展，形成了较为系统的理论体系，并对企业技术创新管理与政府科技管理政策产生了直接的积极影响。该理论体系重视企业的主体地位，强调企业作为技术创新主体的重要性和 R&D 企业内化的必要性。在其引导下，企业创新观念和意识日益深入人心，国家科技资源配置得到优化，技术对企业发展和国家经济增长的贡献不断提高。但是，在美国以知识为基础的经济迅猛发展和“技术之国”的日本模式衰败的大背景下，“知识创新”（Debra M. Alnidon，1993）概念立刻得到学术界的认同和肯定。这一概念认为科学技术知识经过技术创新实现其商业化过程中的每一个环节都十分重要，如果过分强调技术创新环节而忽视基础性知识研究与创新将使技术创新缺乏重要的创新源和发展后劲，成为无本之木。受这一新方向的影响，现在日本越来越多的大公司开始把原来局限于技术领域的创新前移到基础研究，甚至是跨行业的基础研究，将技术发现和科学研究纳入“创新”的范畴。许多研究创新理论的国内学者也逐渐认识到，知识创新是一个以技术创新为核心的知识经济化过程与系统，知识创新是一个系统的整合行为，知识创新在主体构成要素、动力机制等各方面表现出主导多维动态集成性的系统特征，知识创新中的各个行为主体即产、学、研之间必须加以整合、协调、集成。

2. 集群思想

集群（Cluster）概念源于生态学，原意是指以“共生”关系生活在同一居所中的不同族群。

1890 年，英国剑桥大学经济学教授马歇尔（Alfred Marshall）出版了《经济学原理》一书。书中，马歇尔对工业的地区分布、运输发展对工业的影响和规模经济问题进行了考察后认为，大规模生产有利于机械的使用和改良，可获得原料的经济，便于采购和推销；能促进专门技术和企业管理工作进一步划分。他从三个要素对产业的地区性聚集做出解释：劳动市场共享（Labor Force Pooling）、中间产品投入和技术外溢（Technology Spillover），马歇尔自己用的词是新思想和新主意的传播，技术外溢是后人的总结。马歇尔的观点可视为最早的产业集群思想，后人在研究产业聚集理论的起源的时候，总是要把马歇尔的三要素学说当作经典的论述。

继马歇尔从经济学的理论对产业聚集的现象做出解释后，德国经济学家阿尔弗雷德·韦伯（Alfred Weber）又从工业区位的理论对产业聚集进行了深入的研究。1909 年，在对当时德国煤炭工业中心鲁尔工业区全面研究的基础上，韦伯出版了他的开创性著作《工业区位理论》。书中用了大量的篇幅对聚集经济的形成、分类及其生产优势做了详尽的分析。韦伯认为，工业聚集可分为低级阶段和高级阶段，低级阶段主要表现为企业规模的扩大，高级阶段则表现为许多在生产上、销售上存在密切联系的企业向一个地点集中。聚集使企业便于采用最新技术，使生产进一步专业化；可以更好地开展企业间的分工与协作，更合理地组织劳动力，更廉价地购入原料；更易于取得银行的信贷，并且可以共同使用许多辅助企业与基础设施，减少间接开支，从而可以按不同比例降低每个参加集聚的企业的生产成本。可见，韦伯继承和发展了马歇尔的产业集群思想。

（二）创新型产业集群思想

熊彼特提供了“创新”思想，马歇尔和韦伯的研究成果提供了“集群”思想，至此，“创新型产业集群”概念产生的思想资源已经具备。此后，一大批经济学家在研究中开始涉及创新型产业集群问题，提出了一些理论，但是，总结后不难发现，学者们对于创新型产业集群的理解还停留在传统思想阶段，即强调对创新活动的描述，如“创新成群出现”或

“创新集中分布”。在创新型产业集群概念中，“集群”是用来说明“创新”的。因此，一些学者将“创新型产业集群”解读为“集群式创新”或“创新的集群化”。① 一直到波特思想的提出，才突破了传统思想的束缚，赋予了创新型产业集群新的定义和解读，开创了新的研究视野。

波特（Michael Porter）在《国家竞争优势》一书中对技术创新与竞争优势、技术创新与产业集群的关系进行了分析。他认为，高层次的竞争优势的获得，一般是通过长期积累，并持续对设备、专业技术、高风险研发和营销进行投资。当企业快速而持续地在科技研发、新产品、市场开拓、全球服务网络等方面投资时，往往会使竞争者招架不住。他还将“集群”界定为在某一特定领域内互相联系的、在地理位置上集中的公司和机构的集合。集群包括一批对竞争起重要作用的、相互联系的产业和其他实体。集群经常向下延伸至销售渠道和客户，并从侧面扩展到辅助性产品的制造商，以及与技能技术或投入相关的产业公司。集群还应包括提供专业化培训、教育、信息研究和技术支持的政府和其他机构。波特指出，在一个国家的竞争体系中，有竞争力的产业通常不是均衡分布的，国家的产业竞争优势趋向集群式分布。一个国家上游的竞争优势同时有助于下游产业发展国际竞争力。上游产业所提供的技术，可以转化成下游的创造力，上游产业同样有可能加入下游产业的竞争。当一个产业具有国际竞争优势时，它的技术转移，通过与现有企业联手或通过扩散效应，还可能创造出新的相关产业。波特既是传统创新型产业集群思想的最后继承者，又是新的创新型产业集群思想的奠基者。他的“集群”概念包含“创新的积累和集中”，这点显然继承了传统创新型产业集群思想：但同时，“集群”又有“产业集聚”的含义。在波特这里，“创新型产业集群”强调的是“集群”（即“产业集群”），“创新”是用来形容“集群”的。也就是说，有的产业集群属于创新型产业集群，有的产业集群不属于创新型产业集群。波特的“创新型产业集群”思想影响了后来的一大批学者，引发了创新型产业集群思想的巨大变革。

事实上，随着竞争条件的变化，在经济全球化的今天，无论是产品的研发还是知识和技术的创新，都越来越需要广泛的专业能力，那些具有垄断优势的大企业也无法单独完成。创新，已经从单个企业内部转移到企业

---

① 钟书华．创新型产业集群：概念、特征及理论意义［J］．科学学研究，2008（1）：179.

的外部网络环境，外部网络或集群成为成功创新的基础。20世纪90年代，学术界已经基本接受了创新型产业集群（或称为创新族群、创新聚集、创新网络、创新群集等）的概念，并对此进行了富有成效的理论分析和实证研究。

二、创新型产业集群的概念界定

（一）对已有定义的归纳

如上所述，不同的学者在理解和研究创新型产业集群时的侧重点不同，所以给出的定义也各不相同。

广义的创新型产业集群概念认为，创新（创新的结果）具有在一定的时间和空间成群出现的特性，这种创新成群出现的现象就称为创新型产业集群①。不难看出，这也就是最早提出“创新”思想的熊彼特对于创新的理解，这个概念较为宽泛和抽象，主要从创新的特性而非集群的视角来定义的。

从组织结构的角度，可以把创新型产业集群看作是由企业、大学、研究机构、风险投资机构、中介服务组织等构成，是具有竞争优势的聚集经济和大量知识溢出特征的技术—经济网络。从创新系统的视野看，创新型产业集群可以看作简化的国家创新系统（Reduced NIS）。对此有两种不同的解释：一种是减小规模的国家创新系统（Reduced—Scale NIS），它意味着整个系统被完全地复制在集群的层次上，这种解释对于那些国家创新系统的所有活动都围绕某一主导集群的小国可能是合适的；另一种是简化形式的国家创新系统（Reduced - Form NIS），它是从建模者那里借用来的，意味着人们可以像建模者那样，能够重新确定系统的内在关系，允许人们只去把握系统的本质因素，认识其关键功能，或者得到符合实际的新发现。从后一种解释来看，集群概念保持系统内在性的本质和关键角色，而不对一些环境条件和更大系统中的相互作用进行详尽考察。②

还有学者把产业集群分为基于低成本的产业集群和基于创新的产业集群两大类。基于低成本的产业集群追求的是低成本而非创新优势。大部分发展中国家的传统产业如服装、家具、制鞋、木工、金属加工等产业都是

① 傅家骥．技术创新学［M］．北京：清华大学出版社，1998：178.

② 肖广岭．创新型产业集群及其政策意义［J］．自然辩证法研究，2003（10）：51 - 54.

劳动密集型的中小企业，它们大量生产产品相同或相似的低端产品，经常出现恶性竞争，企业间少有信息的交流，少有产品创新或技术创新。但产业聚集仍然有利于企业分工，使企业能招聘到更专业和熟练的劳动力，更稳定、更有效地获得供应商的服务，更容易地获得其他配套的产业服务，并且这些资源都是以更低的价格获得的。与之不同，基于创新的产业集群是走高端道路的产业集群，它们的特征是高质量、高创新，功能的灵活性和良好的工作环境，在良好的法规制度下企业间自觉地发展合作关系。由于创新的复杂性和不确定性、产品生命周期缩短、需求个性化等原因，创新从原来的线性模式向现在的非线性模式和复合模式转变，单个企业难以在价值链的各个环节保证创新的成功率，而集群内由于企业间相互的交流、学习、合作，创新条件要好于单个孤立的企业，形成一种不断创新的路径依赖。这类集群依托当地的大学与研究机构等提供的高素质的劳动力、技术专家、技术成果等，以劳动力频繁快速流动，新知识新技术扩散活跃，鼓励合作、冒险、创新文化，风险投资体制完善等优势，吸引了大批以计算机及网络技术、生物技术为主的高科技企业。创新型产业集群正逐步展现其强大的生命力和竞争力。可见，创新型产业集群是区别于低成本的即走低端道路的产业集群而言的，因此，也叫作创新性的产业集群或基于创新的产业集群。需要说明的是，有潜力的创新型产业集群不仅是高技术集群，也包括“创新型的低技术集群（Innovative low - tech Cluster）”。①

（二）本著作定义的创新型产业集群——高端的产业集群

本书中对于“创新型产业集群”的界定更倾向于最后一种定义，即是一种高端的产业集群，在此基础上研究其生成机制和发展路径，在逻辑上才能对我国的产业转型升级和国家相关产业和科技政策的制定提出合理的和有价值的思路和建议。但是，本书认为，定义为高端产业集群的创新型产业集群，同时也具备其他几种定义中的创新型产业集群的特征，如创新行为和成果在空间和时间上也呈现聚集；而因为产业集群本身对于企业和相关辅助机构的要求，创新型产业集群也必然呈现出网络结构；最后，

① 苑全驰．从产业集群到创新型产业集群．集群经济发展的方向和对策研究［J］．江南论坛，2006（2）：21－24.

在我国创建创新型国家的大背景下，作为国家竞争力的核心力量，产业集群中的创新型产业集群也必然会与国家创新系统相融合，甚至就是国家创新系统的重要组成部分。

既然创新型产业集群是高端的产业集群，那么创新型产业集群也是产业集群的一种，它应该具备成为产业集群的要素和相关的性质和特征。因此，有必要在此先给出产业集群的概念。本书借用王缉慈教授对于产业集群所给出的定义：产业集群是一群在地理上邻近而且相互联系的企业和机构，它们具有产业联系而且相互影响。通过联系和互动，在区域中产生外部经济，从而降低成本，并在相互信任和合作的学习氛围中促进技术创新。然而，集群中相互学习和促进创新的效应可能产生，也可能不产生。[①] 在上述产业集群概念的基础上，本书认为，创新型产业集群是以创新型企业和人才为主体，以知识或技术密集型产业和品牌为主要内容，以创新组织网络和商业模式等为依托，以有利于创新的制度和文化为环境的产业集群。与模仿型产业集群相比，其创新程度较高，与劳动密集型产业集群相比，它属于知识或技术密集型产业集群，与传统产业集群相比，它属于现代产业集群，总之，创新型产业集群是一种先进的产业集群，是一种高端的产业集群。在创新型产业集群中，创新网络是其最重要的形式，各个参与者之间有相互补充的能力，各个参与者通过生产链或价值链被相互连接起来，各个参与者能够共同改进工业过程和最终产品，各个参与者能够降低企业风险、促进学习与创新、减少市场变化和研发带来的不稳定性。在创新网络的作用下，创新型产业集群主体之间通过市场活动、创新网络和社会资源三种形式互动，充分利用组织之间存在的大量资源实现集群功能的优化。

三、创新型产业集群的分类

不同概念的创新型产业集群有不同的分类方法，即便是同一概念下的创新型产业集群，依照不同的标准也会有多种分类。基于本书中所定义的创新型产业集群，按照产业类型可分为传统产业创新型产业集群、高新技术产业创新型产业集群，也就是说，创新型产业集群不仅存在于高新技术产业，也存在于传统产业。按照创新类型可分为产品或技术主导型创新型

---

① 王缉慈，等．超越集群．中国产业集群的理论探索［M］．北京：科学出版社，2010：6.

产业集群和商业模式主导型创新型产业集群，也就是说，创新型产业集群中的创新是多种含义的，不仅包括产品创新、技术创新等，还包括商业模式创新、渠道创新、品牌创新等。本书主要借鉴华中科技大学骆静、聂明对于创新型产业集群的分类法，将创新型产业集群分为四类：内聚性集群、新工业区集群、创新环境集群、邻近集群。

（一）内聚性集群

内聚性集群中的企业都希望通过大量企业的聚集，降低成本。运输、劳动力等因素是企业重点考虑的，所以企业聚集的区域都是能够达到最低成本的区域，从而从规模经济中获得收益。内聚性集群是创新型产业集群中最古老的一种类型。

在19世纪后半叶和20世纪初，企业生产出来的产品尽管价值很低，但无论是体积还是重量都非常大，使整个生产成本中，运输成本占了相当高的比重。随着科技的发展，产品变得越来越先进，体积和重量变小，运输不再成为问题，劳动力成本逐渐代替了运输成本，在整个产品价值中显得更为重要。对于企业而言，如何更为便利地获取训练有素而廉价的劳动力成为另一个重点。如果在某一地理位置上，劳动力成本超过了运输成本，这时企业在选取地点时，会更多地考虑如何降低劳动力成本。这样一来，企业地理位置的动态性使企业生产不断发生变化：企业间的生产关联加强、大批量的买进与卖出降低了企业的存货水平，同时，企业间基础设施的共享以及信息流动的增加，都令企业得到了好处。

由此，内聚性集群的概念开始出现并逐渐发展，内聚性集群的企业在生产关联方面相互依赖的程度很高。由于内聚性集群内大多是中小企业，集群内存在许多买方和卖方，没有哪个企业的规模大得足以控制价格，不会出现以某一个企业为核心的情况，没有企业会在生产的各个环节依赖同一个企业。集群内的每个企业都在寻求自身利益的最大化，生产工艺的各种信息可以自由的传播与流动，企业们在不经意间获得了集群的“节约”效应所带来的好处。

内聚性集群的突出特点是，它通常位于城市，尤其是市中心，如著名的伯明翰珠宝创新型产业集群和伦敦哈克尼家具制造群。由于内聚性集群内部绝大多数是中小企业，企业的生产极具柔性，一般都能够对创新所带来的改变做出及时灵活的调整，并迅速适应新产品的生产。传统的观念认为吸引众多中小企业形成内聚性集群的原因在于能够降低交易成本尤其是运输成本，但随着科技的发展，生产活动的变化，目前更多学者倾向于是创新本身所具有的风险性和不确定性促进了内聚性集群的形成，企业以一种相对灵活的方式，聚集起来共同工作，在各方面进行联合，从而达到降低风险的目的。内聚性集群的另一个显著特点是：集群内企业虽然在内部贸易方面相互联系，关系密切，但企业却可以十分自由地进入或退出，成员企业的资格取得十分宽松，这使内聚性集群充满活力。因为新企业的进入通常会带来新思想、新方法以及新的竞争方式，促使原有集群的生产结构逐步瓦解和重组，从而促进创新。如果企业不能自由出入，那么有新的生产理念和方法的企业进不来，因循守旧、经营不善的企业出不去，那么创新型产业集群的优势就发挥不出来，原有的集群也就会逐步衰败。

（二）新工业区集群

新工业区集群是另一种类型的创新型产业集群，区内高科技企业占了相当大的比例，集中了计算处理、微电子、信息技术等高科技部门的企业，这些企业往往通过研究开发费用的高投入，推出新产品、新技术。新工业区集群不同于内聚性集群，区别之一是在地理位置上，新工业集群一般位于城市的边缘，远离城区。美国加利福尼亚的“硅谷”、英国 M4 高速公路走廊等是新工业区集群的典型代表。

新工业区集群内聚集的大多是知识密集型企业，产品的科技含量很高，所以与内聚性集群相比，新工业区集群生产出来的产品不仅体积小，而且在重量上也轻了很多，运输成本不再成为企业选择地理位置时所考虑的首要因素，而运输的速度和传输的可靠性却变得非常重要。新工业区集群的企业产品大多服务于全球的客户，加之竞争非常激烈，所以产品的生产速度不仅要快，而且运输速度也要跟上。很多时候，新工业区集群的产品都是通过空中运输到达全球各地的市场。高效的运输和信息的快速交流是新工业区集群发展的关键，速度对于新工业区显得尤其重要，它不断推动创新的进程，使创新活动变得活跃。

另外，由于新工业区集群产品的特点，要求区内企业雇员不仅仅在技术上十分熟练，而且需要接受过良好的科学技术教育，具备很高的创新素质。这驱使新工业区在地理位置上向大学等教育机构靠近。大学和科研院所为新工业区提供了大量高级研究和管理人才，使其具备强大的动力支持。同时，人力资源供给的充足和便利大大降低了企业自身的培训成本，硅谷的成功就得益于此：正是那些从斯坦福大学走出来的大量受过高等教育并从事先进制造业研究和开发活动的科学家及工程技术人员创造了今天的硅谷。

新工业区集群与内聚性集群的区别之二是，新工业区集群中聚集的企业不都是中小企业，还包括很多大型的跨国企业。大型企业往往与较小规模的供应商有着长期而稳定的贸易联系，它们为同一个项目共同工作，这种相对稳定的供应链关系使得企业能够通过长期的生产安排和规划来适应创新所带来的一系列转变。需要说明的是，尽管被称作“新工业区”，但实际上这种形式已经存在了30多年或更久，而今已经发展到了较为成熟的阶段，并不是新近出现的。

（三）创新环境集群

在创新环境集群中，社会资本在促进创新中起着十分重要的作用，意大利北部的埃米利亚—罗曼尼亚和米兰东北部的部分地区是该类创新型产业集群的典型。

社会资本主要是指社会关系或者社会结构，它主要通过行为人之间相互关系的变化而产生，它存在于行为人的关系结构中，而不是存在于行为人或者物质产品中。社会资本具有典型的社会属性，它存在于企业员工群体中，通过正式或者非正式组织的交流和沟通形成一定的社会关系网络，为集群企业提供共同的价值基础。从某种意义上，我们可将社会资本看作一种高级规则，如企业文化，它提供了共同的价值观、共同的追求和目标，能够促成一致的企业意志，为企业带来效益和效率。

创新环境集群通常位于城市，集群内不同企业间通过长时间的交往与合作，相互之间培养了深厚的责任感和信任感，建立了社会网络，积累了丰富的社会资本。首先，创新环境集群的整体工作环境是平等、自由和宽松的，无论企业规模是大是小，它们都是平等的经济主体，有了这样一个良好的基础，集群的经济资源才能得到更有效的配置，企业才会在业务上高效生产、信守承诺，从而使集群内出现更多高质量的创新成果。其次，集群内的信息交流环境十分开放。开放且相互信任的心态使人们之间的交流变得频繁，从而加快了新观念、新知识以及新技术的扩散速度。除了正式的合作外，集群中非正式的接触也十分普遍，通过正式的合作和非正式的交流，企业在竞争中相互学习，共同了解市场和技术及其变化趋势。同一产业的企业、机构的聚集和持续的交流往来使得市场、技术、竞争等及时信息在集群内聚集和交织，为企业发展搭建了稳固的信息平台。

虽然创新环境集群和内聚性集群都是由中小企业形成的、依靠城市地区的创新型产业集群，但是两者有很大不同。创新环境集群的创新活动十分活跃，它们总是非常积极的促进创新，而不是简单的回应创新、适应创新。当这些企业遇到由创新带来的种种困难时，它们会通过持续经营的企业联合组织对集群内的生产活动进行调整和重新安排，达到分散创新风险的目的。群内企业间共同努力，实现中长期的创新目标，实现利益最大化。

（四）邻近集群

邻近集群是创新型产业集群的第四种类型，它有着与上述三类创新型产业集群不同的运作方式。通过对前三类创新型产业集群的分析，我们不难发现，它们都强调企业间或正式或非正式的联系，强调企业间的交流合作、强调企业间资源和信息的共享，尤其是参与创新活动的企业间的金融资本、有形资本和社会资本的运用。但对于邻近集群而言，虽然集群内的创新企业在地理位置上也相互靠近、趋于集中，但它们之间往往并没有持续的、系统的关联。在集群的生产组织安排方面，邻近集群内部很大程度上表现出来的是一种多相性，而不是内聚性、黏结性。邻近集群的内部联系非常少，即使有也非常有限，但集群之外的联系却非常广泛。可见，我们称之为“邻近集群”，只是因为群内企业在地理上有较为紧密的空间联系，它并没有深入区域内部发展，没有形成地方生产体系，在生产和创新方面，也对集群和区域没有产生很强的依赖。

邻近集群内大多是中小型企业和一些微型企业，一般位于具有卫星城的大城市的外围。集群内的企业单独创新的能力都非常强，它们大多发展由专家和专门研究者研制的产品，其创新的过程更多的是受需求的拉动，而不是单纯的技术上的推进，创新的发起者通常都是企业长期的老主顾，在一些地方甚至是一些中介性质的买方，如医疗卫生机构等，这些机构往往倾向于去尝试通过各种途径，促进创新。

四、创新型产业集群的特征

创新型产业集群也是一种产业集群，所以上面论述的产业集群的特征创新型产业集群也必然具备。但是，毕竟创新型产业集群是高端的产业集群，不同于初级阶段的靠降低成本和使用廉价劳动力来获取竞争优势的集群，它特别强调“创新”在集群发展中的作用，所以，创新型产业集群的特征会在产业集群都有的特征的基础上，在某些方面加强，某些方面变动，甚至在某些方面衍生出新的特征。

（一）更加强调产业集群的网络化特征，强调创新活动主体的多元性

虽然集群网络是产业集群的核心特征之一，但是往往在产业集群的初级阶段，只具备机械网络特征，而不具备创新网络特征，企业之间的联系只是一种基于产品链和增值链的简单的劳动分工关系，基本上仅限于物质的投入产出。而在产业集群的高级阶段也就是成为创新型产业集群之后，产业联系大大拓展，它不仅包括企业间的物质联系，还包括企业间的知识、技术等非实体的信息联系。另外，由于创新型产业集群是一种以创新为目标的集群，因此企业与集群内其他机构尤其是知识机构的联系变得空前重要：在创新型产业集群中，大学和研究机构通过合作参与企业的创新活动，是创新环节不可或缺的学习型组织。它们和企业共同承担着知识的创新、传递和应用，在不断的合作中逐渐形成发达的战略联盟，例如在挪威，农产品创新型产业集群中有51.6%的创新公司参与了技术联盟或创新合作；中介组织的作用是整合创新资源，提供创新服务，如技术咨询、商务咨询、广告服务、提供人才信息等；而政府作为政策的制定者和实施者，在创新型产业集群中起着引导、组织和协调作用。但应该强调的是，创新型产业集群政策没有所谓的“最优方式”，“一刀切”的做法只能适得其反（OECD，2001）。总体来说，在创新型产业集群中，无论是大学、科研机构还是中介组织和政府，其作用都比在初级的产业集群中大得多、重要得多。

（二）高强度的研发经费投入

不同于低端产业集群的低成本策略，创新型产业集群一般在研发方面有着巨大的资金投入。创新型产业集群的发展与研发经费增长之间具有相

关性：研发经费增长，创新能力增强，创新收益增加，创新型产业集群得到发展；研发经费减少，创新能力减弱，创新收益减少，创新型产业集群停滞或衰落。反过来，创新型产业集群的发展又能使企业投入更多的经费用于研发，形成良性循环。

在创新型产业集群中，大型创新企业的研发投入起关键性作用，如爱立信公司的研发投入占了整个瑞典企业研发投入的20%。此外，尽管创新型产业集群内的大型创新企业的研发网络遍及世界，但它们还是倾向于把投资重点放在自己的“出生地”，如创新型产业集群发展较好的芬兰，其在信息通信技术集群的研发投入比例超过OECD其他国家，其中，在电子产业的投入份额占私有研发机构支出总额的2/3。全球知名品牌诺基亚为芬兰的通信技术集群的发展作出了杰出贡献，成为集群的龙头企业，尽管它在全球14个国家有52个研究中心，但芬兰还是其重要的研发基地，有60%的研发投入留给了芬兰。

（三）知识转移和知识溢出效应显著

在产业集群的创新性特征中，我们提到了知识转移和知识溢出。在创新型产业集群中，这两个效应更加突出和明显。

根据知识转移的路径，我们将创新型产业集群的知识转移路径分为三类：外部向内部转移、内部之间转移、内部向外部转移。之前我们提到，知识从集群外部向内部转移主要是通过强势的大型企业从集群外部获取新知识和新技术，除此之外，知识从外部的获取来源还有设备供应商、专利提供方、商业伙伴、顾客、招聘的员工、大专院校、研究机构、咨询机构、贸易展销会和出版物等等。在创新型产业集群内部，知识主要是通过集群网络、技术联盟、技术合作和专业人员流动实现转移。知识资源在集群内部结合后可以产生新的知识，这些新的知识会再次从集群内部向集群外部流出，这是一种知识外在化效用，即所谓的知识溢出。当这些新知识流动到其他集群会引发创造出更多的新知识，形成一个知识加速增长的过程。

其中，知识溢出是创新型产业集群的显著特征。知识溢出的主要形式是知识物化的新产品和专利。经过研究发现，创新型产业集群中多数企业都有产品创新，而创新型产业集群发达程度越高，其新产品和专利数量就越多。例如，在丹麦，有产品创新的公司占全部公司数量的50.4%，其中，信息通信技术集群有产品创新的公司占集群内全部公司数量的75.10%，医疗保健集群这一比例为57.80%，农业食品集群为52.4%。

（四）聚集经济效果突出

无论是低端的产业集群还是创新型产业集群，也无论是何种类型的产业集群，其聚集的原因都是因为可以产生聚集经济，在区域经济发展的同时实现各个企业自身的利益最大化。但事实证明，并不是所有的产业集群都能将聚集经济的效果充分体现和发挥出来，而创新型产业集群在这方面称得上成功的典范。

除了具备一般产业集群的竞争优势外，创新型产业集群最大的竞争优势是拥有自主知识产权的新产品。创新型产业集群通过持续且高强度的研发投入，不断进行创新活动，不断研发出新产品并扩大市场份额，从而占领主要市场，创新型产业集群还通过转让专利获得巨大收益，从而推进集群的发展。无论是在创新的过程中，还是在创新成果面世之后的每个流动环节，创新型产业集群都显示出了强大的聚集经济效应，任何一个环节只要运作得当，都可以发动起经济持续增长的良性循环圈。例如美国的硅谷、印度的班加罗尔、新加坡科学园、中国台湾新竹科学园等，都是世界著名的创新型产业集群，是高技术研发和产业化聚集地，这些园区的高技术产业持续多年以两位数的百分比增长，形成了具有国际竞争力的聚集经济。

五、产业集群与创新型产业集群的关系

创新型产业集群和产业集群是区域发展中的两个重要概念，二者既有联系，又有区别。应该说创新型产业集群是产业集群的发展，它不仅要求在地理位置中更加集中，而且要求在内部知识转移交流上更加灵活，合作更加紧密。

（一）产业集群与创新型产业集群的联系

产业集群是在工业化的背景下产生的，以传统产业部门为主，规模经济和外部性是产业集群形成的重要原因。而创新型产业集群则是在知识经济的大背景下产生的，主要集中在知识和技术密集型的行业，良好的创新环境和相关主体之间的互动是创新型产业集群形成的重要原因。

产业集群和创新型产业集群都是指大量相关企业在一定区域内的聚集，集群内的企业都是根据一定的交流方式形成相互联系的创新网络。在波特的“集群”概念里，产业集群本质内涵是走高端道路和基于创新的产业集群，当产业集聚发展到一定程度，企业在产业上的关联性就会引发在技术创新活动上关联性，进而产生技术创新的集群效应，推动产业集群向创新型产业集群转型。由于企业在一定的资源约束条件下，基于技术关联关系进行的集群式创新会比企业从事单项的、分散的创新更经济，所以产业集聚决定着创新型产业集群形成的可能性、规模和效率。

创新型产业集群是产业集群发展的更高阶段，产业集群是诱发创新型产业集群的核心诱因和内在依据。在我国，改革开放以来首先形成的产业集群基本上以低成本产业集群为主，其竞争力主要来自廉价的生产要素，通过大批量生产来获取利润空间。此类集群形成时期极具活力，对地方经济发展有很大的促进作用，但在很多情况下，企业之间的合作只是偶然的，甚至不存在即使企业家也很少共享信息、讨论共同问题，集群内部成员恶性竞争，导致产业集群生命周期较短，难以保持发展的可持续性。产业集群的衰退会导致集群内企业的消亡或转移，进而影响到区域经济的稳定增长。在当前外部环境发生变化，如要素价格上涨、人民币升值以及国际贸易条件更加不利的情况下，低成本集群的生存更是岌岌可危。而创新型产业集群则区别于低成本的产业集群（或低端道路的产业集群），走高端路线，是基于创新的产业集群，其特征是创新、高质量、功能的灵活性和良好的工作环境，在良好的法规制度下企业间自觉地发展合作关系。因此，创新型产业集群是产业集群发展的更高阶段。

（二）产业集群与创新型产业集群的区别

一般产业集群与创新型产业集群有本质的区别，从内涵上讲，产业集群是经济术语，创新型产业集群是科技术语，两者区别如下：

（1）集群主体不同：产业集群主要是各类企业组织和中介服务机构组成，加工制造为主，劳动密集型企业占多数；创新型产业集群不仅包括大量的企业组织，还包括大量的中介服务机构和研发组织，既具有生产功能又具有研发功能。

（2）交流方式不同：产业集群以静态的贸易为主；创新型产业集群不仅有静态的贸易，还有动态的合作研发。

（3）与本地关联不同：产业集群与本地区有比较高的产业关联，本地的嵌入性比较高；创新型产业集群与本地区关联比较小，本地嵌入性比较弱，主要融入全球价值链中。

（4）资源基础不同：产业集群主要依赖初级劳动力；创新型产业集群的资源基础主要是基础型劳动力，科技人员、企业家和风险资本等多种要素的支持。

（5）国际分工不同：产业集群主要以代工、国际外包等形式进入国际市场，很少参与国际竞争，是实实在在的加工者；创新型产业集群在国际市场中是有力的竞争者，参与市场竞争，影响国际上上的极端领域。

第二节
创新型产业集群的构成要素和生成机制

一、创新型产业集群的构成要素

根据对创新型产业集群的定义，笔者认为一个最完整的创新产业集群包括三个圈：第一个圈是生产核心产品的企业、生产互补产品和替代品的企业、原料和设备供应商以及核心产品的买方组成的核心圈；第二圈是提供营销、物流等服务的服务商等组成的紧密圈；第三圈是政府、科研机构、培训机构、金融保险机构行业协会中介机构等组成的支持圈。如图2－1所示，在这个结构中除了生产核心产品的企业外，其他机构或组织并不一定要求都存在，或者说即使没有完整的结构，集群的发展还可以继续存在和发展。

从集群创新的角度来看创新型产业集群构成要素的关系，形象地讲，政府就如同飞机机头，主要起引导方向、化解外界压力的作用；大学及科研机构和金融保险机构就如同机翼，它们一个为集群创新灵感来源和项目来源，另一个为资金来源和保障来源，为集群发展提供创新动力和资金动力，支持和帮助集群找寻发展新方向；行业协会、中介机构以及培训机构则如同机尾，为集群发展掌握平衡和保持方向；核心圈成员和紧密圈成员组成了集群主体部分——机身。也是其他各部分——机头、机翼和机尾主要为之服务的对象。客机各个部分充分发挥自己的作用正常运作就可以使整架飞机平稳快速地朝目的地前行。

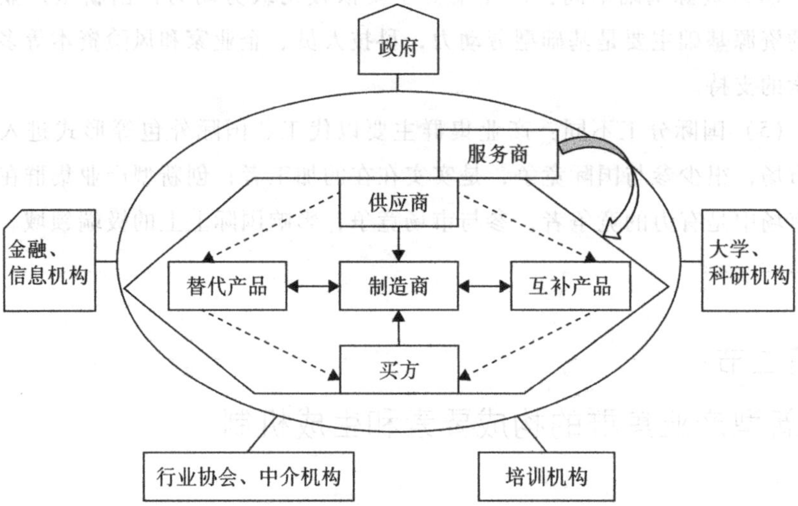

图 2－1　创新型产业集群构成要素

（一）核心圈

1. 核心产品的制造商

一般产业集群是围绕几个产品运转的。因此我们经常看到命名一个地区的产业集群时，常常这样提到“某地区的某产业集群”，比如浙江温州的打火机集群、河南清河的羊绒集群等等。集群的优势在于这特定的产业上。因此生产集群核心产品的制造商便毫无疑问应该处于集群的中心。比如在印度著名的班加罗尔有为数众多、规模庞大的 IT 企业聚集于此，其中既有立足印度的本土企业，又有世界知名的跨国企业。截至 2018 年，在班加罗尔注册的 IT 企业总数达 1239 家，项目总值为 169 亿美元。截至 2019 年，有 250 多家外国跨国公司进驻班加罗尔，其中包括得州仪器、IBM、惠普、Intel、Sony 等大型企业，累计在班加罗尔软件产业的投资为 93 亿美元，并且这一数字随企业利润再投资的增加仍在不断扩大。就企业经营范围而言，与 IT 业相关的项目在集群内都有分布，其中从事集成电路设计的公司有 46 家，从事通讯软件开发的公司有 108 家，从事系统软件开发的公司有 166 家，从事应用软件开发的公司有 293 家，提供 IT 业相关服务的公司有 303 家。就公司规模而言，资产超过 2 亿美元的公司有 12 家，2000 万—2 亿美元的公司有 23 家，200 万—2000 万美元的公司有 86 家。

2. 供应商

围绕着核心产品制造商的生产，集群中有相应的原料或零配件生产或提供商，他们为核心制造商及其替代产品制造商提供专业化的元件配套。在集群内部采购元件比垂直整合更具效益和效率。在生产零部件和元件领域，借助外部的专业人员通常更能降低成本，也比内部单位的回应更迅速，从单一地点的专业化供应商扩张元件供应的范围已经被看成聚集经济的好处之一。同时供应商在产业集群中深化和专业化程度越高，越能察觉市场机会，并且因为多元的当地客户而减少自身的风险。

（1）替代产品制造商。在一个产业集群中可能存在核心产品的替代品制造商，他们与核心产品制造商争夺享用集群的资源，争夺类似的客户资源。

（2）互补品制造商。互补品制造商的存在有助于核心产品市场需求的扩大。

（3）买方。买方是核心制造商的客户，有可能参与到核心制造商的创新活动。实际上是核心制造商的产业资源之一，是核心制造商与替代产品制造商争夺的资源之一。

（二）紧密圈

在集群的紧密圈内除核心圈成员外还有服务商。就是为核心圈成员共同提供物流、营销广告、信息服务的服务商。他们是产业集群的有效组成部分。

（三）支持圈

创新产业集群作为一个系统，需要一些辅助性机构来实现制度规范，并对企业的经营活动进行支持。例如，硅谷作为一个完善的集群，其辅助性机构也很完善，它集聚了全球主要风险投资企业，同时它还有完善的商业银行、律师事务所、会计师事务所、经理人市场和职业咨询机构，这些辅助机构甚至本身还形成了自己的集群，比如在斯坦福大学附近就集聚着硅谷的主要风险投资企业。其他产业集群的成功也是同辅助性机构分不开的，比如128公路的MIT、英国的剑桥、意大利的一些商会。虽然辅助性机构有助于集群内的企业公平高效地开展合作与竞争，并进一步促进企业进行创新，但它并不能对产业集群的形成构成关键影响。有很多文献都把某个区域的大学或研究机构的知识外溢及衍生看作是集群形成的重要条件，其实同世界上无以计数的大学和研究机构比起来这只能解释为偶然现象，大学及一些研究机构的目标同企业是有根本差别的，它们很少涉及高度依赖于市场需求的、从上游到下游的完整的技术创新过程。这也就是为什么128公路在二战前在大学及金融机构方面都比硅谷有着绝对优势却还是不能同硅谷竞争的原因。

1. 政府

在整个集群的形成和发展过程中，政府的作用举足轻重。首先，政府可以为产业集群提供良好的政策环境。比如印度的卡纳塔克邦政府制定了很具有针对性的“软件工业园区计划”，主要内容有：一站式政府办公制度；允许外资全资进入；提供数据通信链接服务；提供办理出口许可证的便利，等等。而卡纳塔克邦政府对于硬件生产的规定则是：计算机硬件、外围设备和其他重要产品几乎完全免税；十年内免缴销售税；对大型IT项目给予适当的特许权利。该邦的未来计划包括：建立IT支柱产业，鼓励私人投资建立科技园区，组建IT走廊。上述措施都刺激了班加罗尔软件业的快速、健康发展。其次，政府可以为集群发展提供资金补助；再次，政府可以在集群内中介机构不发达的情况为集群企业提供中介服务；最后，新的产业集群的形成往往需要政府的扶持和帮助。新的产业集群的形成初期，产业集群的优势还没有建立，还形不成集聚效应，需要政府的扶持和帮助。

2. 科研机构

大量的教育和科学研究机构可以保证产业集群拥有丰富的人才储备，为产业集群持续发展施以推动力。此外科研机构可以为产业集群的企业单独或联合进行新产品、新技术的开发。

3. 金融支持及风险投资

在印度的班加罗尔地区聚集着各类金融机构，如班加罗尔证券交易所、印度工业发展银行、印度工业财务公司、卡纳塔克邦小型工业企业发展公司、印度工业信贷投资公司、印度出口信贷担保公司和印度进出口银行等。这些不同类型的金融机构较好地满足了班加罗尔日益增长的投融资需求，便利了该地区的资金流通。同时，由于高科技项目本身具有高风险、高投人、高收益等特征，因此政府投人和银行信贷的资金供给方式无法满足其巨大的资金需求，于是风险投资应运而生。印度风险投资主体在地理上的集中特性并不突出，资金多来自海外，但投资的目的地却相对集中于班加罗尔。每年超过800万美元的风险投资注入班加罗尔，使科技成果快速商业化、产业化，从而拉动整个集群的发展。

4. 职业中介和其他服务机构

职业中介除了可以为集群内的企业提供专业化的人才“猎头”服务，为企业提供合适的人才加强企业的人才储备，同时这些职业中介也可以提供各类职业培训，帮助企业提高员工素质和职业技能。另外，其他各类专业提供专业会议设施、通讯及住宿服务的商务中心也有助于提高集群的吸引力和支持集群更好地发展。由此可见，在产业集群内成立中介机构，为中小企业提供包括信用担保、筹资融资、创业辅导、技术支持、信息咨询、市场开拓、人才培训、经营管理、国际合作等在内的各项服务，将是解决产业集群成长中面临的各项问题，促进其成长的一项可行措施。

5. 行业协会

从发达国家的现实来看，集群内为中小企业提供服务的行业机构对于增强中小企业的实力、促进产业集群的发展起到了重要的作用。这些行业协会是由独立的经营单位组成，保护和增进全体成员的利益。行业协会的营运资金通常来自参与企业的会费、为企业提供服务获得的报酬以及其他机构的资助，其工作人员往往受雇于各会员企业。为成员企业提供各项服务是行业协会的重要功能。

二、创新型产业集群的生成机制

（一）创新型产业集群的生成阶段

1. 一般产业集群的成长阶段

目前国内对产业集群成长阶段进行划分的文献较少，主要的参考依据有：北京大学的王缉慈（1998）、盖文启（2002）等以区域网络演进过程为标准，将产业集群的演进阶段分为网络形成阶段、网络成长与巩固阶段、网络逐渐根植的高级阶段三个阶段（表2-1）。在集群发展初期，产业逐渐聚集成群；随着集群企业之间分工的不断细化，交易频率增加，企业间信任度增强，协作关系进一步密切，各行为主体逐渐集结成网，建立起更为密切的联系；伴随着网络的成长，企业之间的协同力更为强大，促进集群内创新的产生，集群竞争力和竞争优势凸显，此时企业就进入了网络根植的成熟期，该时期的产业集群也就是本书所讨论的创新型产业集群。

表 2－1 以集群网络成长发育程度为依据对集群成长阶段的划分

成长阶段	主要特征	竞争优势	典型区域
网络形成阶段	网络的形成过程，企业集聚	区域优势	发展中国家的一些产业区
网络成长与巩固阶段	网络的成长与巩固过程，逐步结网	核心竞争力	“第三意大利”
网络逐渐根植的高级阶段	集群网络、创新网络逐步根植的过程	集群竞争优势	美国硅谷

此外，魏守华（2002）根据集群竞争优势的发展将集群划分为发生、发展和成熟三个阶段（表 2－2）。他认为，在集群发生阶段，地域分工和外部经济是其主要的动力，集群主要表现形式是专业化生产；在集群发展阶段，集群成长动力主要来自社会资本优势以及竞争合作效率；在集群成熟阶段，主导动力源自集群内知识与技术创新，高等级生产要素的动态合作效率。

表 2－2 魏守华对集群演进阶段的划分

成长阶段	主导动力	特征
发生阶段	地域分工 外部经济	以初等生产要素为基础，企业集聚与外部经济互为强化，区域核心竞争力不高
发展阶段	社会资本 协作效率	强调集群区域内的社会资本及企业协作效率，逐步重视高等生产要素，注重市场细分和产品差异化，但集群内创新力量不足
成熟阶段	动态合作效率 技术创新扩散的知识协作机制	强调区域协作的创新能力，注重效率和高附加值竞争

武汉理工大学陈剑锋、万君康用“生命周期”或“寿命周期”来描述产业集群的演化历程，根据产业集群在不同时期创新产出的不同，将其分为孕育生成期、成长期、成熟期和衰退期。

2. 创新型产业集群的生成阶段

对比上述几种不同的产业集群发展阶段的划分方法发现，虽然划分依据有所不同，但它们不仅不矛盾，并且在实质上是一致的，都是一个产业集群从初级到高级、从青涩到成熟、从单薄到强壮的过程。借鉴这种划分标准，本书将创新型产业集群的生成分为三个阶段，分别为萌芽期、积蓄期和最终生成阶段。因为产业集群的成熟之时也就是其升级为创新型产业集群之日，所以创新型产业集群的生成就是产业集群从孕育到成熟的过程，创新型产业集群的生成机制就是产业集群成功发展的机理。这样就将创新型产业集群的生成和产业集群的发展演化有机结合起来，在研究时就可以借鉴和参考很多前人在研究产业集群时所用到的思路和方法。当然，任何集群都有其衰退的一天，创新型产业集群也不例外，但鉴于创新型产业集群的生成对应于产业集群的第三个阶段即成熟阶段，所以本书就忽略对衰退期的研究，而重点研究创新型产业集群生成的重要动力因素。

之所以强调创新型产业集群的生成是产业集群的“成功”发展，是因为并非所有的产业集群都能最终成为创新型产业集群，虽然产业集群的特征包括促进创新，创新性也是产业集群的竞争优势，但只有形成创新网络，将创新放在企业战略和企业生产活动的重要位置，集群内企业都推崇创新、尊重创新的时候，才称得上真正的创新型产业集群。包括我国在内的很多发展中国家的产业集群都一直在初级和中级阶段徘徊，甚至刚刚孕育生成就进入了衰退期。因此，通过对成功的产业集群的发展阶段的研究，尤其是对从发展阶段顺利进入成熟阶段的相关因素和动力的研究，就可以找出促成产业升级、生成创新型产业集群的关键环节。

（二）创新型产业集群的生成机制

1. 创新型产业集群的萌芽

产业集群的初步形成阶段是产业集群从无到有再到形成雏形的阶段。这个过程是偶然因素和非偶然因素共同作用的结果，在一系列条件在恰当的时机、恰当的地点恰当地组合在一起时，才会催生出产业集群的雏形。

（1）集群的形成条件。独木不成林，一个个孤立的企业无法形成产业集群，经济学家将产业集群的成长比喻成森林的生长过程：一片繁茂森林的形成要有优良的树种和适宜的环境，种子在适合的环境中才会发芽生长，长成一颗颗树木，一颗颗树木在同一片区域成长就形成了一片森林。

而种子萌芽又需要具备内外两个条件：内部条件，就是种子本身应该是健全的，具备发芽的能力，即具有完整的、有活力的胚，并含有丰富的营养物；外部条件，就是要有适宜的光、水、土、热、气候等外部环境。只有健全的种子而没有合适的环境，种子不会成木成林；具备合适的环境条件而种子本身不成熟健全，也无法生根发芽。同理，在产业集群中，首先种子条件催生出“种子企业”然后作为种子的“种子企业”在具备发展潜力的前提下，在健全和完善的各种设施环境和文化、制度环境中，才会自身壮大并推动产业集群的集群化发展。①

第一，种子条件。

①偶然事件播下的集群“种子”。美国经济学家保罗·克鲁格曼用他称之为“第一自然”的历史偶然因素解释了具体产业集群的形成（Krugman, 1993）。他认为，“历史上的偶然事件和累积过程”在产业集群的形成过程中起着决定性作用，某种自然因素会激发某一产业活动在本地的形成，某一历史事件也会成为产业集群的起源，比如，美国佐治亚洲多尔顿地毯产业集群的形成竟是因为一个美国女孩的一件礼物。1895 年一个叫凯瑟琳·伊万斯（Catherine Evans）的女孩将一个由植毛技术制成床单作为礼物送给朋友，这个礼物使植毛技术又重新受到人们的喜爱，它的直接后果是第二次世界大战后多尔顿产业集群的脱颖而出。此外，多尔顿及其周围还有许多小的地毯厂商和许多辅助性厂商，这些辅助性厂商负责提供衬垫、染色等。这正是“微小的偶然事件——开始了一个积累过程”。

②历史传统孕育的集群“种子”。按产业集群发育的驱动力量划分，可将产业集群分为内源型产业集群和嵌入型产业集群。内源型产业集群由区域内部力量驱动，依靠内部资源和内部市场产生，国际上的“第三意大利”现象和我国浙江省的区域“产业集群”就是内源型集群的典型；嵌入型产业集群由区域外部力量驱动，依靠外部资源和外部市场产生，我国以广东省为代表的东南沿海地区的外向型加工工业区是这种嵌入型产业集群的典型。

内源型产业集群的“种子”一般是土生土长的，具有明显的历史传承性，长期的历史积淀造就了该区域的产业特定性，这种特定性催生出特定的“种子企业”。在浙江，许多专业化产业集群不仅规模巨大，而且历

① 张聪群．产业集群互动机理研究［M］．北京：经济科学出版社，2007：48－49.

史悠久。例如，永康五金机械产业最早可追溯到“皇帝铸鼎”时期。永康在春秋战国时期就有了青铜器的制作，到汉代出现了铜弩机、铜箭、铁刀等武器和神兽镜、铜勺、铜碗等生活用品的生产。此外，还有温州鹿城制鞋产业集群最早可追溯到南宋，到明代已经作为贡品而闻名于世。明朝嘉靖年间（公元 1552—1566）《温州府志》有记载：温州加工制作的“胖袄裤鞋共五百八十五幅”作为贡品进奉朝廷；宁波服装产业的历史可上溯到距今 7000 多年的余姚河姆渡遗址出土的文物。古代先民的生产实践或偶然的历史事件造成了某些产业特定性要素在一些局部地区形成与发育，在漫长的历史演化过程中与当地文化习俗等不可移动的要素紧密结合，逐步积累、强化并固定下来（金祥荣，朱希伟，2002）。

③国际产业转移植入的集群“种子”。作为嵌入型的产业集群，大多是国际企业转移的结果。我国改革开放以后，沿海地区看准当时国际产业转移的时机，利用其地缘、人缘和低成本优势以及国家对沿海地区的优惠政策，通过来料来样加工、来件装配、补偿贸易这“三来一补”，和发展三资企业等形式，吸引了大批外商的迁入，带动了一系列配套企业和机构的发展，形成了庞大的、完善的产业链，实现了产业集聚，最终形成了产业集群。如在东莞，大朗镇毛纺服装产业集群就来源于 1979 年第一家港资毛织厂给香港的“来料加工”；而台资企业宝成鞋业在东莞的裕元公司成就了厚街镇、廖步镇一带的鞋业集群；宝成鞋业在江西上高镇的裕盛公司又正在促进那里形成新的产业集群；在佛山南海的平洲镇，如今由 600 多家鞋业相关企业组成的产业集群，要归功于多年前台资企业国荣鞋业从台北县三重镇的迁入。

④政府或有远见的官员、学者催生的集群“种子”。美国经济学家克鲁格曼通过对美国硅谷和 128 号公路形成过程的研究，认为“新兴高技术聚集不是勇敢的个人产物，而是有远见的官僚（如果不是自相矛盾的话）的产物。”他得此结论是有事实依据的：硅谷的创建主要起因于斯坦福大学副校长弗雷德·特曼（Fred Terman）的倡议。根据他的倡议，斯坦福大学为惠普公司提供了最初的风险投资，使惠普成为硅谷的中心。斯坦福大学还在学校内创建了研究公园，研究公园获得的收入为斯坦福大学在科学和工程方面达到世界一流水平提供了资源，学校地位的上升又使硅谷成为更有前途和吸引力的地方。128 号公路的创建是由麻省理工学院的校长卡尔·康普顿（Karl Comptom）倡议的，他鼓励学院教师成为企业

家，帮助他们争取私人风险投资。在硅谷和128号公路的成功示范下，北卡罗来纳州直接效仿它们，以国家支持的研究公园为主，创建了研究三角。

在我国，中关村等高新技术产业集群的形成则是地方政府催生的结果。改革开放之后，一些走出国门的科技人员通过对硅谷等美国发达的科技产业集群的学习参观，带回了“硅谷理念”。1980年10月，以陈春先为首的23名中国科学院科技人员在中关村率先创办了第一个民办科技机构——北京等离子体学会先进发展技术服务部，这是中关村高科技产业发展的“种子”。在他们的带动及海淀区政府和各级主管部门的支持下，科海、京海、四通、信通等一批科技企业相继成立，并逐步形成了著名的“中关村电子一条街”。1988年5月，以中央办公厅牵头的五部委调查组对中关村进行了两个月的调查，肯定了中关村的运行机制和发展方向，之后，国务院正式发布《北京市新技术产业开发试验区暂行条例》（国函〔1988〕74号），宣告我国第一个国家级高新技术产业开发试验区在中关村成立。试验区成立后，在北京市政府、海淀区政府和试验区办公室以及国家有关部委的指导与支持下，试验区的发展逐步走向正轨。

⑤多因素共同培育的集群“种子”。产生“种子”的因素是复杂的，除了上面列出的四种催生产业集群的“种子”的因素外，有些产业集群的形成是多种因素共同作用的结果，而不仅是由某种单一的条件催生。此外，改制的国有企业或集体企业在其他条件的作用下也可能成为产业集群的“第一粒种子”。例如，苏州工业园区就是国际产业转移和地方政府共同作用的结果；以天津武清区王庆沱镇为核心的自行车产业集群，是由国有企业天津自行车厂分离而成的，温州苍南金乡的标牌和徽章产业集群则脱胎于金星大队文具厂。

第二，环境条件。种子条件是产业集群形成的基础和初始条件，是能说具备了发展的可能，但最终能否成功成长为产业集群，则在于环境条件的优劣和合适与否，可以说，环境条件是种子企业发育成产业集群的必要条件。

①基础设施和人力资源环境。在产业集群形成的初期，企业大多走的是低端竞争路线，即追求较低的生产成本和劳动力成本，所以较好的基础设施建设可以为企业提供共享的物质资源，降低企业的运营成本；好的人力资源环境可以为企业提供充足且廉价的劳动力资源，降低企业的人才成

本。这两方面都是产业集群的“种子”在发芽阶段所需要和追求的。

一个区域的硬件设施是企业在进行选址决策时的首要考虑因素，优越的地理位置、方便的交通和完善的公共服务设施才能吸引大量的中小企业落户于此。以硅谷为例，这里交通便利、通信设施十分发达。硅谷地区拥有 2300 英里（约合 3701 千米）高等级公路，101 国道、洲际 280、680 和 880 四条主干道横贯硅谷。另外，区域 17、85、87 和 237 公路，在硅谷地区形成网状交通枢纽。圣荷赛国际机场距市中心只有十分钟的车距，2014 年共运输旅客 938 万人次，飞机起降 124138 架次，货运输量达 43841 公吨，可见基础设施在产业集群的形成和成长阶段十分重要。在产业集群形成阶段，这些基础设施大多是免费共享的，对集群内的任何企业开放使用；但是随着产业集群的发展壮大，在对基础设施的要求上将有所改变：一方面，园区内的共享设施已经不能满足一些走在创新前沿的企业，在基于竞争的拉动挤压下，群内主体改善自身专业基础设施的意愿将增强，它们不再像初级阶段那样，一味追求低成本，转而投入大量资金用于基础生产、研发设施的建设，为生产和创新提供必要条件，而在创新取得成果并产业化后，又会促进企业进行新一轮的基础设施投入。另一方面，产业集群会出现大量的基于“有偿服务”等机制的基础设施，这些设施不仅将改善中小企业的自主创新条件，同时也将大大提升基础设施的配置效率。不过，随着产业集群的成长，硬件的基础设施将不再是资本区位选择的决定性因素，继而转向其他软环境因素。可见，基础设施的胜任力是创新型产业集群能力的重要组成部分，基础设施对产业集群的形成具有关键影响；产业集群的成长成熟反过来也对提高群内基础设施水平有积极作用。

好的人力资源环境应该是劳动力合理集中、人才通过流动得到有效配置的环境。人力资源环境和产业集群的形成也是无法分清谁先谁后的，它们也是相互促进、相互影响的两个方面。首先，好的人力资源环境可以提供充足、专业、价格合理的劳动力，吸引企业向此地区聚集；其次，产业一旦形成集群，也会吸引大量的劳动力汇聚于此，从而扩大劳动力市场规模，优化人力资源环境。和对于硬件基础设施的需求类似，产业集群生成阶段和以后的各阶段对于人力资源的需求也有所不同：产业形成期，企业大量需要的是廉价、熟练、技术含量低的劳动力；到了产业的发展期和成熟期，企业越来越重视高知识、高技术人才的作用，优秀的人才在集群内被争抢和自由流动，该过程消除了薪酬信息不对称和因薪酬过低而流失人才的现象，追求廉价劳动力的阶段一去不复返。

②经济制度环境。当然影响产业集群发展的制度环境还包括人才制度、科技制度、法律制度等等，但在产业集群的形成阶段即创新型产业集群的萌芽阶段，经济制度是最为关键的因素。通过对发达国家的产业集群演进过程的考察发现，其共同之处在于产业集群的形成都有自由经济体制的大环境。产业集群的形成既是具有产业关联的不同企业和组织在同一区域选址聚集在一起的结果，又是生产要素自由流动和聚集的过程。其中，生产要素能否自由流动、企业是否拥有自主决策权与特定的经济制度紧密相关。

新中国成立初期，受苏联地域生产综合体理论及其成功经验的影响，我国在产业布局上也采取了相关产业的国有大中型企业适当集中的策略，形成了东北重工业基地、以咸阳为中心的纺织工业基地等工业区。虽然地理上集中了，但由于企业之间的联系是通过政府的计划手段配置的，它们之间的联系是刚性的、被动的，因而不仅生产要素不能自由流动，企业也缺乏必要的自主生产经营权，这样的工业区只能叫作产业聚集区域而不能称之为产业集群。直到改革开放后，随着国家经济制度由计划经济向市场经济的转变，企业有了一定的自主权，企业之间的联系也变得灵活、随机，产业内有了优胜劣汰的竞争机制，这样，以国有大中型企业为主体的、带有浓厚计划经济体制色彩的工业区开始衰退，而浙江、广东等东南沿海地区以民营企业、“三资”企业为主体的产业集群开始迅猛发展。

从我国产业集群的成长来看，东南部沿海地区的产业集群发展状况要早于并优于中西部的产业集群，不仅数量众多，而且质量也较高。这可以归因于东南部比中西部较早实行市场经济制度。市场取向的改革不仅突破了计划经济对生产要素自由流通的束缚，而且赋予企业生产经营的自主权：企业不仅能够自由选址，而且能够自由制定发展战略和生产计划，自由组建自己的生产网络和协作网络。地理上的聚集只是产业集群的一个外在表现，其实质是集群内部成员间基于市场的社会化分工协作、合作竞争的互动关系。可见，市场经济是产业集群产生的关键制度环境。

③市场环境。市场环境是产业集群形成的市场条件，主要包括最终产品市场、中间品市场和劳动力市场。马歇尔将产业集群形成的主要原因归纳为劳动力市场的共享、专业化的中间投入品和服务、技术外溢。其中前

两个条件都属于产业集群形成的市场条件，而第三个原因——技术外溢也与市场有关联。波特的产业集群理论以“钻石模型”为基础，其中需求条件和要素条件是波特“钻石模型”的两个重要的构成要素，这两个要素也属于市场条件。市场环境对产业集群形成的作用主要体现在三个方面：第一，众多从事相同或相近产业的企业在某一区域聚集，则某一产品也在该区域集中生产，形成大量的产品供给，产品的销售需要通过最终产品市场实现；第二，生产过程的可分性是产业集群形成的重要条件，生产过程的专业化分工形成了大批工序型企业，大量中间产品的产生需要通过中间品市场的交易实现其价值，并延续其生产过程，完成最终产品的生产；第三，生产的集中和生产规模的扩大形成对专业化熟练劳动力的巨大需求，从而形成了对劳动力市场的依赖。其实，劳动力市场也是人力资源环境的一种，只不过人力资源环境强调宏观的大的氛围，强调集群内企业对人力资源从认识、态度到运用等方面总体达到较高程度。而劳动力市场则强调具体的人力资源在市场中的流动，看重劳动力的经济特征。

著名的“斯密定理”认为，只有当对某一产品或服务的需求随着市场范围的扩大而增长到一定程度时，专业化的生产者才能实际出现和存在，并且随着市场范围的进一步扩大，分工和专业化的程度也将不断提高。反过来，如果市场范围没有扩大到一定程度，即需求没有多到使专业化生产者的剩余产品能够全部卖掉时，专业化的生产者不会实际存在，因为在这种状态下，他们不能用自己消费不了的即自己的劳动产品的剩余部分，随意换得自己需要的别人的劳动产品的剩余部分，所以他们就不会终生专务一业。“斯密定理”可以反过来理解为：市场范围的扩展是集群专业化分工发展的必要条件。这也说明了市场是产业集群形成的重要环境因素。

④商业文化环境。商业文化环境是产业集群诞生的温床，好的商业文化环境不仅能催生产业集群，还能推动产业集群成长升级并最终成为创新型产业集群。例如，美国的硅谷就有着“勇于冒险、善待失败、乐于合作、不断进取”的创业精神。在我国浙江一些地区，当地人认为如果一个年轻人不创业，就没有出息，可见，创业精神已经成为本地人文化环境的组成部分。

⑤竞争环境。竞争环境对产业集群的形成起催化作用。在激烈的市场竞争中，单个企业很难立足，进入聚集区，形成产业集群成为企业的最佳

选择。竞争环境对产业集群的催化作用主要表现在两个方面：一方面，企业要想在市场竞争中立于不败之地，必须尽量降低劳动力成本，或者提升自己的创新能力，从而使获得较高的利润，而聚集所带来的聚集效应可以有利于企业实现利润最大化的目标；另一方面，中小企业无论是价格竞争还是产品使用价值竞争都非常激烈，新产品的模仿和跟进十分迅速，加之竞争环境是动态多变的，这就对企业生产的速度要求越来越高，速度成为企业的重要竞争战略，企业聚集则为彼此协调实现速度经济提供了现实条件。

2. 产业集群的形成机制——基于网络外部性的视角

产业集群的形成过程，实际上是一个网络外部化的过程，这个网络外部化并不体现在产品需求上，而是体现在企业的区位决策上。这个过程是这样的：首先，假定因为某种原因，或偶然事件，或历史传统，或国际产业转移，或政府、学者的行为，在某地播下了产业集群的“种子”，即企业A在区位1诞生，并独立进行生产活动。之后，生产同种产品的企业B在进行区位选择时，可以选择区位1，也可以选择其他区位。如果选择区位1，则可以获得聚集利益，这种聚集利益就是直接网络外部性；如果没有选择区位1，那么企业将继续进行独立生产，无法获得聚集利益，也就放弃了网络外部性。如果企业B经过深思熟虑，认为区位1将来有发展的潜力，那么它就会选择落户区位1。这样，随着一个个企业在区位决策时选择区位1，区位1的产业规模不断增大，网络的规模也逐渐增大，网络效益也会随之增强，进而产生“向心力”吸引更多的企业加入。这种“向心力”不仅吸引同种产品的生产企业，还会吸引大量生产互补产品或服务的企业和机构，这些企业的进入又产生了间接的网络外部性。直接网络外部性和间接网络外部性共同作用，使区位1的“向心力”进一步增强，再吸引更多的企业……这样相互作用，形成一个良性的循环促进机制。此外，网络外部性引起的企业孵化和垂直分离会增加网络中的节点，又反过来增强网络的外部性，如浙江柳市的低压电器产业集群和嵊州的领带产业集群等在形成过程中都有企业的孵化和垂直分离过程；而社会网络和地缘因素引起的示范——模仿机制同样也会强化网络的外部性：模仿者的加盟会增加网络节点，增强网络效应。

总而言之，在产业集群的生成阶段，种子企业扮演了网络发起者的角色，它们的表现将直接影响其他待进入企业对该区位的预期和信心。如果它们表现出强劲的发展态势，潜在进入企业将对其所在区域表现出兴趣和信心，产业集群的生成速度加快；如果种子企业没有给潜在进入企业以信心，聚集的速度将会大大降低，产业集群能否成形将成为未知。可见，在网络外部性的视角下，产业集群的形成过程是“种子企业”在特定环境下的“繁衍”过程。

（三）创新型产业集群的积蓄

1. 产业集群加速成长的三大原动力

笔者借鉴学者魏守华的划分方法，将产业集群加速成长的原动力归纳为外部经济、社会资本和比较优势三种。

（1）外部经济。外部经济效应是产业集群加速成长的重要动力之一。在产业集群内部，企业可以共享公共设施和服务，提高了共同设施和服务使用的外部性，成本大大降低；企业间的合资、合作或建立联盟使原材料和中间品的需求和交易增加，促进专业化市场的形成，从而产生外部经济，而外部经济的产生又吸引更多新企业加入原生产链或从事新的价值链环节增值活动，使集群内配套环境改善，配套成本降低，改善后的环境将再次吸引更多的新企业进入集群。

我国广东东莞的产业就是“一业兴，百业旺”。著名的虎门传统服装产业集群产业链的延伸带动了交通运输业、金融服务业、房地产业、旅游业、电子信息产业的发展。目前，虎门有 IT 企业 230 多家，年产值 40 多亿元；有各类专业市场 49 个，总面积达到 35 万平方米；与服装相关的珠宝、首饰、化妆品、皮料皮具、鞋帽、仓储、物流业欣欣向荣。不少国际大集团、大公司都计划投资虎门，像已签订协议的马来西亚“宝腾”汽车，还有正在谈判过程的香港信义集团、日立香港胜美达公司和英国麦德隆集团等。

（2）社会资本。所谓社会资本，是指社会中基于人与人之间的相互信赖而产生的一种力量，这种力量的大小与人们之间是否存在共同的处世准则、是否相互信任、忠诚等密切相关。像其他形式的资本一样，社会资本也具有经济含义和生产性，其功能体现在作为社会结构的资源，为行为主体获取收益。产业集群的社会资本优势包括集群内特殊的商业文化和基于平等关系的非正式交流与协作。

在前文对产业集群的初期形成阶段分析时，我们已经提到了商业文化作为环境因素之一对于产业集群产生的促进作用。同样，在产业集群的快速发展阶段，地域商业文化同样是重要的推动力：信任感使得创办公司变得容易；频繁的人际互动有助于创业创新的产生，激发人们的创业精神，培育更多的企业家；以信任和承诺为基础的社会网络也督促企业公平竞争，避免机会主义的发生；频繁的非正式交流，有助于各类技术、市场、竞争信息的扩散，使企业和员工把握市场机会，谋求更好的发展。

（3）比较优势。在产业集群的快速成长阶段，比较优势主要是指区域在生产要素、市场需求、政府效率、制度环境等方面的比较优势，这些因素在产业集群的形成阶段也扮演了重要角色。可见，不论在产业集群的形成阶段还是发展阶段，比较优势，尤其是生活环境、制度环境和政府效率都是重要的推动力。

（四）创新型产业集群加速成长的四大直接动力

产业集群的成本优势、市场优势、效率和灵活性优势、集群学习和创新优势等因素构成了产业集群的竞争优势，也是产业集群加速成长的四个直接动力。在产业集群的成长阶段，集群网络和集群创新的发育度不高，二者在该阶段的作用还不明显，但是在企业从成长进入成熟期即创新型产业集群形成的时候，集群网络和集群创新发挥了重要作用。

1. 成本优势

产业集群形成后，企业布局的集中形成了专业化的分工体系，在集群内部采购原材料和中间产品的价格要远远低于集群外部，企业的成本优势明显。比如，在浙江的产业集群区域，在外地卖几十元的布料，在当地仅十几元；在珠三角地区，IT产品零部件的采购成本比其他地区域低30%。除了采购成本低，产业集群的成本优势还体现在配套成本低、交易成本低、环境成本低和信息成本低4个方面。

2. 市场优势、效率和灵活性优势

市场优势和效率、灵活性优势是相互影响促进的一对概念，所以我们放在一起讨论。市场优势主要来自产业集群形成的产业规模、与产业集群相匹配的专业化市场、产业集群形成的区域性品牌在国内外市场的竞争能力。产业规模的扩大和专业化市场的形成使企业能够弹性生产，形成了组织效率高、灵活性强、抗风险能力高的特点。

3. 学习和创新优势

在产业集群的快速成长期，会有一个巨大的网络起关键作用，这个网络是由企业和企业、企业和其他知识机构、服务机构间的各种交往合作关系形成的。网络内有着前向、后向、水平联系的供应商、生产商、销售商、客商以及大学、科研机构、中介服务机构、政府之间，通过频繁的贸易或非贸易、正式或非正式的交易和交流，为企业学习和创新提供了条件。集群内适度的竞争压力和开放的合作机制大大加快了企业的创新步伐，推动了产业集群的快速成长。

（五）创新型产业集群的形成

1. 产业集群提升层次、迈向成熟的动力

在本书所讨论的创新型产业集群发展的三个阶段中，每个阶段都有促进其演化的主要动力，阶段不同则动力因素也不同。像之前已经讨论过的产业集群的形成阶段和快速成长阶段，其主要动力因素分别为比较优势和外部经济，而在创新阶段的形成即产业集群的成熟阶段，其动力因素主要是集群网络和集群创新。换言之，产业集群能否从低级阶段顺利升级，创新型产业集群能否顺利成形，主要取决于集群网络和集群创新两个因素。

（1）庞大而健全的集群网络是产业集群层次提升的关键。集群网络是指在产业集群内，各行为主体（企业、知识机构和服务机构）在交互作用与协同创新过程中，彼此建立起各种相对稳定的、能够促进创新的、正式或非正式的关系的总和。集群网络是集群层次提升的关键。集群网络由网络节点及它们之间的合作关系链条组成，包括区内的行为主体在参与创新过程中所结成的正式的和非正式的网络关系。非正式的网络关系主要指社会文化网络关系和个人的人际关系网络，正是这些隐形的非正式网络关系在创新活动中发挥着重要作用，在产业集群发展过程中甚至比正式的经济合作网络更为重要。

集群网络的形成不是孤立的过程，而与周围的环境密切相关。因为集群网络是集群内行为主体间各种关系的总和，而集群的行为主体又都是各自独立、理性的个体，其行为活动都受到集群中的制度、规则、习俗等环境因素的影响。一方面，集群网络作为制度规则或实践的系统，通过吸引外来企业和资金、吸引技术人才、巩固企业合作关系、培育创新精神等来促进创新，完善集群环境；另一方面，优良的集群环境也能推动集群网络的进一步完善。

(2) 竞争压力下的集群创新是产业集群持续发展的原动力。随着产业集群的不断发展，到了升级为创新型产业集群的关键时刻，原来的那些动力因素可能发生改变或不复存在甚至变为负担。比如，产业集群的形成动力如资金、劳动力、优惠政策等比较优势会因为生产要素的流动和同类产业群的模仿而不复存在，甚至变为劣势；产业集群的成长动力如外部规模经济会随着产业集群规模的增大而减小，甚至成为负值。在这种情况下，考虑到产业集群生命的周期性，集群要想完成向创新型产业集群的升级，就必须将技术创新作为其延长“寿命”的出路，因为集群创新优势是一种绝对优势，与其他因素相比具有持久性和不易模仿性。创新型产业集群是知识经济的一种生产组织形式，因而也反映着生产关系和生产力之间的矛盾。因为生产关系是随着生产力的变化而变化，但又具有一定的滞后性，所以往往生产力已经变化，而生产关系还保持原状。作为生产关系的物化形式，生产函数也具有相对的稳定性，与生产力往往出现不匹配。解决这个矛盾就要及时对生产函数给予创造性破坏，用适应生产力进步的新的生产函数代替。生产函数的更替周期决定创新型产业集群的演化速度，生产函数的变量与结构决定创新型产业集群的演化方向。适应生产力的生产函数是使社会资源合理配置的生产函数，而市场竞争是最有效的资源配置方式，所以生产函数与生产力的匹配性要在市场竞争中加以检验。换言之，以集群创新为导向的市场竞争是创新型产业集群形成的动力，其中包括集群内的竞争压力、同类企业压力和持续比较压力。之所以强调是以集群创新为导向是因为市场竞争有多种途径，如以资源禀赋为基础、以价格为中心、以商誉为重点等，技术创新也是其中一种。上述各种途径均可形成竞争优势，但其他竞争方式多形成比较优势，难以稳定和长久，唯有依靠技术创新形成技术壁垒，提高市场准入门槛，才能取得绝对竞争优势。

在产业集群的升级阶段，集群创新可以分为三个阶段：

①增强企业的技术创新能力。创新的集群化要从一个个单独的企业开始，只有企业个体从自身方面提升创新能力，才会形成集群创新。这个时期，参与合作的企业还很少，没有形成完整的创新链，但企业发展战略已转向以创新为导向：加大 R&D 投入，更新技术设备，吸引技术人才，通过持续地更新产品、技术和服务来赢得市场；在企业管理上进行创新，对

不同类型的 R&D 项目建立不同的决策标准和流程，推动跨职能部门创新组织之间的合作；构建企业的“创新精神”和“创新文化”，形成与其他企业和知识服务机构间相互学习的氛围，在竞争和合作中推动创新。

②发展企业技术联盟。该阶段有更多的企业加入创新，技术创新的深度和广度都进一步提高，而且实现了产业化。完整的创新链的形成促成了技术联盟的形成：包括企业—供应商联盟，利用供应商提供的技术平台，开发企业的新产品、新技术；产业链相同的企业—企业联盟，通过共同的技术开发、技术交流实现优势资源互补；企业—客商联盟，达到以市场带动技术创新、以技术创新获得市场优势的目的。

③发展产业技术创新联盟。该阶段技术创新更有序、方向更明确，技术创新的规范已经确立，集群的重点是解决产业发展的关键技术问题和提升产业核心竞争力。包括加强企业与大学、科研机构的战略合作、共同从事技术开发、委托技术开发、技术转让、技术培训、建立技术信息交流平台和产业技术实验室等。随着产业技术联盟的扩展壮大，政府部门、中介机构、风险投资等金融服务机构也将被吸纳进来，这时产业技术创新联盟就演变为创新型产业集群。

2. 产业集群的演进机制

前文以网络外部性的视角讨论了产业集群的生成机制，由于在产业集群的成长和成熟阶段，其变化过程都是网络外部性变化的结果，所以我们放在这里一起讨论。一般而言，网络外部性越大，产业集群的竞争力越强。反之，网络外部性越小，产业集群的竞争力越小。由于网络的外部性大小主要受网络规模和网络内部物质流动速度的影响，网络规模越大，其外部性越明显，并且当网络规模超过“阈值”时，外部性会急剧增大。所以在产业集群的形成阶段，由于网络规模有限，还没有达到能够急速发展的“阈值”，所以集群的竞争力较弱且发展缓慢；当超过这个最低临界规模之后，产业集群进入加速成长阶段，竞争力迅速增强；随着新企业的进入，集群网络接近饱和，网络外部性增速减缓，产业集群进入成熟阶段，集群竞争力趋于稳定，该阶段既有新企业的进入，也有企业的退出。

（六）创新型产业集群的形成路径

了解了基于网络外部性视角的产业集群的生成和演化机制后，我们需要对其具体的演化路径加以分析。根据推动产业集群各阶段发展的动力的不同性质，将分为内生动力和外生动力，不同的动力将会促使产业集群通过不同的路径进行发展，也许它们都会到达最终的目的地即升级为创新型产业集群，达到殊途同归的效果，但也有可能由于路径有优有劣，有远有近，而造成不同的结果。姜彩楼、徐康宁借用了 M. Fromhold - Eisebith 和 G. Eisebith（2004）的观点从两个维度四个象限来刻画创新型产业集群的形成路径，本书也借鉴这种分类方法。两个维度分别是：从上而下的维度，这一维度反映政府在创新型产业集群形成路径中作用的大小；从内到外的维度，这一维度反映促进创新型产业集群发展的力量是来自集群内部还是外部（详见图 2 - 2）。

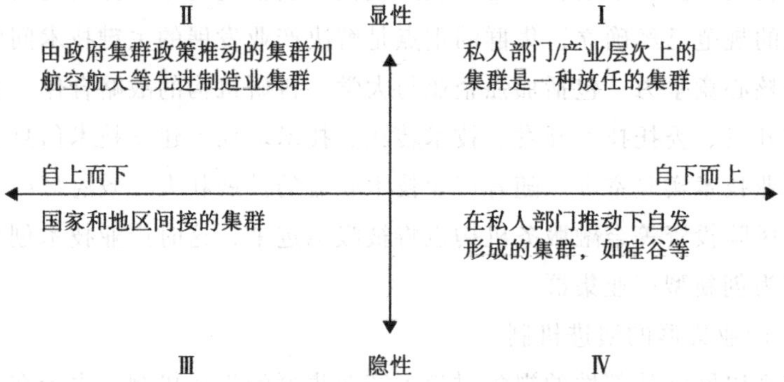

图 2 - 2 创新型产业集群的形成路径

资料来源：M. Fromhold - Eisebith 和 G. Eisebith（2004）.

第Ⅱ象限表示创新型产业集群是在政府力量的推动下形成的，称为自上而下的显性路径，典型的代表有台湾新竹科技园和班加印度罗尔软件园等；第Ⅳ象限表示创新型产业集群的形成主要依靠私人企业或产业，产业集群的第一粒“种子”是自发产生的而没有政府力量的参与，大量的私人企业在社会网络中互相支撑，自发形成创新型产业集群，这种发展路径称为自下而上的隐性路径，以剑桥科技园和硅谷为典型；第Ⅲ象限是隐性的自上而下的形成路径，表示政府的某些行为在无意之中间接促进了创新型产业集群的形成，有点“无心插柳柳成荫”的意味；第Ⅰ象限是自下而上的显性路径，这种路径在现实中比较少，它主要由远离政治推动力的大量本地公司或社团通过战略实现。前两类路径比较常见，且有一定研究意义，故本著作只对这两者进行讨论。

在自上而下的显性路径中，政府起了重要的引导作用，所以我们称为“政府导向路径”；在自下而上的隐形路径中，企业是在开放的市场环境中，通过自身的力量成长的，故称其为“市场自组织路径”。

1. 政府导向路径

政府导向路径往往源于发展地方经济的需要，强调外部的实施效果，此外，它也是解决“市场失灵”的有效途径。在这种路径中，行政机构通常具有较大的特权，甚至可以对本地经济结构进行重构，不过在执行相关措施之前，政府都需要对该地区进行深入的考察研究。

根据 M. Fromhold - Eisebith 和 G. Eisebith 的观点，政府导向又分为政府激励和政策规划两方面。政府激励主要指提供财政支持和制定优惠政策等，政策规划主要是政府从宏观上制定相关的产业政策和战略，通过对各国、各地区的创新型产业集群调查研究后发现，政府尤其是其制定的产业政策在创新型产业集群的形成方面确实起到了积极的推动作用。但在不同的国家和地区，甚至在产业集群发展的不同阶段，政策会有所不同。Kongrae 认为，在发展中国家，与创新型产业集群相关的政策工具可能集中在构建网络、加强研发合作、战略联盟等方面的知识共享。而在发达国家，由于知识创造和扩散组织缺乏创新能力，培育创新型产业集群的政策工具一般可能指向建立基础设施。[①] 华中科技大学李顺才、王苏丹认为，在促进集群创新方面，发达国家政府所采取的政策主要着眼于规范市场环境、引导企业自主创新或合作创新等宏观环境的建设。在规范市场环境方面，政府主要通过建设市场硬件设施、保护知识产权、创立产学研一体化的创新平台等政策来实现；在引导政策方面，政府采取税收补贴、资金支持等政策来促进企业之间的科研合作和创新。我们知道，经济合作与发展组织（OECD）是一个以欧洲国家为主，包括美国、加拿大、澳大利亚、新西兰、墨西哥、日本和韩国等少数非欧洲国家的国家间政策协调与咨询组织，该组织关心工业化国家的发展，其职能是为其成员国在制定政策和确定立场方面提供咨询和服务。OECD 组织内的各国政府都比较重视工业化发展中创新型产业集群的作用，它们都将创新型产业集群纳入国家创新体系的范畴，各国都出台了国家的创新政策。如在美国，几乎每个州都制定

---

① LEE K Promoting Innovative Clusters through the Regional Research Centre (RRC) Policy Progamme in Korea [J]. European Planning Studies, 2003, 11 (1): 25 - 39.

有集群创新政策。与国外相比，我国之前的集群政策和创新政策没有针对性，只看重临时性收益而缺少宏观制度性保障措施，在培养人才、保护知识产权、提高政府办事效率和加大监督力度等方面都较为薄弱，这就使得政府的引导作用变得有限。

需要说明的是，“政府引导”并不等于“政府制造”，也就是说，政府的作用很重要，但并不是全部。波特首先肯定政府的产业政策在产业集群的形成和发展中的重要作用，把创新型产业集群作为国家竞争优势的重要组成部分，但他认为，在产业集群的萌芽和成长初期，并没有政府的影子，往往是自然形成的，但产业集群一旦形成，政府就有推动和强化它的责任。王缉慈教授认为，尽管联合国贸易和发展会议把集群分为依靠内生力量自发形成的集群和依靠外生力量人为形成的集群两大类（笔者认为，这与本书中所说的“市场自组织路径”和“政府导向路径”是类似的），但从学术上看，这种分类不够严谨，对于集群政策制定也不利。早在第一届产业集群与区域发展国际学术会议上，关于产业集群能否可以“凭空”产生就有两种观点：一种观点认为可以，另一种观点认为不行。王缉慈教授建议，政府在产业集群建设中，角色不能错位，不能因为产业集群无法“计划”，政府就无所作为。因为产业集群是在各种“种子”和环境因素的共同复杂作用下形成的，所以政府需要做的是培育“种子”自我增强的土壤和环境，为“种子”发芽创造条件，而如果相关政策制定者误读了“政府导向”的内涵，将政府的作用无限扩大，就会出现政府盲目投资建园，硬性把企业集中在一起的情况。这样形成的所谓的“高新区”“科技园”在我国屡见不鲜，但它们是没有生命力的，更无法成为真正意义上的创新型产业集群。

可见，政府在创新型产业集群的形成中的作用主要体现在：创造有利于产业经济活动聚集的环境和市场，扩大网络外部性，如创造更多的公共产品，完善中介服务，创造有利于企业分工协作的网络等。政府引导生成创新型产业集群的最好方法是，激励大学和科研机构与当地企业开展合作，促进集群技术创新。总之，政府还是应该靠营造好的产业发展环境和建立公平的市场秩序来推动产业集群的发展和创新型产业集群的形成，这就是产业政策的最大功能。

2. 市场自组织路径

与源于地方经济和国家经济发展需要的政府导向路径不同，市场自组织路径通常是一些企业及社团为实现其产业目标，通过加强内部联系自发形成集群，再依托集群内的领头企业共同执行集群战略。这个系统通常具有即时性和排他性，尽管会有越来越多的企业加入这个路径，但它们关注的焦点主要是自身的竞争力，最终目标是获得企业效益。

在政府导向路径中，创新型产业集群随着政策的制定和实施开始发育，即便有滞后时间，创新型产业集群的形成和政策的实施存在同步相关性，因而创新型产业集群的形成可以预测和评估。但是在市场自组织路径中，创新型产业集群的形成自发而随意，成长过程充满了不确定因素，处于一种模糊、混沌的状态，所以其形成不能预测。

再有，从产生的时间先后上看，市场自组织路径早于政府导向路径。仍然以硅谷的发展为例，在20世纪50年代，美国加利福尼亚的圣克拉拉县孕育了世界上最早的创新型产业集群，这个孕育的过程完全是自发的，经过20多年的成长，当年的小集群发展为今天无人不知的“硅谷”，这才引起了学者的关注和研究，之后才有了“政府导向路径”。此外，从发育周期看，市场自组织的创新型产业集群发育周期较长，而政府导向的创新型产业集群周期较短。通过相关数据采样和测算，前者一般约为20—25年，后者一般约为10—15年。

虽然两种路径有所不同，但我们又不能将它们彻底分割，孤立研究。因为从现实情况来看，大部分创新型产业集群的形成都是两种路径共同作用的结果，它们存在交集（图2-3）。也就是说，在政府导向路径中，政府的相关政策要通过市场发挥效果；而在市场自组织路径中，创新型产业集群的形成速度和质量也和政府政策有关。

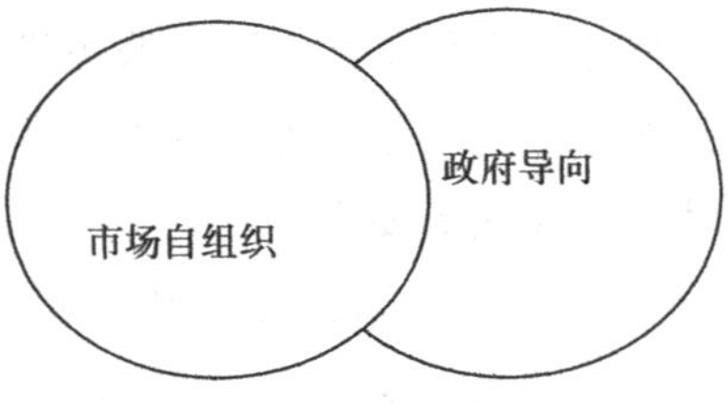

图2-3　市场自组织路径和政府导向路径的关系

第三节 创新型产业集群形成的充分和必要条件

我们从创新型产业集群的两个内涵延伸到创新型产业集群形成的充分条件和必要条件，其最主要的特征就是其构成的复杂及其很强的创新能力。而产业生态理论是在传统的自然科学、社会科学和经济学相互交叉与综合的基础上发展起来的一门新学科。其用于实践的作用就是能够有序地构建产业生态系统，有助于产业生态系统中各要素的和谐发展，从而得到形成创新型产业集群的充分条件。

而由莫腾·汉森（Morten Hansen）和胡利安·伯金肖提出的创新价值链理论框架。就是为了帮助企业找到创新过程中的困难，剖析企业现有创新流程，进而找到企业解决在创新过程中的问题。在这里，我们将把创新价值链的理论进行扩展，把其运用到对产业集群创新能力的分析上，并得到形成创新型产业集群的必要条件。

一、创新型产业集群形成的充分条件

（一）产业生态理论

与自然界的生态系统相类似，创新生态系统是在一定的区域范围内，创新群落与创新环境之间，以及创新群落内部，相互作用和相互影响的有机整体。创新群落包括企业、服务机构。企业是自主创新的主体，其中大企业在创新主体中居于主导和核心地位，中小企业依靠创新活力和专业优势，与大企业建立分工协作的合作伙伴关系。服务机构包括大学、科研机构、投资机构、行业组织等，这是创新资源的提供者和协调者。创新环境则包括市场、政策、体制、文化等要素。

近年来，理论界已经关注到了创新行为和创新群落演化的生态学特征：国外学者如 Bertuglia 等研究了创新行为的时空特征，Aihreye 探讨了竞争与创新行为的关系，Claver 等则研究了组织文化对技术创新行为的作用，Head 等推测群居行为（Herding Behaviour）可能导致产业群和创新。

国内学者如李子和等注意到了高新技术群落的生态学特征，黄鲁成运用生态学理论对区域技术创新系统进行了研究，刘友金等则以群落学为基础探讨了创新产业集群的组织形式和创新优势等。已有的研究表明，创新产业集群是一种以产业关联为基础，以地理靠近为特征，由相互作用、相互依存的创新组织有机构成的社会“生态群落”，具有类似于生物群落的行为特征。但根据文献综述，目前对创新产业集群的研究主要采用的是经济学、管理学、生态学和行为科学等一般方法。本部分则试图运用行为生态学的基本理论和方法，对创新产业集群创新群落的形成与演化进行探讨。创新产业集群的演化具有与生物群落演化相似的行为生态学特征，这可以从两者的行为生态学要素和群落行为特征的对比中体现。

1. 创新型产业集群的生态学理论研究

（1）生态学理论的定义。生态学是研究生物体与其生存环境之间相互关系的一门学科，是生物科学的基础理论之一。生态学研究的重点正转向以人类社会为主体，重视人与环境相互作用的研究是社会经济可持续发展中发挥着愈来愈重要的作用。

生物群落是生存在一个特定地区或自然生物环境里的所有种群的集合。第一，它是在个体和种群之上的一个结构单位；第二，它是生态系统中的生物实体；第三，它属于同一种类的群落有几乎相同的分类组成和相似的外形，并且有绝对明显的营养组织和代谢类型。

（2）创新型产业集群的生态学特征。从生态学的角度对创新型产业集群进行考察，创新型产业集群具有如下特征：第一，由一定的经济单位组成。每个产业群都是由某个或某些产业内的企业及相关的机构组成的，产业组成是区别不同产业群的首要特征。第二，不同经济单位之间的相互影响。产业群中的企业和机构通过有效的整合实现有规律的共处，即在有序状态下生存。第三，具有形成集群环境的功能。产业群对其坐落地环境产生重大影响，并形成集群环境，集群与集群环境是相互作用。第四，一定的动态特征。产业群内的企业和机构具有一定的生命周期，处于不断的动态变化中。第五，一定的分布范围。每一产业群都分布在特定地域或是特定环境上，不同产业群的分布范围不同。第六，产业群的边界特征。有些产业群具有明显的边界，可以清楚地加以区分，有的则不具有明显边界，而处于连续变化中。

2. 创新产业集群形成与演化的群落行为特征

除此之外，创新产业集群形成与演化的行为生态学特征还可以从其与生物群落形成与演化的群落行为特征进行对比来认识。其特征主要有以下几个：

（1）互惠共生。在生物群落形成与演化中，互惠共生是一种常见的行为，是指两种不同的生物之间紧密结合，通过功能互补，彼此互利；在技术创新群落形成与演化中，群落中的各种创新组织尽管分离后能够独立生存，但若他们在某种方式下紧密合作，可以使得合作的双方都有更广阔的生存发展空间。例如，以高校、科研院所孵化或者衍生出来的企业为主体形成的企业群与它们的母体（依托单位）——高校或科研院所就是典型的互惠共生关系，高校或科研院所为企业提供科研成果、创新信息、设备以及人才培养，企业则主要进行产品开发、工艺开发和市场开发，这样，群落中的企业与高校互惠互利、优势互补、互相促进。

（2）协同竞争。在生物群落形成与演化中，有机体既竞争又协作，促进了相互依赖和协调。如同一种群的不同个体之间为争夺有限资源进行竞争，而在抵御外敌方面实行协作，最终促进生物群落的平衡发展；在创新产业集群形成与演化中，群落中的创新组织是以专业化分工与协作为基础的，是一个有机的社会生态单元。协同竞争是创新产业集群形成演化的一个显著特点，最终目的是达到创新组织和创新群落的共同发展。

（3）领域共占。在生物群落形成与演化中，不同的有机体为了个体发展和群落需要，通常共享食物、领域、信息等资源；在创新产业集群形成与演化中，创新资源不足是制约各种创新组织技术创新特别是中小企业技术创新的一个关键因素。众多相互关联的创新组织聚集在一起，实现资源共享、优势互补，以克服单个创新组织创新资源不足的缺陷。它们可以利用共同的交通、实验基地等基础设施，可以分享共同的信息资源，可以拥有共同的专业人才市场，可以共同吸引风险投资，可以相互利用对方的创新特长，可以互为创新成果的传播者和使用者。

（4）结网群居。在生物群落形成与演化中，有机体或生物种群以亲缘关系、互惠关系为基础，聚集于某一地理区域，在适当的生存环境中结网群居；在技术创新群落形成与演化中，创新单元或创新种群以产业关联为基础，以地理靠近为特征，以设施配套、机构完善为支撑条件，以文化融合为联结纽带，形成本地化的区域创新网络。主要表现在：企业、创业中心、科研机构、金融机构、服务咨询机构、负责基础设施建设的政府机构、培训机构等的健全与配套；各机构存在着密切的互动和依存关系；各机构有着强烈的社区意识。

（二）创新型产业集群形成的充分条件

通过以上分析，结合创新型产业集群的内涵之一，即从产业的角度来分析创新型产业集群。联系产业生态理论，笔者认为创新型产业集群形成的充分条件主要有以下几点：

1. 互惠共生性

共生经济是指经济组织之间以同类资源共享或异类资源互补为目的而结成的共生体。这种共生体的形成会导致经济组织内部或外部的直接或间接的资源配置效率的改进，既能够带来经济组织效益的增加，也能带来整体社会福利的增加。现代创新理论认为，企业不可能孤立地进行创新，创新是一个交互过程。单个企业越来越难以依靠自身生产所有有关知识和拥有各种相关资源，去完成知识的经济化过程。为了减小风险、缩短进入市场的时间，创新型产业集群中的每个企业都只能从事创新增值链条上的某一环节性工作，实现专业化分工。集群内的企业或机构由于创新空间的扩大、创新风险的降低与分散、创新周期的缩短等原因，形成集群内的创新共生体。按照拉尔森的观点，集群内企业合作创新是企业组织间“连续握手”的结果，集群内的企业形成一个共生的系统。作为集群合作创新的参与者，虽然是相互平等的独立主体，但一旦加入创新网络、嵌入创新型产业集群，他的行为就要受到集体创新目标的引导和制约，形成基于创新依赖的各个网络结点。共生能产生大量剩余，从而使集群内创新网络的参与者能够获得合作的好处进而增强其实力，同时，使集群外的竞争者无法获得创新优势。

2. 竞争协同性

既专业化分工又相互协作是创新型产业集群的一种主要创新方式。企业的空间集中，提高了竞争强度，同行竞争更趋激烈，迫使企业不断创新和降低成本，形成了集群的竞争协同性。产业集群是具有自身优势循环累积特性的经济系统，有极强的自组织、自适应、自增强的性质。随着企业集聚度的上升，集群的竞争优势渐趋显现，形成“磁吸效应”，大量企业在集群区自动集聚，随之相关的服务体系和基础设施也不断完善，集群优势进一步增强。竞争使企业群落中的企业个体始终保持足够的动力以及高度的警觉和灵敏性，并依靠协作伙伴关系在竞争中发展壮大。集群内的企业尽管存在创新的相互依赖，但逐利是企业的本性，因此群内的企业之间也存在竞争，而且这种竞争遍存于集群的各个角落。按照迈克尔·波特的观点，如果缺乏有效的竞争，集群将难以生存。然而，这种竞争已经发生了变化，不再是你死我活的竞争，而是一种协作竞争。在集群合作创新模式下，企业更注重与其他企业的互动关系，共享信息和知识，集体学习成为创新的动力。因此，协作在这种模式下就显得尤为重要，而这恰恰是集群合作创新的本质特征。产业集群内协同的互动机制会促进信息、技术、人才的流动，缓和各经济主体的矛盾，为水平或垂直型公司创造合作与信任的空间，从而推动集群合作创新的深化。协同性是指系统作为整体，具有组成部分不具有的新的功能。因此，协同性产生了整体功能大于部分功能之和，即所谓“的 1 + 1 > 2”现象。竞争与协作既是对立的，又是统一的，正是这种矛盾统一体推动着集群的发展与创新。

3. 根植性

创新型产业集群和一般产业集群一样，既是一个经济系统，又是一个社会系统。产业集群的根植性是产业集群社会网络的一个根本性特征。产业集群社会网络的根植性是指集群的经济行为深深地嵌入于当地社会关系、制度结构和文化土壤之中。集群合作创新有很强的产业关联性（产业根植性）、地理位置的接近性（地理根植性）、共同的创新文化（文化根植性），这是创新型产业集群竞争优势的关键来源，对集群内中小企业技术创新有极为重要的意义。具有显著的地域相关特征。根植性从根本上强化了集群的竞争优势，显示了生产活动的独特性及随之产生的产品和服务的特色性。由于集群企业内部成员不是孤立的个体，而是深深根植于当地社会文化、历史传统、制度和空间背景中的单元，其创新过程也根植于当地复杂社会文化环境和制度环境中，产业集群合作创新正是依赖于这种根植性而强化了产业集群创新的路径依赖。

4. 知识资源互补性

在资源主导的产业发展阶段，产业的优势是由所处区位、生产活动所需资源，以及运输成本决定的。在资金主导的发展阶段，企业的市场优势区位是由土地和劳动力价格决定的。在知识主导的发展阶段，企业的市场优势是创造型人才和产业组织的创新机制决定的。随着知识更新速度的不断加快，创新对企业外部的依赖性越来越强，特别是大量缺乏正式研发职能的中小企业，外部知识资源是其创新的主要源泉，成功的创新取决于企业与各种机构之间的合作。当用户、供应商和分包商以及企业交流信息并进行相互学习时，强化了包括创新过程中的企业间和其他机构成员间，像大学和其他高等教育机构、私立和公共研究试验室、咨询和技术服务商及管理机构的相互作用。从20世纪90年代以来，技术研究与开发全球化合作趋势加强，产学研合作的形式越来越多，技术联盟的数量也越来越多。企业通过与其他企业、知识生产机构和财团等建立技术联盟合资公司等形式，获得了新的补充知识并加快了学习进程，促进了创新，提高了竞争力。

5. 创新组织的开放性

企业技术创新从构思产生到市场销售各个环节的最终目标都是取得市场效益，即整个创新过程都是围绕一定的市场需求展开的。创新组织必须有一个伸向企业外部的大触角，它是一个开放的系统。产业集群是一个开放系统，必须通过与外界环境不断沟通和交换以维持其生存及发展，产业集群的创新是一个向集群内外开放、主体间互动、整体创新不断发展的过程。集群式合作创新网络与集群外的其他组织有着密切的开放性联系，集群内的合作创新网络更是一个错综复杂的组织关系，当其中的一种联系变得无效时，这种联系将会被一种新的联系所取代。开放性说的也是产业集群内部整合与外部链合特征。产业集群的形成演进，集群竞争优势的获得，不仅有赖于区域内各行为主体之间通过频繁有序的互动、生产要素的交流、组织学习与知识创新及柔性制度的渗透来达到内部的有机整合，而且要求集群网络的各个节点不断与区域外的网络节点发生多方位、多层次的联结，寻找新的合作伙伴，开辟新的市场，拓展区域创新空间，以获取远距离的知识和互补性资源，完成集群外部的合理链合。这样，集群在对“两种资源、两个市场”的优化配置过程中，呈现出组织开放性的特征。产业集群能够保持创新网络与外界资源的互动，尤其是对国内外相关产业技术发展和市场信息的及时了解，保证创新活动适应外部环境的最新变化，提高与国内国际市场的对接能力。

二、创新型产业集群形成的必要条件

（一）创新价值链理论

为了帮助企业找到创新过程中的困难，剖析企业现有创新流程，进而找到企业解决在创新过程中的问题。莫腾·汉森（Morten Hansen）教授和胡利安·伯金肖提出了创新价值链理论框架。创新价值链将创新视为一个循序渐进的过程，由创意产生、创意开发和创意推广三个阶段构成。在这三个阶段，管理者必须完成六项关键任务：创意的内部搜求、跨部门搜求、外部搜求、创意的筛选、开发及其在公司范围内的推广。这六项任务构成了一条完整的创新价值链。一家公司可能特别擅长该链条上的某一项或几项活动，那么这些活动就构成了这家公司的优势环节。相反，它也可能对该链条上的另外一项或几项活动不擅长，这些就是这家公司的薄弱环节。

创新价值链框架要求管理者以“端到端”的全局性眼光来看待他们的创新活动。该理论不赞成管理者盲目引进流行的创新手法，这些手段可能可以解决创新价值链上的部分问题，但未必针对了最需要改善的那个部分。相反，该理论主张管理者集中精力加强最薄弱的环节，从而更有针对性地选择方法，以提高创新成效。

创新价值链还有助于管理者认识到，他们引以为豪的创新强项实际上很可能会发展成为公司的弱点。如果他们只关心创新价值链上最具优势的环节，比方说，根据目前最流行的创新理论，努力提高其在创意产生或推广环节的核心能力，那么最终将导致价值链上最薄弱的环节被进一步削弱，从而损害公司的总体创新能力（详见表2－3）。

表2－3　创新价值链

创意产生		创意转化		创意推广	
内部	跨部门	外部	选择	开发	推广
在部门内提出创意	在部门间进行合作	与外部组织进行合作	筛选和提供初期基金	从创意到产生初步结果	在组织内传播

（二）创新型产业集群形成的必要条件

通过对创新价值链理论的分析可以看到，创新型产业集群的创新过程更为复杂，涉及的创新主体也更多。我们运用创新价值链理论对创新型产业集群的创新能力进行分析，并得到创新型产业集群形成的必要条件如下表2-4。

表2-4 创新产业集群穿心价值链

创意产生		创意转化		创意推广	
内部	跨部门	外部	选择	开发	推广
制造商	核心圈内合作	与大学科研机构进行合作	金融、保险机构筛选和提供初期基金	从创意到产生初步结果	在创新产业集群内传播

1. 多元参与的创新活动

在创新型产业集群中，企业、研究机构、大学、政府和中介组织等参与了创新活动。企业是创新活动的主体，主导和支配了集群的创新活动，构成了集群的核心部分。在荷兰多媒体创新型产业集群中，核心由500—1000家公司构成，如Lost Boys、Bitmagic、Razorifish、NOB interractive、Virtual Affa Irsdg等。这些被称为“创新成员”的公司，业务活动范围包括开发和生产多媒体硬件，开发适用于多媒体应用的软件组，创造特定应用所需的开发环境、接口设计和网站管理，实现已有后台办公系统和网上应用的融合、电子商务和Internet战略咨询等。

在创新型产业集群中，研究机构和大学通过合作形式参与企业的创新活动，研究机构和大学为集群提供研发和相关服务。如在挪威农产品创新型产业集群中，参与研发的研究机构有Matforsk（食品研究）、Jordforsk（土壤和环境研究）、Planetforsk（农作物研究）、Meier产品控制研究所（奶制品研究）、挪威农业经济研究所，大学有挪威兽医大学（NVH）和挪威农业大学（NLH）。应强调的是，从长远看，大学的作用还包括向创新型产业集群输送专业人力资源、教育培训和传递新的专业知识。

就政府的公共作用来说，创新型产业集群政策没有单一的“最优方式”“一刀切”的做法只能适得其反（OECD，2001）。如在荷兰创新型产业集群中，政府的作用分别是主席、协调者、项目经理、经纪人、连接网络或金融家。中介组织在创新型产业集群中作用是整合创新资源，提供创新服务，如技术咨询、商务咨询、广告服务、提供人才信息等。

2. 发达的战略联盟与合作关系

在创新型产业集群中，创新活动属于产业创新，这种创新依赖于企业、研究机构、大学和消费者的各种战略联盟与合作。在创新型产业集群中，公司与其他机构联系越密切，集群的创新就越好，这对那些资力不足的中小企业来说至关重要（OECD，2001）。在挪威，农产品创新型产业集群中有51.6%的创新公司参与了技术联盟或创新合作。合作者有设备、计算机系统等供应商，公司内部的其他企业，客户和顾客，工业研究与技术开发研究所，大学和其他高等研究机构，咨询机构，竞争对手等。

在创新型产业集群中，创新合作是立体的和全方位的。以西班牙电信创新型产业集群为例，合作区域涉及欧盟国家、美国、日本和其他国家，合作领域涉及通信技术、电子配件、消费电子、电信设备和电信服务，合作对象有顾客、供应商、竞争者、合资者、专家和咨询者、公共研究机构、大学、研究协会、其他公司等。

在创新型产业集群中，合作并没有削弱企业的技术创新主体地位，相反，合作是以企业为参照点。在许多创新型产业集群的合作实例中，均从企业维度来讨论各种合作及合作对象。并且，合作主要形式是企业—企业，其次才是企业—顾客、企业—研究机构、企业—大学等。在企业—企业合作中，合作对象主要是本国企业，其次才是外国企业。另外，创新型产业集群的企业都有与顾客、供应商和竞争对手的合作的经历（OECD，2001）。

3. 高强度的研发经费投入

创新型产业集群发展与研发经费增长之间具有相关性。随着研发经费增长，创新能力增强，创新收益增加，创新型产业集群得到发展。反过来，创新型产业集群的发展又能提供更多的研发经费。在发达国家，一般都有通信技术集群。以美国为例，早在2011年，美国研发投入达到4360亿美元，占GDP比重2.8%，占全球研发投入比重超过31%，这其中，通信技术研发投入大约1263亿美元，占全球总研发支出的55%。2007年，发达国家信息通讯技术研发投入占企业总投入的份额是：芬兰40.8%、爱尔兰35.5%、加拿大28%、日本26%、美国22.5%、意大利20.7%、荷兰16.4%、挪威15%、德国14%、西班牙13%、澳大利亚10.6%、英国10.3%。另外，研发投入也呈逐年增长态势。以丹麦为例，在1999—2008年，用于电信设备的研发投入增长了2.7倍，用于计算机服务的研发投入增长了 8.21 倍。

在创新型产业集群中，大型创新企业的研发投入起到举足轻重作用。如爱立信公司的研发投入占了整个瑞典企业研发投入的 20%。尽管创新型产业集群内大型创新企业的研发网络遍及世界，但这些企业的研发投入重点还是在企业的“出生国”。芬兰是创新型产业集群发展较好的国家，在 2001—2007 年，芬兰在通信技术集群的研发投入比例超过 OECD 的其他国家。其中在电子产业的投入份额占私有研发机构支出总额的 2/3。诺基亚为芬兰通信技术集群的发展起了关键支撑作用，尽管诺基亚在 14 个国家拥有 52 个研究中心，但芬兰仍是重要的研发基地，诺基亚 60% 的研发投入还是留在了本土。

4. 大量的知识转移和知识溢出

根据知识转移的路径，可将创新型产业集群的知识转移分为三类，即外部向内部知识转移、内部之间知识转移、内部向外部知识转移。在知识从集群外部向内部转移中，知识来源包括：招聘的员工、顾客、设备供应商、其他供应商、专利提供方、商业伙伴、产业联系、大专院校、地区研究机构、咨询机构、贸易展销会、出版物等。在创新型产业集群内部，通过区域网络、技术联盟、技术合作和专业人员流动，实现了知识转移。

知识从集群内部向外部流动亦称知识溢出，这是一种知识外在化效用。知识和资源在集群内部结合可以产生新知识，这些新知识溢出、转移到其他研究共同体，引发创造出更多的知识，导致了一个知识加速增长的过程。

知识溢出的主要形式是专利和将新知识物化的新产品。从专利看，发达国家创新型产业集群的专利数量一直在不断增长。以通信技术集群为例，在 2002—2008 年，芬兰在美国批准的专利份额增长了 31.8%，瑞典增长了 23.2%，美国增长了 16.6%，爱尔兰增长了 11.7%，荷兰增长了 10.3%，日本增长了 8.9%，丹麦增长了 13.0%，欧盟增长了 12.5%，OECD 增长了 14.1%。从新产品看，创新型产业集群中多数公司都有产品创新。在丹麦，整个经济中，有产品创新的公司占全部公司数量的 50.4%；其中，通信技术集群有产品创新的公司占全部集群公司数量的 75.1%，医疗保健集群占 57.8%，农业食品集群占 52.4%。

5. 快速增长的集聚经济

除具有一般产业集群的竞争优势外，创新型产业集群的最大竞争优势是拥有自主知识产权的新产品，创新型产业集群通过不断创新，不断以新产品占领市场、扩大市场份额，不断增加专利转让获得的收益，从而推动集群的发展。

在芬兰的通信技术集群中，2002—2008 年产值年增长率高达 35%；2008 年集群产值占整个芬兰 GDP 的 6.6%；拥有雇员占全国就业总量的 3%，其中，仅诺基亚一家公司雇员就有 21000 名，占整个集群雇员总数的 30%。在爱尔兰的通信技术集群中，2001—2007 年电子硬件产值年增长率为 25%，就业人数年增长率为 14%，达到 35000 人，超过了化学工业和制药业；爱尔兰是世界第五大电脑出口国，欧洲市场销售的个人电脑 1/3 产自爱尔兰；爱尔兰的软件出口 1998 年超过了美国，欧洲销售的 40%包装软件和 60%的商用软件产自爱尔兰。在丹麦，大型通信技术集群在全日制雇员人数、产值、出口量和工资规模分别占丹麦私有产业的 13%、12%、11%和 16%。

科技园区属于创新型产业集群，如美国的硅谷、印度的班加罗尔、新加坡科学园，都是世界著名的创新区域，是高技术研发和产业化集聚地，高技术产业产值持续多年以两位数百分比增长，形成了具有国际竞争力集聚经济。

三、创新型产业集群形成的判别与演化

（一）创新型产业集群形成的判别体系

通过上述讨论，笔者运用产业生态理论和创新价值链理论对创新型产业集群形成的充分条件和必要条件进行了分析，并得到了创新型产业集群形成的五个充分条件与五个必要条件。那么，我们通过分析这些条件构成，得到了创新型产业集群形成的判别标准。

本书有关的创新型产业集群形成的充分条件主要是从产业生态理论的角度对创新型集群内的核心圈、紧密圈和支持圈之间的关系进行了分析，得到了互惠共生性、竞争协同性、根植性、知识资源互补性和创新组织开放性五个充分条件。所以，在对创新型产业集群形成的充分条件进行判别的时候，我们采用以下两点依据：第一，企业创新活动的政府支持，其中有信息服务、中介服务、咨询服务、经营指导服务、技术服务、项目支持和资金支持；第二，集群创新活动的市场环境支持，主要包括商品市场环境支持、劳动力市场环境以及资本市场环境。

本书主要是从创新价值链理论的角度对创新型集群的创新能力进行了分析，得到了多元参与的创新活动、发达的战略联盟与合作关系、高强度的研发经费投入、大量的知识转移和知识溢出以及快速增长的集聚经济五个条件。所以，在企业创新能力测度时，我们从以下几个方面进行判别：研发能力、创新管理能力、信息化水平、制造能力、营销能力、产出能力以及集成创新水平。具体如图 2－4 所示。

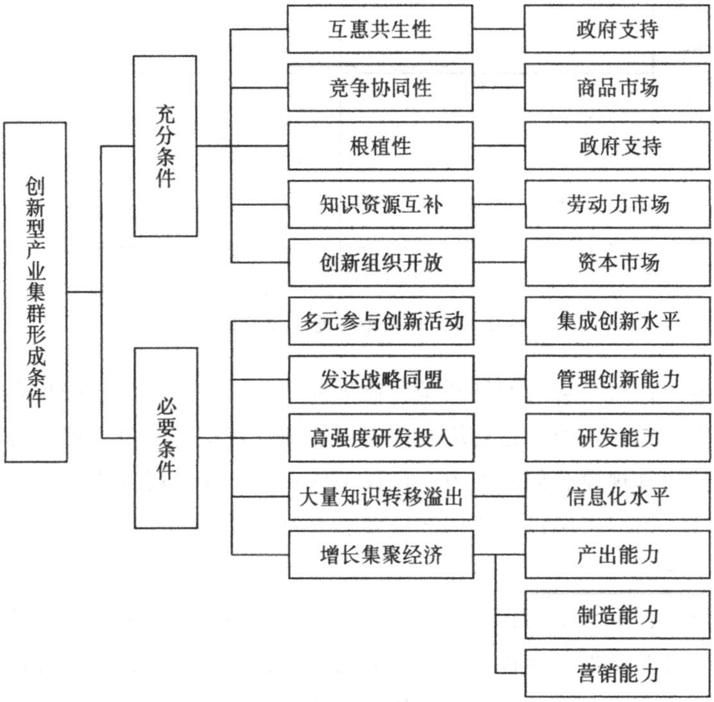

图 2－4　创新型产业集群判别体系

（二）创新型产业集群的演化

根据以上论述，当一个集群满足了创新型产业集群的充分条件和必要条件的时候，其就是创新型产业集群。但是，不同创新型产业集群的充分必要条件的程度并不相同，所以笔者认为创新型产业集群是分阶段演化的。

我们将充分条件设为纵轴，将必要条件设为横轴，并且每个轴都分为七个等级。正方向表示满足条件的程度，1 级为程度最低，7 级为程度最高。则充分条件和必要条件形成的每个方格表示创新型产业集群处于不同的阶段。根据满足创新型产业集群充分、必要条件程度的不同，我们再对象限内的各个区域进行分类和说明。如图 2-5 所示。

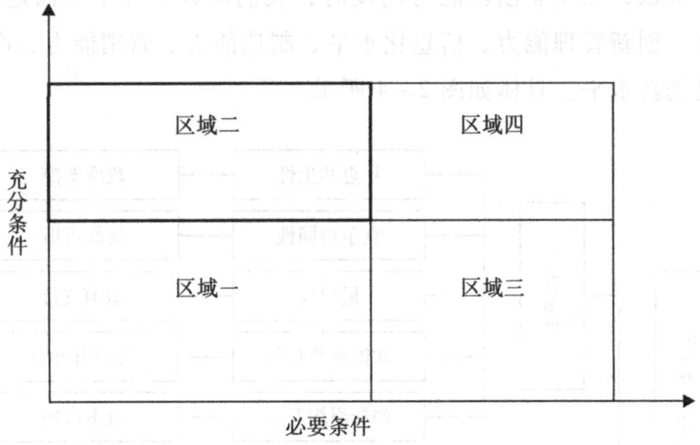

图 2-5　创新型产业集群阶段图

区域一：初级均衡型创新型产业集群。该区域的充分条件和必要条件满足的程度相对均衡，是初级均衡的创新型产业集群。可以理解为此时的产业集群初具规模和创新能力，仅仅是创新性产业集群的雏形。有可能向第二区域、第三区域以及第四区域发展，怎样发展，需要政府相关部门进行合理引导。

区域二：垂直型创新型产业集群。该创新型产业集群的充分条件满足程度大于必要条件满足程度，是更为高级的创新型产业集群。可以理解为此时的产业集群已经具备相关的创新型产业集群的集群特征，但是缺乏创新能力。即此时集群内的企业数量和种类已经满足创新型产业集群的条件，并形成了一定的共生性、协同性、根植性、互补性以及开放性。但是集群整体的创新能力缺乏，还处在简单地依靠产业链上下游企业的集聚降低相关成本的阶段。

区域三：水平型创新型产业集群。该创新型产业集群的必要条件满足程度大于充分条件满足程度，是更为高级的创新型产业集群。可以理解为此时的产业集群已经具备相关的创新型产业集群的创新特质，但是缺乏集群特性。即集群内创新能力很强，满足了高强度的研发经费的投入、大量知识转移、多元参与、战略联盟发达以及快速增长的集聚经济等必要条件，但是集群内企业的种类不够丰富。创新只在个别较大企业或是垄断企业中进行，由于集群内集聚不够，使得个别企业的创新成果不能惠及产业链其他相关企业。

区域四：高级均衡型创新型产业集群。该区域是最为理想的创新型产业集群，其满足创新型的充分条件和必要条件的程度都很高。可以理解为此时的产业集群即具备了创新型产业集群的集群特质也具备创新型产业集群的创新能力。由于此区域产业集群已经具备了互惠共生、竞争协同、根植性、知识资源互补、创新组织开放等特性，同时集群内的创新活动也满足多元参与、大量知识转移等必要条件，而这些必要条件又推动了创新型产业集群的进一步集聚，从而使得该种创新型产业集群成为一种理想的创新型产业集群。

四、创新型产业集群试点的认定

2013 年 2 月 7 日，中华人民共和国科学技术部印发了《创新型产业集群试点认定管理办法》，由此开始对我国创新型产业集群的第一批认定工作；同年 6 月 24 日，在各省、自治区、直辖市科技厅（委）的协调下，经过试点申请、专家论证、考察评审等三个环节，将中关村移动互联网创新型产业集群等 10 个产业集群列为我国第一批创新型产业集群试点单位。

2014 年 12 月 15 日，科技部又公布了《第二批创新型产业集群试点名单》，将石家庄药用辅料创新型产业集群等 22 个产业集群列为第二批创新型产业集群试点单位。2017 年 12 月 1 日，科技部公布了《第三批创新型产业集群试点名单》，将扬州数控成形机床创新型产业集群等 29 个产业集群列为第三批试点。2021 年 8 月 9 日，科技部火炬中心公布了第四批国家创新型产业集群名单，将湖北省黄石、随州、仙桃、孝感等 43 家产业集群列为国家创新型产业集群试点。其中，宁波高新区工业互联网创新型产业集群榜上有名。这是本次浙江省唯一入选的产业集群，也是宁波市获批的首个创新型产业集群试点。截至目前，科学技术部共计开展了四次创新型产业集群试点认定工作，已在全国布局了 152 个创新型产业集群试点。

在以往的研究中，对于创新型产业集群的认识往往存在一定的偏差。在部分媒体稿件与非正式的研究报告中，将 2013 年科技部公布《创新型产业集群试点认定管理办法》作为中国发展创新型产业集群的开端，将科技部认定创新型产业集群试点的时间定义为该产业集群由传统产业集群向创新型产业集群转化的时间点。然而，一方面，传统产业集群向创新型产业集群的转化是一个长期的过程，两者之间的分类也并不明确，指定某一个时间点作为传统产业集群与创新型产业集群的分隔点是明显不合理的；另一方面，科技部对创新型产业集群试点的认定工作，是对发展较好、具有较高创新型产业集群特点的产业集群的一种认可，创新型产业集群是一种自然形成的经济概念，而非政治概念，不能单纯依靠某个政府文件对创新型产业集群做出明确的定义。

第三章

双循环格局下宁波发展创新型产业集群的必要性和可行性

第一节 双循环格局下宁波发展创新型产业集群的必要性

发展创新型产业集群是宁波推进区域创新、构建新发展格局的重要途径，具体来说：

一、是畅通宁波国内国际双循环的重要节点

我国“十四五”规划和“2035 年远景目标纲要”提出，东部地区要“加快培育世界级先进制造业集群，引领新兴产业和现代服务业发展，提升要素产出效率，率先实现产业升级”。未来一段时期，宁波要继续紧抓国家制造业集群化发展的机遇，加快推动创新型集群发展，助力宁波制造业国内国际双循环。

如前所述，创新型产业集群作为一个高度网络化的产业组织，不仅具备地理邻近的高度集聚、专业化分工的产业联系、行为主体的互动合作等

一般特征，更凭借区域发展的根植性、组织结构的网络化、产业发展的协同性和生态系统的开放性，因此会成为畅通宁波制造业国内国际双循环的重要节点。

第一，在内循环上，创新型产业集群作为产业集聚发展的高级形态，能够推动某一产业链关键环节或上下游多个环节在一定区域内的高度集聚，实现规模经济和范围经济，并凭借完善的产业供应配套体系，强化面向产业化的研发创新，增强宁波面向场景应用的生产制造，促进研发、生产、制造、销售等产供销在区域内的循环畅通，实现宁波区域产业小循环。

第二，在外循环上，创新型产业集群作为一个开放的产业生态系统，能够通过产业转型升级和承接产业转移，推动宁波企业深入嵌入全球产业链、价值链和创新链，不断强化宁波产业的国际化联系，增强宁波产业在全球的话语权，深度参与国际产业循环。

第三，在内外循环上，创新型产业集群可以超越行政边界限制，有效促进宁波群内的跨区域协同发展，通过与市外集群间的互动合作，实现宁波区域小循环与国内大循环的链接。同时，创新型产业集群可以通过有针对性的高质量“引进来”和高水平“走出去”，强化宁波在全球背景下的产业水平分工和垂直整合的结合，实现区域产业循环与国际产业循环的高效衔接。

二、是宁波创新型企业最好的生存基地

首先，宁波创新型企业在创新型产业集群内能得到较好的专业化服务，发展创新型产业集群可促进区域创新的基本主体——创新型企业的发展。

其次，创新型产业集群是宁波市教育科研机构的支持者和需求者，是宁波创新型人才施展才华的大舞台，发展创新型产业集群可成为区域创新的重要动力。

再次，创新型产业集群是宁波市研究机构产品的重要市场，发展创新型产业集群可促进宁波研究机构的产业化和市场化。

最后，创新型产业集群可以很好地将宁波各种创新主体和要素整合起来，发展创新型产业集群可有力地支撑区域创新体系。

三、有利于宁波依靠创新驱动构建新发展格局

从全国的情况来看，北京、上海、粤港澳大湾区科技创新中心建设取

得了快速发展，2020年开始启动成渝科技创新中心建设。根据世界知识产权组织评估，中国有17个区域进入全球创新集群百强，其中，粤港澳大湾区、北京、上海进入全球创新集群前10位。

2020年4月，科技部火炬中心印发《关于深入推进创新型产业集群高质量发展的意见》，提出要在现有创新型产业集群试点和培育基础上，充分发挥国家高新区的产业集聚作用，以“一区一主导产业”为布局原则，重点建设100个国家级创新型产业集群，形成若干万亿元级产业规模和一批千亿元级产业规模，掌握关键核心技术、产业技术体系完备、大中小企业融通发展、处于国际国内领先地位的创新型产业集群。

2020年，11月6日，科技部火炬中心印发《创新型产业集群评价指引（试行)》，要求按照“一区一主导产业”加快建设创新型产业集群。进一步聚焦国家重大战略需求，着力攻克产业链关键核心技术；着力推动产学研用协同创新和大中小企业融通发展；着力提升产业基础能力、创新能力和产业链现代化水平，打造区域现代化经济体系，促进高新技术产业实现高质量发展。

因此，发展创新型产业集群有助于宁波经济依靠创新驱动构建新发展格局。加快培育发展创新型产业集群是宁波构建现代产业体系的重要一环，是促进宁波产业链现代化的重要举措。宁波需要积极寻找发展新动能，以期在新时代高质量发展中占据领先地位，并成为辐射带动其他地区的创新策源地。

四、有利于推进宁波传统产业转型升级

目前，全球产业正加速呈现出规则统一化、组织网络化、机制效率化和技术创新化的发展趋势。处于全球价值链上的每一个企业都将不可回避地面临着国际竞争格局的冲击。尤其是国际金融危机以来，劳动密集型产业或产品在研发和市场的增值环节，受制于知识和品牌的影响，已经成为制约一个企业、一个产业乃至一个国家经济社会发展的瓶颈。而宁波工业化整体水平仍处于全球价值链的低端环节，仍面临经济结构调整和经济转型升级的严峻挑战。一是劳动力成本的上涨使劳动密集型产业的转型不可避免；二是生产成本和资源价格的上涨使产业结构调整和技术升级不可避免；三是生态保护和环境资源的承载受限使经济发展理念和模式转变不可避免。所以，发展创新型产业集群，通过引导和促进科技与经济在产业层

次上的高度融合，进一步完善在产业细分领域的产业集群建设与发展规划，促进新产品、新技术、新理念和新模式的不断创新与应用，对宁波传统产业的转型升级具有重要的战略意义和显著成效。

综合以上观点，推进宁波自主创新的一个重要方面是推进区域创新，建立区域创新体系，而建设区域创新体系的一个重要途径是发展创新型产业集群。创新型产业集群是以创新型企业和人才为主体，以知识或技术密集型产业和品牌产品为主要内容，以创新组织网络和商业模式等为依托，以有利于创新的制度和文化为环境的产业集群，是宁波产业集群升级的重要方向。宁波目前许多地方正面临产业结构转型升级的紧迫任务，有必要采取积极措施促进宁波创新型产业集群的发展。同时，发展创新型产业集群也是宁波顺畅国内国际双循环的重要手段和方式。

第二节 双循环格局下宁波发展创新型产业集群的条件和优势

一、积极出台扶持政策，营造良好发展氛围

近年来，宁波、市委、市人民政府千方百计破解水、电、土地、人才等要素资源制约，为创新型产业集群的发展提供了全方位的服务，先后出台了《宁波市先进制造业基地建设规划纲要》《关于印发宁波市中小企业公共技术服务平台、创业支持服务平台认定和补助暂行办法的通知》《今后五年宁波市服务业跨越式发展行动纲要》《关于实施工业创业创新倍增计划的若干意见》《关于加快推进新兴产业和特色优势产业基地建设的实施意见（试行）》《中共宁波市委宁波市人民政府关于建设国家创新型城市促进经济转型升级的若干意见》《关于推进制造业二三产业分离发展的实施意见》《关于加快工业设计产业发展的若干意见》《宁波市中小企业公共技术服务平台和小微企业创业基地认定管理办法》《宁波市人民政府关于促进光伏产业健康持续发展的实施意见》《宁波市软件产业特色集聚区认定管理办法》《宁波市工业企业“电商换市”三年行动计划（2014—

2016)》《关于推进工业稳增长调结构促发展的若干意见》《宁波市节能公共服务平台建设扶持资金管理暂行办法》《关于加快发展智能装备产业的实施意见》《宁波市“3511”产业投资导向目录和智能制造评判标准》《宁波市推进“中国制造2025”试点示范城市建设的若干意见的实施细则》《宁波市加快集成电路产业发展的若干政策》《宁波市“246”万千亿级产业集群和前沿产业投资导向目录（2021年版本)》《宁波市重点培育产业链投资导向目录（2021年版本)》《宁波市人民政府办公厅关于加快推进制造业高质量发展的实施意见》等一系列政策或规划，为宁波创新型产业集群发展奠定了良好的制度支撑，使宁波产业集群可持续发展力不断提升。

2020年宁波地区生产总值超过1.24万亿元，人均生产总值达到高收入经济体水平，经济结构进一步优化。现代产业体系全面构建，实施“246”万千亿级产业集群培育、“3433”服务业倍增发展、“4566”乡村产业振兴等行动，工业总产值居全省首位，国家级制造业单项冠军数居全国城市首位。创新“栽树工程”成效显著，国家自主创新示范区和甬江科创大走廊加快建设，产业技术研究院总数达71家，人才净流入率居全国主要城市前列，全社会研究与试验发展经费支出占生产总值比重提高至2.85%。重大战略举措全面实施，积极参与长三角一体化、长江经济带发展和浙江大湾区大花园大通道大都市区建设。这些都为宁波创新型产业集群的发展奠定了良好的基础。

二、坚持可持续发展理念，走集约式发展道路

自然资源约束与可持续发展理念决定了宁波创新型产业集群必须走集约式发展道路。宁波自然资源相当匮乏，人均占有耕地约0.5亩，仅为全国平均数的36%，远远低于联合国粮农组织确定的人均0.86亩的警戒线。另外，在过去30多年里，宁波经济的持续高速增长付出了耕地锐减、能源困局和环境污染等方面的高昂代价。宁波传统产业集群“高投入、高消耗、高排放、低循环、低效率、低增值”的“三高三低”现象，使资源损耗和生态环境难以承载。因此，宁波产业集群的转型升级开始注重生态保护，走集约式发展道路。

在北仑区，这个拥有全国第二大港即北仑港的港口地区早在15年前就已经启动了产业节能标准和企业百项节能示范工程，不动声色地推进节

能减排工作。近年来，面对临港大工业项目密集、建设用地资源紧张、土地供需矛盾较为突出的问题，市、区两级政府积极探索节约集约利用土地的新途径。例如，北仑区在全市率先出台《关于切实推进节约集约利用土地的若干意见》，实施政府出资大力建设标准厂房的做法在全省范围推广。其主要内容是推进工业区块建设，促进产业集聚升级。北仑全区在空间布局上已形成产业集聚、特色鲜明、各具优势的钢铁项目区块，如大港四方、汽配园区、台塑石化项目专区、霞浦现代国际物流园和青峙化工五个主要产业区块。在招商引资和开发建设中，尽可能地优化项目用地布局，减少配套设施用地规模，提高基础设施配套的完整性和共享程度。外资、内资企业进入开发园区的投资额必须达到500万美元或人民币3000万元以上。这些产业区块目前已基本布满项目并竣工投产，形成了较大的产业规模。其中大港四方、汽配园区近10平方千米区块，平均投资强度达到了345万美元/公顷，成为全市工业区块的样板。

余姚市也在积极探索节约集约用地新模式，千方百计做好节约集约用地文章。余姚市早在2012年就出台了《余姚市人民政府关于鼓励实施零增地技改和低产田改造促进亩产效益提升的意见》，通过奖励扶持政策鼓励企业利用原厂房翻建、扩建、加层改造，利用破产、歇业企业的厂房和闲置学校、办公楼进行技改，通过技术改造和引进优质项目提高企业亩产效益等方式，大力推进零增地技改。在招商引资和开发建设过程中，余姚市综合考虑项目的产业功能、投资额度、配套要求，实行统一规划、统一配套，引导并逐步实现企业向产业区块集中，减少配套设施用地，提升产业区块的集聚功能，使园区土地节约集约利用程度大幅提高。目前，该市工业在空间布局上形成"中国塑料城、经济开发区、工业园区"三个主要产业区块。园区土地利用强度、工业用地投入产出效益、用地综合容积率均居全省同类园区前列。其中，市经济开发区以98.04%的土地利用集约度综合分值和1.05的工业用地综合容积率，被评为"浙江省集约用地示范开发区"。

截至2019年，宁波市累计拥有30家国家级绿色工厂，3家绿色产业链管理企业，3个绿色工业园区，80个绿色设计产品。"十三五"以来，宁波市单位工业增加值能耗下降了11.7%，单位工业增加值用水量下降27.9%，已累计淘汰落后产能企业908家，整治提升低散乱企业（作坊）7978家。2019年，全市规模以上工业企业实现亩均税收48.1万元，同比增长 7.6%，稳居全省首位，实现亩均增加值 154.1 万元，同比增长 7.2%，盘活土地面积近 9000 亩。根据计划，宁波将进一步优化空间布局，将制造业布局在基础最好、条件最优、效益最高的地方。强化项目支撑，2020 年已有 541 个 5000 万元以上的工业投资项目、1324 个 1000 万元以上的工业企业技术改造项目竣工、续建和开工，其中百亿（元）级工业项目群就达 13 个。

三、持续培育龙头企业，增强集群凝聚力

龙头企业是创新型产业集群构架制造、创新、人才、营销等功能平台的主力。宁波在现有的创新型产业集群中，积极培育了诸多带动性强、辐射面广的龙头企业。例如，象山县早在 10 年前就提出了“1555”工业发展战略，即发展壮大一个支柱产业（临港工业）、改造提升五大传统产业（汽配、针织、水产加工、模具、输变电）、加快培育五大新兴产业（新能源、新光伏、新材料、海洋生物、信息产业）、加快培育五大产业基地（中国水产食品加工基地、宁波市高档针织面料生产基地、宁波市重点船舶制造基地、宁波市汽车零配件产业基地、宁波市机械基础件产业基地），积极培育了象山针织服装产业集群中的龙头企业巨鹰集团。巨鹰集团作为龙头企业，正在不断地进行技术改造和研发，引领象山的针织服装业向现代产业集群发展。巨鹰集团曾针对针织服装透气性好但外层很难防水、外层防水里层却不吸汗的难点，投资研发了一种面料。用这种面料生产的针织服装，里层吸汗外层防水，透气性好，因而销量大增，利润非常可观。近年来，巨鹰集团开始进军 IT 产业，投资数字电视机顶盒的研发和生产，目前机顶盒在安徽、浙江、河北等省份的多个县市区的市场份额不断扩大，最近又顺利进入山西市场。

建新集团是宁海汽配产业集群培育的龙头企业之一，它的发展反映了宁海汽配业转型升级向“高端化”发展的方向。建新集团以生产汽车减震橡胶件、密封条为主，2005 年实现销售收入 2 亿元，2010 年实现销售收入 8 亿元，2021 年预计实现销售收入 48 亿元。2006 年，建新集团在美国成立了一家子公司，虽然这家公司只有 5 个人，但却发挥了重要的作用。他们会主动联系客户“上门服务”，不但及时掌握了客户的需求和技术的变化，使企业在竞争中处于主动地位，而且还可以利用国外科技人员快速攻克一些合作项目的技术难点。此外，建新集团投资 2000 多万元建

立了省级汽车橡塑零部件高新技术开发中心，组建了一支由博士、高级工程师领头的90多人的技术研发队伍，还投巨资增加了检测设备，购置了模拟仿真软件等一批先进开发实验仪器。很多东西可以在软件上模拟，不需要生产出来再去检测，不但节省了成本，而且缩短了新产品开发周期及新产品开发的成功率。科研经费的持续投入，加快了企业新产品产业化的步伐，高附加值的新产品在市场上具有很强的议价能力。近年来，建新集团开发的汽车橡胶减震功能件和汽车密封条两大系列的新产品就有近1000种，特别是其开发的捷达A2、奥迪A4、奥迪A6、宝来A4、新奥迪C6等车型的门玻璃密封条产品，填补了国内空白。

奉化也在大力改造提升产业集群，中国服装之乡，中国厨卫配件、气动元件、美容美发器具产业基地……这些产业“金名片”显示出奉化近年来产业集群的迅速提升。其中方桥的厨卫企业从20世纪90年代起步，依靠自主创新，实现了从为他人做嫁衣裳到自己创牌的华丽转身。如今已有30余家企业拥有自主品牌。近年来，奉化发展壮大船舶制造、汽车及零部件等装备制造业。目前两大产业产值增速在30%以上，浙江船厂、神马汽车、锐泰机械等一批工业龙头企业脱颖而出。奉化已明确重点扶持发展先进装备、海洋工程、生物医药、新材料、新能源等高新技术产业，大力改造提升产业集群，推动纺织服装、气动元件、厨卫配件、美发美容器具等产业集群向现代产业集群发展。其中，厨卫龙头企业之一的宁波安佳厨房系统有限公司把国外的烤箱与国内挂壁式的消毒柜结合起来，产品一出来就引起了广泛关注。公司每年的研发投入接近销售额的10%，公司研发了科技含量高、市场竞争力强的消毒柜、升降消毒柜和嵌入式自洁电烤箱。目前安佳与德国的西门子、瑞典的伊莱克斯、日本的林内等企业有广泛的合作，给这些国际巨头贴牌生产。

创新型产业集群发展，除了需要政府的引导和科学规划外，龙头企业的带动至关重要。无论是巨鹰从事面料研发，建新在研发上投入巨资，还是安佳努力实现由贴牌向自主品牌的转变，都显示了“龙头”的作用。在这场转型升级的浪潮中，龙头企业不仅可以带头搞研发带动整个产业“向上走”，而且已经积聚了打品牌的实力。从OEM（贴牌加工）到ODM（设计生产），再到OBM（自主品牌生产），很多宁波企业在努力实现品牌战略的跨越，这正是企业推进产业转型升级的生动体现。这些企业已不再满足于单纯的“制造”，而是努力向“微笑曲线”的两端攀爬。这些龙头企业已经意识到大力进行自主设计和市场开拓，就可以在国际分工中掌握自己的命运。龙头企业带动创新型产业集群发展，已经成为推动创新型产业集群形成的重要路径。

近年来，宁波正在深入实施“凤凰行动”“雄鹰行动”，推动龙头企业做强做优。截至2019年年底，全市累计制造业上市公司总数达111家，拥有中国制造业500强企业21家，工业总产值超千亿元工业企业2家、超百亿元工业企业23家、超十亿元工业企业193家，21家企业入围浙江省“雄鹰行动”培育企业名单。2019年，宁波新增单项冠军15家，累计45家企业获评国家制造业单项冠军企业（产品），数量稳居国内城市首位。新增国家专精特新小巨人企业50家，累计55家企业获得“国家专精特新小巨人企业”荣誉。

四、创新实力不断增强，打造高端生产基地

从创新承载条件看，目前宁波正在谋划推进一批重大战略举措，包括建设宁波前湾新区、甬江科创大走廊、宁波软件园、沪嘉甬铁路和沪甬跨海通道、临空经济示范区、宁波南湾新区，推进东钱湖区域高质量高水平发展等。宁波通过聚焦“两大三新”，即保持科技研发大投入，集聚研发大机构，突破关键新技术，培育发展新主体，建设人才新梯队，不断提高创新能力。

2019年，全市规模以上工业企业投入研发经费336.8亿元，占主营业务收入的比重和新产品产值率分别达2.0%和34.2%，比2015年分别提高0.652个和4.8个百分点，其中新产品产值率的年均增速达到3.9%，全市规模以上工业每百亿元主营业务收入有效发明专利数29.07件。2019年全市累计引进培育中科院宁波材料所、北航宁波创新研究院、西工大宁波研究院等高能级产业技术研究院69家，建成石墨烯、磁性材料应用技术、智能成型、电驱动等4个省级制造业创新中心，拥有171家省级及以上企业技术中心，其中包括30家国家级企业技术中心。国家级制造业单项冠军数量居全国首位，研发投入强度提高0.44个百分点，人才净流入率居全国主要城市前列，仅2020年累计引进集聚产业技术研究院71家。

2020年，宁波围绕“246”产业集群及五大重点领域新兴产业发展需求，对接十条重点产业链，部署“科技创新2025”重大专项项目116项，取得高端大尺寸陶瓷密封环、先进生物传感器芯片、便携式质谱仪、氢燃

料电池公交车等一批关键技术和战略产品。荣获2020年度浙江省科学技术奖50项，“甬优1540”刷新全省连作晚稻百亩方亩产记录，大黄鱼“甬岱1号”等50个农业新品种获国家审定证书。围绕化解产业链断供风险，在5G、半导体、工业互联网、光电信息、新材料、关键零部件等重点领域，实施进口替代技术应急攻关项目26项。

2020年，全市产业技术研究院累计71家，其中6家成为首批省级新型研发机构。2018年以来新引进的23家产业技术研究院已集聚创新人才近1700名，产出创新成果260余项，孵化高科技企业51家。

此外，宁波还不断依托工业“四基”做强产业链条，依托整机装备做强产业链条，依托龙头企业做强产业链条，依托先进技术做强产业链条。并不断推动工业化与信息化融合，制造业与服务业融合，产教融合。鼓励企业树立以质取胜的理念，依靠标准、品牌、专利提高市场占有率，成为同行业的龙头老大和“常青树”。宁波于2016年、2018年两次被国务院列入“促进工业稳增长和转型升级、实施技术改造成效明显市”而受到表彰。

2020年，宁波提出把医疗健康产业、工业互联网产业、“5G+”产业、数字经济、智能物流产业等5个重点领域作为新兴产业的发展方向。预计到2025年，新型基础设施建设和应用示范场景打造取得显著成效，新兴行业代表性企业大量涌现，健康产业增加值占GDP比重达到7.5%，数字经济核心产业增加值占GDP比重达到9%，跨境电商进出口额突破2000亿元，网络零售交易额超过4500亿元。2021年1—9月，宁波规模以上工业研发费用投入为348.75亿元，同比增长31.3%。2020年全市高新技术产品增加值达到2338.76亿元、增长6.9%，增速高于规模以上工业1.7个百分点。2021年8月9日，科技部火炬中心公布了第四批43家国家创新型产业集群名单，宁波高新区工业互联网创新型产业集群榜上有名。这是本次浙江省唯一入选的产业集群，也是宁波市获批的首个创新型产业集群。

五、实施品牌提升工程，强化创新型集群培育

2016—2019年，宁波系统布局战略性新兴产业，三年内战略性新兴产业、高新技术产业、装备制造业规模以上工业增加值占全市规模以上工业增加值的比重分别提高10.8个百分点、12.5个百分点和1.9个百分

点。稀土磁性材料、光学电子、汽车电子等细分产业工业总产值年均增长率均超过15%。

截至2019年，宁波累计拥有“浙江制造精品”产品140个，100家企业获“品字标”品牌证书176张，15家企业获国际认证证书44张，主持制定“浙江制造标准”202项，占全省发布标准数的13.4%。“十三五”期间，稀土磁性材料、新型功能材料产业集群新入围国家先进制造业集群培育名单，全市累计4个。

2019年，全市规模以上工业17个传统制造业增加值同比增长6.4%，规模以上工业劳动生产率从2017年的18.6万元提高到2019年的27.5万元，连续两年传统制造业改造提升综合评估指数居全省第一。2019年，全市“246”产业集群合计实现规模以上工业增加值3170.7亿元，同比增长7.3%，高于规模以上平均0.9个百分点。2019年全市数字经济核心产业实现增加值676亿元，同比增长14.8%，总量位居全省第二，软件产业收入达819亿元，同比25.1%。

同时，还形成了宁波新材料产业高技术产业基地、宁波国家高新区新能源与节能照明国家高新技术产业化基地、北仑注塑机特色产业基地、鄞州新型金属材料特色产业基地等国家级产业基地，宁波推动创新型产业集群发展的区域创新体系和创新环境进一步完善。

此外，宁波市人民政府还积极引导条件成熟的产业集群发展高新技术产业，如对一些科技型的或者是高新技术的企业给予一些税收的优惠政策。大力推进战略性新兴企业的发展，利用战略性新兴产业来对传统产业进行改造升级，推动传统产业集群转型向创新型产业集群升级。如鼓励宁波纺织服装产业集群利用高新技术产业发展新材料、新面料、大豆纤维、牛奶纤维等等。

六、智能化改造成效显著，高新技术产业快速发展

近年来，宁波正在推行“点线面”分层级推进智能化改造示范。一是在“点”上推进“机器换人”。截至2019年，宁波累计在役工业机器人达到12584台。二是在“线”上推进自动化（智能化）成套装备生产线研制，已成功研制并推广应用了轴承智能磨装检测等15条智能化生产线。三是在“面”上推进数字化车间/智能工厂建设。2017—2019年累计实施市级数字化车间/智能工厂项目84个，项目固定资产总投资68.7亿

元。在全省率先实施“5G + 工业互联网”试点。

成功打造爱柯迪、雅戈尔、吉利3家“5G + 工业互联网”工厂和余姚智能家电云平台，2020年雅戈尔、爱柯迪、捷创和创元4家企业的项目入围2020年国家工业互联网试点示范项目，数量居全国第一。工业互联网平台应用创新推广中心项目成功入选国家级项目，蓝卓、中之杰等2家企业入围中国工业互联网50佳。

在坚持传统产业的基础上，近年来，宁波科技创新能力明显提高，经济发展方式明显转变，国家科学技术奖也在宁波层出不穷。2020年宁波R&D经费支出占GDP比重达到2.85%，完成高新技术产业投资558.5亿元，同比增长20.8%；实现高新技术产业增加值2338.8亿元，同比增长6.9%，占规模以上工业增加值比重达57.9%；规模以上工业企业研发费用达385.7亿元，同比增长12.9%；完成技术交易额271.4亿元，同比增长25.4%。在加快发展高新技术产业方面，宁波以重大科研和建设项目为依托，以引进和培养一批创新人才为保障，加快培育了生物工程、新材料、新能源等新兴产业，按照专业化、特色化、集群化的思路，大力发展高新技术产业集群，积极构建现代集群产业新体系。2020年认定高新技术企业1667家，总量突破3100家。

此外，宁波不断加快传统产业升级改造，加快发展高新技术产业。在传统产业升级改造方面，宁波以市场为导向，以技术创新和机制创新为动力，以应用高新技术改造提升为手段，积极引导着产业集群内企业运用现代信息技术，推进数字化设计、网络化制造、清洁化生产和现代化管理技术的广泛应用，全面提升传统产业产品在外观设计、工艺流程、使用功能等方面的科技含量，提高工艺技术水平和附加值。积极支持有条件、有潜力的产业集群内企业在关键技术、关键工艺上进行技术改造与技术创新，带动整个传统产业科技进步和产业升级。例如，鄞州区除了淘汰落后产能，大力发展战略性新兴产业和现代服务业等一些常规之举外，区政府又创造性地提出以技改带动传统产业突围，进一步强化注入了“科技元素”的轻纺、服装、文具等传统产业的竞争优势。

七、推进区域平台建设，为集群发展提供公共服务

宁波市通过引导社会投资、财政资金支持等多种方式，重点支持产业集群的产品研发、设计、检验检测、设备共享、技术推广等公共技术服务

平台建设。为贯彻落实《中华人民共和国中小企业促进法》《浙江省民营企业发展促进条例》和《宁波市人民政府办公厅关于加快推进制造业高质量发展的实施意见》等法律法规文件，当好浙江建设“重要窗口”模范生，完善中小企业服务体系建设，2021 年宁波市经信局初拟了《关于完善推进宁波市中小企业公共服务体系建设的指导意见（征求意见稿）》《宁波市中小企业公共服务（示范）平台认定管理办法（征求意见稿）》。

在建设思路上，宁波市坚持“政府引导、依托产业、注重服务、择优扶持”的方针，在产业集群区内建立了多家公共服务机构，形成了公司化的运作机制，为产业集群区内企业提供多种公共服务，有效地实现了创新资源的有效分工与合理衔接，实行知识产权共享。如建立了技术创新服务平台，行业共性技术和关键技术研发中心、服务中心和产品检测中心；建立了融资服务和担保服务平台，有力改善产业集群内企业的融资环境；建立了行业信息交流和发布平台，为产业集群内企业提供生产资料、产品咨询、人才流动、市场行情等信息服务；建立了行业培训机构，为产业集群内企业经营管理培训和技术人才培训提供服务等。宁波通过建设为创新型产业集群服务的公共平台，降低了综合服务成本，提高了资源利用效率。

2020 年，宁波推动研发投入加快增长、高新区“一区多园”协同创新等 15 项工作机制落地实施。宁波国家高新区数量全国排名上升至第 15 位。聚焦国家新材料发展重大战略和产业发展重大需求，研究论证甬江实验室建设方案，积极争创新材料浙江省实验室。目前，甬江实验室建设方案不断细化明确，已报省政府审批，场地建设规划已经启动。成功获批省部共建农产品质量安全危害因子与风险防控国家重点实验室，系宁波市首个获批的省部共建国家重点实验室。积极对接国家科技部，立足宁波相关领域的科研基础和产业优势，依托研究院所和龙头企业，在智能工厂操作系统、新能源汽车智能制造工业软件等领域，积极争创国家技术创新中心。已制定《宁波市产业创新服务综合体建设管理考核办法（试行）》，加强对产业创新服务综合体绩效考核评估，在机器人与智能装备、工业软件、磁性材料等领域，2020 年新培育省级产业创新服务综合体 6 家、累计达 18 家。

第四章 双循环格局下宁波创新型产业集群发展现状

第一节 宁波工业经济发展现状

一、宁波工业经济发展概况

工业是宁波经济发展的主要力量，长期以来，工业增加值一直占全市地区生产总值的半壁江山。虽然近年来略有下降，但也都在40%以上(详见表4-1)。以装备制造业、临港重化工业为特征的工业体系门类齐全，产品丰富，支柱性产业既有汽车零部件、机械模具等传统制造业，也有纺织服装、家用电器、笔类文具等轻工业行业；既有石油化工等大型传统产业，也有电子信息、工业设计等创新型新兴产业；既有雅戈尔、海天集团等大型上市企业，更有不计其数分布全市的中小企业。数量众多、种类齐全的工业企业支撑起宁波市庞大的工业体系结构和较高的工业发展水平。

表 4－1　　2000—2020 年宁波市工业增加值及其占比情况

年份	工业增加值（亿元）	全市 GDP（亿元）	占比（%）
2000	578.30	1144.57	50.53
2001	624.92	1278.75	48.87
2002	715.24	1453.34	49.21
2003	847.79	1749.27	50.00
2004	1027.26	2109.45	48.70
2005	1184.21	2447.32	48.50
2006	1412.87	2874.42	49.60
2007	1703.20	3418.57	50.20
2008	1957.42	3946.52	50.20
2009	2110.82	4329.30	48.80
2010	2586.17	5163.00	50.09
2011	3019.00	6059.24	49.82
2012	3170.07	6582.21	48.16
2013	3378	7128.9	52.50
2014	3533.68	7610.28	46.43
2015	3632.86	8011.49	45.35
2016	3766.6	8451.1	44.57
2017	4607.3	9846.9	46.79
2018	4953.7	10746	46.10
2019	5164.6	11985.1	43.09
2020	5045.6	12408.7	40.66

2011 年全市工业总产值突破 15000 亿大关，工业增加值跨上 3000 亿元新台阶，规模以上工业增加值（2381 亿元）首次超过杭州（2338 亿元），对全市 GDP 增长的贡献率达到 53.2%。

2013 年全市实现工业增加值 3378 亿元，按可比价计算，比上年增长 8.4%。其中规模以上工业企业实现增加值 2291.2 亿元，增长 8.0%。全年规模以上工业企业实现销售产值 12381 亿元，增长 5%。其中，内销为 9557.4 亿元，增长 6.9%；出口交货值为 2823.6 亿元，下降 0.8%，内销增速高于出口 7.7 个百分点。全年规模以上工业企业实现利润 664.6 亿元，增长 25.0%，实现利税总额 1258.1 亿元，增长 17.2%。2013 年规模以上工业企业科技活动经费支出173.9亿元，比上年增长10.7%，占主营业务收入的比重达到1.4%，同比提高0.1个百分点。实现新产品产值2940亿元，增长22.1%，快于规模以上工业总产值增速16.5个百分点，新产品产值率达23%，比上年提高3.1个百分点，创历史新高。“机器换人”成果初现，全年规模以上工业资产总计增长5.8%，而从业人员减少2.3%，劳动生产率达16.3万元/人，增长10.5%，人均创利税9万元，增长20%。

由于受新冠疫情影响，2020年全市实现工业增加值5045.6亿元，同比略有下降。其中规模以上企业完成工业增加值2133亿元，同比增长5.0%；完成全部工业产值15844亿元、规模以上企业工业总产值11962亿元、规模以上企业销售产值11610亿元、规模以上企业出口交货值2659亿元，在PPI指数只有97.1的低迷前提下，比上年分别增长2.7%、1.3%、-0.1%和-2.2%；累计产销率97.1%，比上年下降1.3个百分点；全年规模以上工业企业实现利税1058亿元，利润520亿元，同比分别下降8.3%和15.2%，但自三季度开始总体保持探底快速回升态势，降幅比三季度分别收窄10.0个和16.0个百分点。

二、宁波工业经济发展特点

1. 从行业特点看，装备制造及石化等临港工业占主导地位

虽然宁波工业企业分布广泛，门类齐全，通过已经实施的九大产业调整振兴三年行动计划方案，石化、装备制造、汽车及零部件等九大优势产业仍是支撑宁波市制造业增长的重要主体。其中，纺织服装（包括纺织业、纺织服装、鞋、帽制造业和皮革、毛皮、羽毛（绒）及其制品业）、电气机械及器材制造业、设备制造业（包括通用设备制造业和专用设备制造业）、交通运输设备制造业和文教体育用品制造业等五类传统产业已成为宁波工业的典型代表。截至2020年底，上述五大传统产业中规模以上企业工业总产值和利税总额在全部规模以上工业企业中的比重均在40%左右，传统产业无疑已成为宁波市工业经济的主导力量。围绕传统优势产业而形成的纺织服装、电工电器、机械、模具、汽车零部件、文具等产业集群已成为宁波工业经济发展的主体，并在国际国内形成了一定的影响力。如宁波已经成为中国最大的注塑机生产基地、中国的模具之乡、中国最大的服装生产基地之一、与广东顺德、山东青岛齐名的中国第三大家

电制造业基地、国内非整车生产的主要集群地区、国内文具业龙头等等。

2. 从企业特点看，宁波工业经济仍以中小企业为主

作为民营经济大市，小企业众多，“低、小、散”的空间产业布局一直是宁波工业企业群体的典型特征。2012 年，工信部对中小企业认定标准调整，增加了微型企业类别后，宁波现有大、中、小型企业数量分别为 144 家、882 家和 7203 家（详见表 4 -2）。

表 4 -2　　宁波大中小型企业数量变化情况一览表

企业类型	大型企业	中型企业	小型企业	中小型企业占比
2004 年企业数	16	604	7643	99.8%
2008 年企业数	31	959	11130	99.7%
企业产生（增加）率	0.48	1.06	10.75	—
2012 年企业数[①]	109	1086	5445	98.4%
2020 年企业数	144	882	7203	97.3%

数据来源：《转型谋变——宁波工业发展战略思考》，浙江大学出版社，2010 年版；宁波市经济与信息化委员会；《宁波统计年鉴 2021》。

3. 从市场特点看，宁波工业具有典型的外向型经济特点

宁波工业企业主要集中在宁波北部的沿湾沿海地带，是大企业、大园区、大项目集中的重要区域，包括杭州湾地区、慈溪、余姚、北仑、镇海、梅山保税区等地，这些区域集中了北仑电厂、镇海炼化、LG 化工、宁波钢铁、亚洲纸业等大型企业。从出口销售看，宁波与 222 个国家（地区）建立贸易关系，2019 年年完成口岸进出口额 16017 亿元，居全国口岸第 5 位；完成自营进出口总额 8576 亿元；居全国省、自治区、直辖市和计划单列市第 9 位；经济外向度高达 80%，有 4 万多家企业具备开发国际市场的资质和能力。2019 年规模以上企业完成出口交货值 3293.2 亿元，同比增长 3.9%。

4. 从动力结构看，宁波工业仍以劳动和资本密集型企业为主

和浙江省其他地区类似，宁波工业主体多为劳动密集型或劳动和技术一般化企业形式，生产工艺多为成熟的传统工艺，如纺织印染技术、电工电器制作、传统造船技术等，产业层次不高，风险分析能力和风险应对能

① 说明：2012 年 7 月，工信部调整了大中小型企业划分标准。大中型企业划分标准中的工人人数标准由 2000 人下调到 1000 人，销售额 3 亿元调整为营业收入 4000 万元。

力都不太强。总体看，宁波制造业对R&D投入太少，技术改造投入不足，所做的产品档次与国外差距比较大。大量制成品难以跻身高端消费领域，而只能集中于低端市场被迫面对恶性的价格竞争。产业转移和产业升级是宁波市主要传统优势产业未来几年内提升产业层次，推进产业高级化发展的必由之路。需要特别一提的是，劳动资本密集型企业已成为支撑宁波区域经济发展的重要企业组织形态，在强化专业化分工协作、优化资源要素配置、吸纳劳动力就业等方面发挥了重要作用。但是，长期发展过程中累积了一些素质性、结构性矛盾，尤其是产业层次低下、创新能力不强、规划引导缺失、平台支撑不力、转型升级缓慢等问题也逐渐显现。

第二节 宁波产业集群发展概况

一、宁波产业集群总体发展情况

（一）宁波产业集群发展概况

宁波市位于中国东南沿海，从自然禀赋看，宁波“无油，缺煤，少电”，95%以上的工业资源是从外地输入，并没有特别优越的资源条件。而且，国家的投入也相对较少。但是，宁波劳动生产率较好，并且拥有众多的中小企业，机制较为灵活。所以，改革开放以来，宁波市化劣势为优势，经济发展水平在全国的位次不断上升，并已名列前茅。纵观宁波经济发展历程，不难看出，宁波经济的快速发展与其区域特色经济的发展是分不开的。宁波市在产业结构调整中，注重形成以某一主导产业为龙头，相对集聚在一定区域范围内，并在区域经济总量中占有较大比重的块状经济，这就是被誉为浙江特色的“产业集群”。可以这样说，宁波经济的持续快速发展，很重要的原因，就是得益于产业集群的发展。

宁波产业集群总体起步于20世纪50、60年代，发展辉煌于80、90年代，靠“滚雪球”、购并收购、小船靠大船、以小聚大逐步发展起来的。关于宁波市产业集群的总体规模，目前有很多的推测。据市工商联分析，2010年全市大约有150多个块状产业基地，其中年产值超过10亿元的近90个，经济规模占全市规模以上工业产值60%以上。根据经信委的统计，2011年宁波市“4+4+4”产业总产值达到7435.9亿元，同比增长19%；其中石化、汽车及零部件、纺织服装和电工电器等传统块状产业产值达到5813.1亿元，同比增长21.6；新材料、新能源、新装备和新一代信息技术等战略性新兴产业产值1757.亿元，同比增长11%；节能环保、生命健康、海洋高技术和设计创意等初创型新兴产业产值372.5亿元，同比增长10.7%。根据统计资料，2011年，宁波市块状产业相对集中的开发区、高新园区、保税区等23个主要开发园区，规模以上工业总产值达到7677.9亿元，同比增长26%；工业增加值1560.9亿元，同比增长18%；工业企业利润为412.8亿元，财政收入645.6亿元，同比增长15%左右。

“十三五”期间，宁波积极推进国家级产业集群建设，磁性材料、汽车、绿色石化等3个产业集群入围国家先进制造业集群培育名单，新型功能材料产业集群入选首批国家战略性新兴产业集群，并获国务院督查激励表彰。

（二）宁波主要产业集群发展现状

表4-3反映了宁波市部分产业集群发展的基本情况。

表4-3 宁波部分产业集群发展情况

产业集群名称	产业分布	空间布局	代表企业
高端装备	智能装备（高档数控机床、智能塑料成型装备、机器人、智能物流与仓储装备、智能成套装备、慈溪市高端装备产业园） 现代能源装备（风电装备及关键部件、光伏成套设备及关键部件、氢能制造装备、智能电网装备） 新一代信息技术装备（集成电路制造装备、智能制造核心信息设备）	主要集中于北仑区小港装备产业园、北仑区大碶高端汽配模具园区、海曙区智能制造产业园；余姚市机器人智谷小镇；鄞州经济开发区；象山县海上风电智能化装备产业园、慈溪滨海新区、江北投资创业中心；镇海区集成电路产业园	海天集团、力劲科技、澳玛特、鑫高益、康达、慈星股份等

续表

产业集群名称	产业分布	空间布局	代表企业
家电	厨卫家电（吸油烟机、饮水机、燃气灶、橱柜、卫浴等；日用小家电（热水器、插座、吸尘器等）	主要集中于慈溪、余姚、鄞州等工业园区	奥克斯、方太厨具、帅康厨具等
文具	书写文具、五金办公用品、教学文具、纸品本册等	主要集中于宁海、北仑、鄞州、余姚和慈溪等五大块状生产区域	得利集团、贝发集团、广博文具等
模具	注塑机、铸造模具、压铸模具和粉末冶金模具等	主要集中于北仑（压铸模）、象山（铸造模）、宁海和余姚（塑料膜）以及鄞州（粉末冶金模）等地	方正汽车、全力机械、震宇消音器材等
时尚纺织服装	服装、家纺、针织等	服装业主要分布于鄞州、奉化和海曙等地，家纺和针织主要集中于北仑、慈溪、象山等地区	雅戈尔、杉杉、太平鸟等
电子信息	新兴电子产品（液晶平板显示、通信和计算机、集成电路、信息家电、汽车电子、半导体照明、仪器仪表、电子元器件等）；软件产业（含网络传输、电子商务、物联网等）、网络传输业等	宁波保税区（液晶光电和集成电路）、国家高新区、北仑区（电子信息设备制造业）、江北区和余姚开发区（通信设备、计算机及其他）、鄞州工业园区（半导体照明）等	奇美电子、技嘉科技、立立电子、康强电子等
汽车	新能源汽车“三电”、汽车电子、智能传感器、动力系统、汽车工业设计、汽车微电子芯片设计、吉利智能车灯、双林自动变速箱等	鄞州汽车零部件产业园、宁海汽车零部件产业园、海曙新能源材料产业园	华翔、圣龙、韵升、均胜、吉利、上汽大众

2020 年，宁波主要产业集群发展情况如下：

1. 宁波市高端装备产业集群

集群共有规模以上企业 2932 家，占全部规模以上工业企业总数的 34.9%；高端装备产业集群规模以上工业总产值、增加值、利润总额、利税总额、出口交货值分别为4576.6亿元、1063.7亿元、383.4亿元、490.2亿元、1303.8亿元，同比增长7.6%、9.2%、14.0%、12.2%和3.4%，占全部规模以上比重分别为25.6%、26.3%、24.7%、21.0%、39.1%，对全市规模以上工业增长贡献率达到44.8%。“十三五”期间，全市高端装备产业新增规模以上企业544家，产值增长1.47倍，年均增长8.0%（该集群其他情况见后面章节，此处不赘述）。

2. 宁波市绿色石化产业集群

集群共有规模以上石化企业326家，实现工业总产值3142.1亿元、利税522亿元、利润274.6亿元，分别比“十二五”末增长7.1%、18.3%、93.9%，行业规模以上工业总产值、利税、利润在全市规模以上工业中比重分别达到21.3%、22.4%、17.7%。宁波石化经济技术开发区和大榭开发区利润总额在中国石化联合会2020年评选的化工园区30强中分列第二、三位（详见表4－4）。

表4－4　“十三五”期间宁波绿色石化产业集群重点产品产量表

产品名称	2015年产量（万吨）	2020年产量（万吨）	同比增长（%）
原油加工量	2558.4	2735.5	6.9
汽油	628.9	367.4	－41.6
柴油	333.3	561.7	68.5
煤油	226.3	200.7	－11.3
液化石油气	105.5	258.1	144.6
石油沥青	315.5	499.4	58.3
石脑油	293.3	306.6	4.5
聚醚多元醇	12.5	15.0	20.0
烧碱	69.2	86.7	25.3
硫酸	33.9	38.1	12.4
丙烯酸酯	15.8	19.2	21.5
ABS/AS	129.7	135.8	4.7
PTA	645.3	650.3	0.8
PP	158.9	208.5	31.2
EPS	25.7	43.5	69.3
增塑剂	23.0	25.3	10.0
MDI	91.7	110.5	20.5

续表

产品名称	2015 年产量（万吨）	2020 年产量（万吨）	同比增长（%）
PVC	70.5	76.0	7.8
PE	48.4	46.6	-3.7
乙烯	113.1	146.5	29.5
乙二醇	103.2	89.6	-13.2
环氧丙烷	30.7	30.7	0.0
苯乙烯	66.7	115.7	73.5
苯胺	65.9	81.7	24.0
环氧乙烷	23.0	34.8	51.3
苯酚	17.9	28.8	60.9
丙酮	11.1	17.9	61.3
PC	6.3	12.1	92.1
MTBE	32.9	32.9	0.0

3. 宁波市生物医药产业集群

经过多年发展，全市生物医药企业已形成较为明显的空间格局。围绕鄞州、江北等中心城区，集聚了美康生物、海尔施、瑞源生物等体外诊断试剂企业，以及天益医疗等医用耗材企业；在余姚慈溪片区，集中了鑫高益、健信核磁、江丰生物等数字诊疗装备企业，以及广慈医疗、慈北医疗等骨科植介入器械企业；在镇海北仑片区，集中了天衡制药、人健化学、大红鹰药业、美诺华药业等一批化学原料药及制剂企业。围绕生物医药产业发展，杭州湾新区聚焦医疗器械和创新化药、梅山聚焦高端诊疗装备和高值医用材料、宁海聚焦生物技术药和创新研发平台，已提前规划布局谋划百亿级产业集群。

截至 2020 年年底，全市生物医药产业集群拥有规模以上企业 143 家，规模以上工业总产值 206.1 亿元，同比增长 20.9%，全年投入研发总费用同比增长 19.7%。从医药制造领域看，集群拥有规模以上企业 50 家，常年正常生产的品种 135 个（有药品文号），列入国家基本药物目录品种 76 个，已形成包括化学原料药及制剂、中药及饮片，以及医用氧、药用胶囊的产业体系，化学药、生物疫苗领域优势突出。从生物医学工程领域看，集群拥有企业总数 435 家（有生产许可证的归类企业），在体外诊断试剂、磁共振医学影像设备、光学仪器和医用高分子材料等领域实力较强。

集群中的生物医药制造企业大多起步较早，深耕细分市场多年，涌现了以美康生物、戴维医疗等为代表的一批单项冠军企业和产品。美康生物自2000年成立以来，长期专注于体外诊断试剂领域，是宁波市首家销售额超10亿元的生物医药企业，目前年销售额超过20亿元；戴维医疗深耕婴儿保育设备多年，占据国内市场份额的75%；荣安集团生产的生物疫苗年产值11.1亿元，占据国内市场份额的四分之一；健信核磁生产的永磁磁体（磁共振装备核心硬件）占据国内市场的40%，出口十几个国家；美诺华药业年产值近7亿元，是国内出口欧洲特色原料药品种最多的企业之一。

杭州湾新区生命健康产业园，已招引康龙化成、双成药业、麟沣医疗科技等重点企业，总投资超过100亿元，预计2025年产值目标200亿元。荣安生物新建病毒性疫苗研发与生产项目总投资25亿元、计划于2022年底形成生产能力，预计2023年产能达到5亿支；宁海艾美卫信细菌性疫苗生产基地总投资20亿元，计划2021年底建成投用。“十四五”期间，宁波市生命健康领域重大建设项目投资289亿元，宁波鲲鹏生物胰岛素研发生产、三生生物科技二期等一批重大项目，高新区生命健康产业园、康龙化成生命科学创新基地等重大产业平台将加快推进。

4. 宁波市时尚纺织服装产业集群

2020年，全市纺织服装产业集群拥有839家规模以上企业，完成工业总产值1135.9亿元，占全市规模以上工业总产值的6.35%；实现工业增加值240亿元，占全市规模以上工业增加值的5.9%；实现主营业务收入1160.1亿元，占全国同行业的5.1%，完成出口交货值283.7亿元，利税总额72.2亿元，稳居国内同类城市第一方阵。

（1）创新能力稳步提升。“十三五”以来，宁波纺织服装产业集群加大研发投入，头部企业年均研发费用翻番，规模以上企业研发经费支出占营业收入比重达到1.28%，接近全国纺织工业2025年目标，由宁波企业主持获得的国家科技进步奖实现零的突破。集群拥有CNAS国家实验室认可的纺织品服饰检测中心3家、国家级企业技术中心1家、省级企业研究院1家、省级高新技术企业研究开发中心9家、省级企业技术中心7家、省级服务型制造示范单位6家，科技创新支撑力量不断增强。

（2）骨干企业持续壮大。2020年末，集群内产值过亿企业占行业规模以上企业比为21.7%，年营业收入过千亿元的企业1家，超百亿的企业5家。集群拥有全球技术先进规模最大的服装制造企业及中国500强企业1家、中国制造业500强企业5家、国家级制造业单项冠军企业4家、中国服装百强企业9家、浙江省第一批“雄鹰行动”培育企业2家、宁波市综合百强企业8家、制造业百强企业10家，制造强企覆盖服装服饰、家纺、针织、纺织等重点领域，逐步形成了以大企业（大集团）引领、中小企业协同的企业梯队。

（3）“三品”建设深入推进。“十三五”末，集群企业拥有20个中国名牌、25个中国驰名商标、9个国家级重点跟踪培育品牌、24个国家级绿色产品、1个全国消费品工业“三品”战略示范城市、13家浙江省时尚产业重点培育企业，注册商标占全市商标总数的9.6%。5个国家级纺织服装创意设计试点园区（平台）通过裂变、孵化，培育出40多个迎合市场需求的多元化品牌。集群产品由男装独大拓展到男装、女装、童装并进的格局；家用纺织品、针织面料、色纺纱、羊绒线不断提档提质，行业品种丰富度、产品品质和品牌满意度明显提升。

（4）智能化数字化赋能凸显。“十三五”期间，集群的产业技术改造提速，头部企业60%的投资用于技术研发和设备改造，重点企业全部实施智能化工厂改造。生产效率大幅提高，2020年全员劳动生产率较2015年增长近20%。产业数字化全面推进，入选工信部“5G+工业互联网”内网改造集成创新应用项目1个、省级“未来工厂”培育企业2家、纺织服装产业新智造试点项目1个、上云标杆企业8家、大数据应用示范企业1家、行业云平台1家、数字化车间/智能工厂项目2个、企业大数据应用全省行业领先。

（5）营销渠道不断优化。智慧门店、电商、网红直播、小程序、社群营销、私域流量带货等新业态、新模式快速涌现，产业营销服务模式加快升级。集群中的龙头企业着力打造集数字化、自动化、信息化、智能化为一体的源头总仓+全景智能供应链的“智能服饰总仓模式”，实现“线上推广、线下体验、线上销售、线下服务”的新零售业务场景。利用“数据驱动+全网零售”模式无缝高效链接消费者，驱动商业决策。

5. 宁波市节能环保产业集群

（1）具备了一定的产业规模。“十三五”以来，在持续推进节能减排降碳、大力发展循环经济有力带动下，宁波市节能环保产业集群的规模不断扩大。2020年，全市节能环保产业集群实现工业增加值162.85亿元，工业总产值676.98亿元，实现利润总额68.5亿元，利税总额85.91亿元，出口交货值176.9亿元。在细分产业中，高效节能产业总产值481.21亿元，先进环保产业总产值83.33亿元，资源综合利用产业总产值112.44亿元。节能环保企业产值在10亿元以上企业16家，1亿元以上且10亿元以下企业120家。超过1亿元的企业合计产值为589.52亿元，占全部产值的87.1%。

（2）部分细分行业相对突出。在节能环保细分产业中，宁波市高效节能产业占整个节能环保产业的73.35%，优势突出。LED灯具、太阳能灯具等高效电光源与节能灯具领域优势明显，75%以上产品出口国外。空气压缩机、水泵及真空设备等高效节能通用设备领域已形成良好的产业基础，共有16款节能产品入选工信部“能效之星”产品目录。伺服电机及其系统、稀土永磁电机、柴油发电机、家用电器配套电机等高效节能电气机械设备领域具有规模优势，高效节能电气机械设备产值近百亿元。变压器、高低压开关柜、智能电表等输配电设备有较强竞争优势。

（3）一批优势企业和技术凸显。在宁波市节能环保产业集群的规模以上企业中，有4家企业入选国家级单项冠军培育企业（产品），6家企业入选市级单项冠军示范企业，28家企业入选市级制造业单项冠军培育名单。拥有国家企业技术中心3家、省级企业技术中心12家、省级企业研究院9家，以及一批市级企业工程（技术）中心。随着节能环保产业不断发展，核心技术不断突破，涌现出一批具有自主知识产权的产品，部分产品技术达到国内外先进水平。其中，立式旋转热解气化技术、脱硫脱硝技术、螺杆空气压缩机达到行业先进水平。

（4）资源综合利用水平较高。以固废处理规模化、高值化、无害化利用为目标，燃煤固废及工业副产石膏、生活垃圾焚烧发电、餐厨（厨余）垃圾厌氧产沼和制取有机肥等先进适用技术不断推广，综合利用水平不断提升。宁波市节能环保新型建材专业园内资源综合利用企业以国华浙能电厂产生粉煤灰和脱硫石膏为原料，生产水泥、新型墙材等产品，形成了“煤—电—粉煤灰—水泥（石膏板、新型墙材）”循环产业链。宁波市资源循环利用基地内有餐厨（厨余）垃圾资源综合利用项目，不仅实际解决了垃圾污染问题，并带来了巨大的综合效益。2020年全市工业企业一般固废综合利用率为99.61%，处于全国领先水平。全市生活垃圾终端处置设施14座，2020年处理生活垃圾409万吨，无害化处理率达到100%，生活垃圾处理节能减排工作效果明显。

（5）节能环保服务体系基本形成。全市拥有注册节能服务机构达100家、清洁生产审核机构20多家、环境保护服务企业近50家，并且拥有一批流体输送节能、余热余压利用等核心技术的节能环保工程服务公司。城镇污水处理、生活垃圾处理、合同能源管理、工业污染治理等第三方运营管理逐步在全市推广，排污权交易、用能权有偿使用和交易试点工作也在加快实施步伐。

6. 宁波市智能家电产业集群

宁波是中国家电四大主产地之一，拥有空调、吸油烟机、吸尘器等20多个细分行业，覆盖数千个产品品类，是世界最大的电熨斗、电吹风机、取暖器等小家电生产基地，形成了由设计研发、整机制造、检测认证、市场营销、配套服务等较为完整的家电产业链。围绕集聚区建设和产业链完善，宁波不断推动家电产业园区建设，形成了以智能空调和音像制品产品为重点的鄞州工业园区、以厨卫电器为重点的宁波杭州湾新区方太产业园和余姚低塘家电产业园、以冰洗电器为重点的慈溪观海卫产业园和宁海西店工业园、以小家电为重点的余姚和慈溪多个产业园，其中慈溪小家电智造小镇入围省级特色小镇创建名单。集群现有中国驰名商标18个、浙江制造“品字标”企业9家，拥有中国家电产业基地、中国家电产品出口共建基地等“国字号”区域品牌。

（1）产业基础较好。2020年末，集群拥有规模以上企业517家，全年完成规模以上工业产值1031.7亿元，占全市规模以上工业产值的5.8%，实现工业增加值203.1亿元，占全市规模以上工业增加值的5%。

（2）骨干企业引领发展。2020年底，宁波市智能家电产业集群中，年工业产值在1亿元以上的达159家，占全部家电规模以上企业数的30.6%。奥克斯集团是宁波市千亿（元）级工业龙头培育企业，连续多年入选“中国企业500强”。方太、公牛、乐歌等3家企业被评为国家级制造业单项冠军示范企业，5家企业先后入选市级制造业单项冠军培育企业，13家企业被认定为市级专精特新“小巨人”。拥有2家国家级企业技术中心、1家国家工业设计中心和11家省级企业技术中心，省级工业设计中心6家。截至目前，集群初步形成了骨干企业引领发展，中小企业加速提升的行业发展格局。

（3）新技术应用和新零售业态快速发展。家电产品广泛应用人工智能等新技术，涌现出智能吸油烟机、智能空调、智能扫地机器人以及洗地机等一批深受消费者青睐的健康舒适类智能产品。一批新的数字化车间、智能工厂全面投产，智能制造模式得到推广应用。一批知名品牌企业利用互联网，挖掘基于 B2B、B2C、C2C、O2O 的新模式、新业态，实现与电商跨界融合，零售模式不断丰富。慈溪在全国首创全网营销平台，在多个电商平台上建立慈溪家电馆。

二、宁波产业集群发展特点

1. 宁波产业集群以自发型和政府推动型为主

总体来看，宁波产业集群是在自发型和政府推动型基础上发展起来的，其实质就是以民营经济为主体、以传统产业为主导的一个个的产业集聚区。大的产业集群由一个或几个乡镇组成。如培育了雅戈尔、罗蒙、布利杰、培罗成等知名服装品牌的宁波服装产业集群，现有 2000 多家企业分布在鄞州石契镇到奉化桥头镇一带的五六个乡镇间；慈溪胜山镇从事服装加工的农户 1 万多家，占当地总户数的 90%。旬山的爵溪街道只有 1 万多人口，却集聚了 400 多家针织服装生产企业。另外，宁海西店镇的小五金、城关镇的文具、慈溪周巷镇的食品等，也都是以镇为单位、特色产业集聚的产业集群。而小的产业集群则只是一个或几个村，但其发挥的作用同样不容小视。如慈溪横河相土地村、余姚陆埠江南村等一大批“一村一品”专业村，在当地起到了龙头作用；相土地村依托宁波慈兴集团、环驰集团，带动了全村 300 多家企业生产微型轴承；江南村则以前店后厂的形式，聚集了水暖器材生产企业 200 多家，兴办了江南水暖城，产品在国内市场占有率达 30%。余姚泗门镇上新屋村生产的电动剃须刀占领全国县以上城市 70% 的市场，临山浦中村的电话机按键全国市场占有率更是高达 97%。

2. 产业集群的品牌效应日趋显现

随着宁波产业集群的产业集聚和专业化协作不断完善，使名优产品脱颖而出，如海天塑机、新海塑壳打火机、沁园过滤式净水器等。目前，宁波已有专精特新“小巨人”企业 182 家。已有 95 家企业的 114 种工业产品产销量居全国第一位，成为全国“单打冠军”。已有 222 家企业、318 个产品入选“品字标浙江制造”品牌重点培育梯队，数量居全省前茅。

当前，由产业集群提升发展的特色工业园区已成为宁波市地方产业政策的热点。宁波先后获得“中国文具之都”“中国模具之都”“中国水表之都”“中国打火机之都”“中国厨卫之都”“中国塑机之都”“中国五金制品生产基地”“中国家电基地”等数十项国家级荣誉称号，产业集群的品牌效应日趋显现。

3. 宁波产业集群的类型较多

据宁波市工商联分析，宁波的产业集群主要有特色工业园区、专业市场、纵向配套、合作扩展以及专业村五种类型。特色工业园区与合作扩展，是产业集群的新兴形式。园区由于“一园一业”的特色，方便发挥集聚、提升、带动等功能，有利于培育出规模龙头企业；合作扩展型，则是在原专业村的基础上，以专业化的分工合作突破乡镇等行政区域限制，形成更大范围的产业集群。如宁波北仑区的制笔龙头企业贝发，通过产品协作，带动了全区近百家各种性质的相关企业及区外相关企业的发展，使文具业成为当地的特色产业。而专业市场、纵向配套和专业村，则在宁波产业集群发展中拥有更为深厚的历史基础。目前宁波拥有商品市场达600多个，如鄞州轻纺城、慈溪周巷副食品市场、余姚中国塑料城、象山中国水产城等，依托专业市场形成不同规模、档次和质量品种的同类产品的集聚。

4. 宁波产业集群主要集中在制造业

从宁波产业集群的产业分布来看，主要集中在制造业，如服装、针织、小家电等，农业与服务业的集群相对较少，一些与当地自然资源密切相关的农产品也往往通过农产品加工进入市场，如鄞县的蔺草制品集群、余姚的榨菜制品集群、慈溪的丝瓜络制品集群等。从宁波产业集群在制造业内部的分布来看，又主要集中在四大产业，分别是农产品加工业、普通制造业、重化工业和高新技术产业。

5. 宁波产业集群对经济发展贡献较大

产业集群在宁波出口中起着举足轻重的作用，其中日用消费品的生产出口占出口总量的75%。文具、打火机、小家电、节能灯、八音琴、水表等一批产品出口数量全国第一。另外，滚珠轴承、手持电话、液晶显示器、阀门、注塑机、船舶、硬盘驱动器等高新技术商品和机电产品成为主角。北仑区的笔、节能灯，余姚的小五金，慈溪的打火机、小家电、微型轴承，宁海的文具、手电筒，象山的针织服装都是国际性出口基地。目前，宁波的许多行业大多与塑料、模具、注塑工业相关，上中游产业的紧密结合为宁波日用消费品产业的发展打下了坚实的基础，从而在更大的范围内体现了产业集群发展的优势。

6. 宁波的产业集群大都处于成长发展阶段

从宁波市产业集群的发展阶段来看，大多数产业都处于成长发展阶段，产值规模年均增长率保持在10%以上，部分优势产业内部形成了研发设计—加工制造—品牌和市场销售等完整产业链配套协作体系，比如纺织服装、文具等，产业发展层次在不断提升，并不断涌现出一批龙头骨干企业，对产业集群发展起到比较重要的引领作用。

7. 宁波产业集群还具有特色性、灵活性等特点

（1）特色性、专一型。产业集群具有独特的发展定位和综合优势。比如临港石化基地，钢铁基地，新材料、新能源、新型装备基地等，都建立在相关企业大量集聚的基础上。宁波过去的工业园区里各种不同类型的企业混杂在一起，特色不明显，优势不突出。近年，不断跳出传统工业园区的发展思路，突出特色，促进整合，努力向现代产业基地方向发展。

（2）集群性、集约型。产业集群跟传统块状经济最大的不同点就是推行集群发展、集约发展的模式，引导相关企业在空间上的集聚，强科技服务体系、技术人才培训体系、公共产业服务体系等平台建设，促进产业内部衔接配套，推动“低产田”的改造，提高集约发展水平。

（3）灵活性、组合型。产业集群具有很大的灵活性，可大也可小。从宁波来讲可以有几种模式，包括组合型产业集群，产业集群内部有多个点，跨越不同区域分散布局，形成产业链组合和配套；园中园型产业集群，在开发区和工业园区内设置和发展产业信集群；改造型产业集群，依托原来的工业小区和传统特色优势产业区块，通过改造提升来形成产业集群；卫星城市型产业集群，依托卫星城市建设来培育发展特色优势产业和新兴产业集群；重大平台型集群，依托国家和省市重大平台建设来建设产业集群。

（4）可循环、生态型。按照科学发展观的要求，注重完善产业链，注重上下游产业的合理对接，注重资源的再生利用和重复利用，通过系统化的治理，减少废品、废料等排放，既提高了发展效益，也促进了资源集约利用和生态环境改善。

(5) 高品位、品牌型。产业集群建设有一定品位，打造自身的品牌和优势，如塑料机械产业集群（北仑）、中国西服衬衣产业集群（宁波）、中国模具产业集群（余姚）、中国家用小电器产业集群（慈溪）、中国文具产业集群（宁海）被评为2008年全国百佳产业集群。

第三节 宁波创新型产业集群发展现状

由于宁波市创新能力较好的产业集群主要集中在开发园区，这里以开发园区产业集群为例来说明宁波创新型产业集群发展现状，并按宁波北部、中部和南部三大片区将各个创新型产业集群的空间布局情况进行分类阐述。

一、宁波东北部创新型产业集群发展现状

宁波东北部区域包括宁波经济技术开发区、宁波梅山保税港区（产业聚集区）和镇海经济开发区。其中，宁波经济技术开发区的创新型产业集群主要为：石化产业集群，装备制造业集群、汽车及汽配产业集群，新能源和清洁能源产业集群，高新技术与新兴产业集群和现代服务业产业集群。宁波梅山保税港区则致力打造生态化、高端化、特色化的“三化融合”的，且技术含量高、附加价值高、与保税功能关联度大的先进制造业产业集群，如电子信息产业集群、战略性海洋新兴产业产业集群和进口加工业产业集群。镇海经济开发区的发展重点则是高科技电子产业集群、装备制造产业集群。详见表4-5。

二、宁波西北部创新型产业集群发展现状

宁波西东北部区域包括宁波石化经济技术开发区、杭州湾新区、慈东滨海区、余姚经济开发区和余姚工业园区。其中，宁波石化经济技术开发区的主导产业集群为石化产业集群，已形成了乙烯下游、合成树脂和基本有机化工原料为特色的石油化工产业，上下游一体化的石化产业链。杭州

湾新区集聚的产业集群主要包括汽车及零部件产业、新能源新光源产业、新材料产业、医疗器械产业、海洋装备产业和智慧产业集群。慈东滨海区已经形成了金属制品、家电制造、化纤纺织、电气机械、家具、电子信息产业和新材料等产业集群。余姚经济开发区形成了塑料模具、电子电器、机械仪表、新型材料等产业集群。余姚工业园区已基本形成了纺织化纤、机械轴承、塑料电器三大产业集群。详见表4－6。

三、宁波西南部创新型产业集群发展现状

宁波西南部区域包括奉化经济开发区、宁海经济开发区、鄞州投资创业中心、望春工业园区和鄞州滨海投资创业中心。其中，奉化经济开发区已形成机械基础、汽车零部件、纺织服装、通信电子、新型材料、新型材料、饮料食品、厨卫和船舶制造业产业集群。宁海经济开发区已经形成了模具产业集群、文具产业集群、汽车零部件产业集群、五金机械产业集群、灯具产业集群和电子电器产业集群。望春工业园区的园区电子信息和新材料新能源两大产业集群快速发展，两大产业集群中企业数量占园区企业数量的比重达到45.1%，占园区产销比重分别为55%和54%。详见表4－7。

四、宁波东南部创新型产业集群发展现状

宁波东南部区域只有象山经济开发区。该区形成了以针织服装、机械装备、输变电、汽配模具、新能源为主导的产业集群，详见表4－8。

五、宁波东部创新型产业集群发展现状

宁波东部区域包括宁波大榭开发区、宁波高新区（国家自主创新示范区，宁波新材料科技城）和宁波保税区（出口加工区）。其中，宁波大榭开发区已经形成了临港石化、港口物流等产业集群。宁波高新区形成了新能源与节能、半导体与光电、新材料等高新技术制造业集群。宁波保税区形成了液晶光电产业集群、计算机产业集群、集成电路产业集群和战略性新兴产业集群。详见表4－9。

表 4－5　　宁波东北部创新型产业集群发展现状

园区名称	园区概况	园区主要创新型产业集群及其发展现状
宁波经济技术开发区	1984 年 10 月成立，国家级开发区。宁波经济技术开发区经过 30 多年的发展，依托港口优势和开发优势，形成了以汽车、装备、石化、钢铁、能源等为主体的临港产业集群，以集成电路、高端装备、新材料等新兴产业。拥有吉利、申洲、海天等一大批实力企业，规模以上工业企业 784 家，产值超百亿元企业 11 家、超十亿元企业 58 家，境内外上市公司 18 家。吸引了近 60 个国家和地区的投资，一些世界著名跨国公司如美国 Esso、Samsonite、DOW 化学、Dupont，欧洲 BP、赫斯特、曼内斯曼、易达文具，日本伊藤忠、三菱、三井，兼松、丸红、住友，韩国三星、印尼金光及泰国正大等众多国际著名企业已在此投巨资兴办企业，已形成现代化临港大工业体系：电力、化工、不锈钢、修造船、汽车、现代纸业、机电、轻纺、粮油食品、塑胶、建材等产业群。宁波经济技术开发区跻身国	作为先进制造业基地，宁波经济技术开发区已形成四大产业共同发展的格局，已初步形成石化产业集群，装备制造业集群、汽车及汽配产业集群，新能源和清洁能源产业集群，高新技术与新兴产业集群等创新型产业集群。目前宁波开发区已拥有包括吉利汽车、拓普集团、敏实集团、宁波继峰等为代表的近 70 家整车及零部件生产和经营企业，部分企业在国内同行业中拥有举足轻重的地位。但宁波开发区的汽车零部件产业发展还存在许多不足，尤其在高性能铝合金、镁合金材料和新能源汽车电池材料等方面还有广阔的发展空间和巨大的市场潜力。在宁波经济技术开发区投资超过百亿元人民币的项目有：台塑台化、逸盛 PTA、中海油 LNG、宝新不锈钢、宁波钢铁、亚洲浆纸、三星修造船、奇美电子、海越新材料。 临港型大工业集群。包括以台塑台化、逸盛石化、浙太化学、新桥化工、科元石化、海越新材料为代表的石化产业，以宁波钢铁、宝新不锈钢为代表的年产 400 万吨宽厚板、百万吨热轧、冷轧不锈钢钢铁产业。临港型大工业集群还包括以北仑发电、LNG、日地太阳能项目为代表的能源生产产业，以亚洲浆纸业、中华纸业为代表的白板纸生产及加工为主的造纸业，以三星重工为代表的船舶及其零部件制造业。形成了从甬江口开始，沿海岸线自西向东到峙南、峙北，临港工业集中、特色鲜明的临港产业带。建成我国华东地区重要的能源原材料产业基地和大宗物资仓储集散中心。 高新技术与新兴产业集群。以全球第三大液晶面板生产企业奇美电子为代表，菱茂光电、峻凌电子、嘉彰电子等 50 多家企业为配套，形成了以液晶模组为主，相关配件及液晶显示器和电视整机等较为完整的光电产业链。打造现代海洋产业新体系，大力发展海洋经济，重点培育海洋工程装备、海洋新材料等产业。依托重点企业，重点发展光电资讯、物联网感测器、集成电路和高端软件、新能源等高新技术和新兴战略产业。 装备制造业集群。以吉利汽车为龙头，以 TRW（天合）、佛吉亚、敏实、拓普、泰甬等汽车零配件生产企业为主体的汽车产业已融入全球化竞争体系，并已形成与国内外著名整车企业相配套的汽车产业基地。

续表

园区名称	园区概况	园区主要创新型产业集群及其发展现状
宁波经济技术开发区	家生态工业示范园区。2018 年 12 月，宁波经济技术开发区荣获 2018 年国家级经济技术开发区综合发展水平考核评价排名第 21。 2020 年全区实现地区生产总值 2020 亿元，财政总收入 612 亿元。外贸进出口总额、规模以上工业总产值、规模以上工业增加值全省第一，财政总收入全省第二，10 项总量指标位居宁波市首位。	以三星重工业、捷胜海洋、凯荣船用机械、东方电缆等企业为主体的海洋装备产业群逐步形成，到 2015 年初步建成海洋新兴产业集聚区。以海天、震雄、住友、力劲、德马格等企业为主体的注塑机产业基地被称为中国塑机之都，与之配套企业非常完善。以辉旺铸模、燎原模具、旭升机械为代表的模具生产基地，是中国压铸模具之乡。 现代服务业产业集群。以马士基、地中海、长荣、达飞、中远、和记黄埔、东方海外、UPS、普洛斯、中外运等为代表的航运物流企业和第三方物流企业，形成了港口配套仓储、运输、分拨、包装加工、车船服务等综合性港口物流产业链，成为浙江乃至华东地区有重要影响力的现代国际物流中心。大力发展"三位一体"港航服务体系。加强大宗商品交易平台、港口集疏运网络和金融资讯支撑体系建设。全面打造油品、LNG、钢材、矿石、煤炭、石化产品、船舶、粮油、酒类、高档消费品等十个大宗商品的交易平台，使北仑成为华东地区重要的大宗商品仓储集散中心和长三角战略性物资储备基地。ETD 重点发展与港口相关的物流业务流程外包和优势产业的企业研发及资讯技术外包产业。以数字科技园、开发区科技创业园为载体，发展服务外包、影视动漫、电子商务、软件开发、人才培养等项目。NETD 持续推进全域城市化建设，依托核心商务区和滨海新城、滨江新城建设，发展房地产，建成城区高端商务基地。NETD 大力优化服务业软环境，建成浙江省内首座专业化人力资源大厦，著力引进海外高层次人才。对其在经济技术开发区注册的科技型企业，给予最高 30 万元的开办费补助；给予引进创业项目最高 500 万元的创业启动资金；3 年内免费提供 500 平方米以内办公用房。
宁波梅山保税港区（产业聚集区）	2008 年 2 月设立，中国第五个保税港区，是浙江省委省政府为加快推进产业转型升级谋划设立的重大平台之一。集聚区的核心区域——宁波梅山保税	宁波梅山保税港区正在努力打造生态化、高端化、特色化的“三化融合”的，且技术含量高、附加价值高、与保税功能关联度大的先进制造业产业集群。 电子信息产业集群。密切跟踪国际电子信息产业发展新动态，主动引进国际知名电子信息产业龙头企业和研发机构，重点发展新一代平板显示、软件与集成电路、新型电子元器件、物联网技术、新一代通信

续表

园区名称	园区概况	园区主要创新型产业集群及其发展现状
宁波梅山保税港区（产业聚集区）	港区于2008年2月24日经国家批准设立，是浙江省唯一的保税港区。2015年9月，宁波市委市政府为积极参与国家“一带一路”和长江经济带建设，以产业集聚区为基础，设立宁波国际海洋生态科技城作为打造“港口经济圈”的核心载体，规划面积扩大到333平方公里。 目前，宁波梅山保税港区已于2010年6月29日通过国务院联合验收组的正式验收，并于2010年8月26日开港试运行。截至目前，已有韩国、西非、南美等26条国际航线挂靠梅山保税港区，并启动开展保税业务，取得了良好开局。宁波梅山保税港区正抓住打造梅山产业集聚区战略机遇，以资源配置为主导功能，着力构建以港口为依托、以国际贸易为龙头、以现代物流为支撑，以航运、金融及商务服务为配套的功能体系，努力打造区域性资源配置中心和对外开放门户的核心功能区。	产品等行业。到2025年，引进超大型规模电子信息企业2—23家，力争电子信息产业成为区域经济新的增长点。 战略性海洋新兴产业产业集群。发挥海洋资源优势，大力培育海洋生物医药、海洋环保、海洋新设备等海洋新兴产业，重点培育海洋药物及保健品、海洋功能食品，争取建立海洋生物工程基地。培育发展海洋环保、海洋生物能源开发等技术设备和产品。力争到2015年初步形成全市海洋经济产业示范发展基地。 进口加工业产业集群。围绕整合完善产业链、供应链和价值链，大力发展保税进口加工组装业，形成增值加工和配送服务基地。重点发展医疗器械、仪器仪表、环保设备等高技术产业和精密机械设备、汽车及零部件等保税进口组装业。 代表性企业：阿尔卑斯电子、金慰电子、协畅电子、金丰机械。

续表

园区名称	园区概况	园区主要创新型产业集群及其发展现状
镇海经济开发区	1992 年成立，省级经济开发区。以功能划分为精密机械工业、高科技电子工业（北欧工业园区）、精细化工工业、仓储物流加工工业等四大产业园区。镇海经济开发区生产着全球近两成的高端智能手机触摸屏和国内近三分之一的 ABS、SAN 树脂和 SBL（丁苯胶乳）等化工原料，精心打造出机械、精细化工、电子元件三大主导产业，培育出机械装备、液压马达、轴承三大优势块状产业，其经济增长质量在全国的省级开发区排名中一直处在前列。	高科技电子产业集群。北欧工业园在 2011 年浙江省创建 20 个“浙江省开发区特色品牌园区”活动中被评选为省特色品牌园区。园区主要以机械和电子等产业为主，形成传感器电路设备、海洋技术、环保生态和新材料四大支柱产业。园区先进制造产业承继了北欧国家的先进技术，大型农用机械、高档轿车部件、节能电源、石油设备以及海洋勘探平台等尖端产品和关键技术，多个国际市场上科技含量高、竞争力强、市场占有率大的产品在这里诞生。目前园区内常驻企业达 50 多家，均为外资公司在华投资设立的先进制造企业及贸易企业，其中 80% 以上来自挪威、丹麦、瑞典等北欧国家；同时，园区常驻外籍专家、高级管理人员 100 余人。园区取得了良好的经济效益、社会效益和国际声誉。2020 年度园区实现工业总产值 27.5 亿元，带动上下游产业链工业总产值超 60 亿元，总纳税额超 2.3 亿元，亩均纳税 53.4 万元，成为浙江省亩均纳税最高的工业园区之一。在历年浙洽会上，北欧工业园签约项目 56 个，成果转化率达 95% 以上。在电子元件制造领域，开发区有世界 500 强的阿尔卑斯电子，还有区域内以生产高精密度电子接收器闻名的金慰电子、协畅电子等，产业集聚效应初显。 装备制造产业集群。经过多年经营，以金丰机械为龙头的机械制造业产业链日渐清晰。作为全球最大的大型压铸机生产厂家之一的金丰，一直以来稳坐全球同行业排名第五把交椅，并连续 22 年拿到了镇海区纳税贡献大户的大奖。装备制造业，已经成为镇海经济开发区三大传统优势产业之一，在园区 600 多家企业中，装备制造业对该区域的经济贡献率达到 25%，围绕这一产业链，就业人口已多达到 2 万多人次。

表 4－6　宁波西北部创新型产业集群发展现状

园区名称	园区概况	园区主要创新型产业集群及其发展现状
宁波石化经济技术开发区	2010 年 12 月 30 日成为国家级经济技术开发区，是浙江省唯一的石化和化工专业型开发区，总体规划面积为 40 平方公里。2019 中国化工园区 30 强排名第二。宁波石化区发展成为了国内重要的石化和化工新材料产业基地之一。	绿色石化产业集群：集群内有全国最大的镇海液体化工码头，年吞吐能力超过 1000 万吨；有全国最大的炼化一体化企业—镇海炼化，拥有 2300 万吨/年原油加工能力和 100 万吨/年乙烯裂解装置。集群内以石化工业循环经济生产理念为指导，确定自身产业的总体定位，以“炼油乙烯”项目为支撑、以液体化工码头为依托，以烯烃、芳烃为主要原料，重点发展乙烯下游、合成树脂和基本有机化工原料为特色的石油化工产业，逐步形成上下游一体化的石化产业链。目前已落户的国内外著名企业还有：荷兰阿克苏诺贝尔、韩国 LG 甬兴、日本大赛璐化学和镇洋化工、巨化科技、杭州湾腈纶等。宁波石化经济技术开发区正按照规划先导、基础先行、分步实施、内外资并举和可持续发展的发展战略，大力完善基础设施配套，稳步推进产业链招商，全面提高管理服务水平，努力营造一个资源合理配置、上下游一体化、生产与生态均衡协调的国际先进、国内一流的石油化工专业集群内。
杭州湾新区（慈溪经济开发区）	2001 年 12 月正式开始建设，2010 年 2 月 23 日正式挂牌成立。2011 年，新区实现地区生产总值 101.5 亿元，同比增长 20.5%；实现工业总产值 552.2 亿元，同比增长 22.2%；完成全社会固定资产投资 102.2 亿元，同比增长 27.5%；完成财政一般预算收入 20.3 亿元，同比增长 52.6%。2014 年上半年，汽车制造、智能电气、新材料等新兴产业共实现产值 234 亿元，同比增	新区集聚的产业集群主要包括汽车及零部件产业、新能源新光源产业、新材料产业、医疗器械产业、海洋装备产业和智慧产业。 汽车及零部件产业集群。集群占地面积约 8.8 平方公里。主要发展汽车整车及关键零部件产业，打造中国最重要的汽车产业基地，为国内外汽车生产企业提供从产品设计、研发、制造、销售、服务等一体化的产业发展平台。目前，宁波杭州湾新区引进了吉利汽车和上海大众汽车两大整车生产项目。此外，积极推进国际高端汽车零部件产业园的建设，德国博世、日本矢崎、泰极、布施螺子、美国江森、美国伟世通、法国佛吉亚、韩国万都等 60 多家国际知名汽车零部件制造商正式落户新区。宁波杭州湾新区已吸引 100 多家汽车产业内 500 强企业落户，汽车整车生产能力已达到 160 万辆，汽车产业总产值已突破 2000 亿元，已经设成为国内重要的汽车产业基地。2018 年，杭州湾新区汽车制造业产业基地被评为第八批国家新型工业化产业示范基地。

续表

园区名称	园区概况	园区主要创新型产业集群及其发展现状
杭州湾新区（慈溪经济开发区）	长29.6%，占新区工业经济比重首次过半，达53.3%。 展望至2030年，城市人口达到55万人，建成区达到93平方公里，成为宁波、浙江乃至长三角区域的重要增长极和长三角世界级城市群的重要组成部分。	新能源新光源产业集群。新区内的新能源新光源产业园将建设成为区域投资环境最好、政策扶持力度最大、服务产业的公共检测平台最优、产业链最齐全、产出规模最大的园区。预计未来5年，将着力引进新能源新光源领导厂商等生产企业20家，建成国内具有影响的新能源新光源产业园区。至2020年，引进了年产300兆瓦太阳能电池片及组件生产项目，总投资8.2亿元，年产值16亿元。 新材料产业集群。新区内的新材料基地已被国家发改委确定为国家级高性能金属新材料基地。以新型铜钢复合材料、高精度电子铜带及高精电工线为主的新材料产业已形成一定规模的生产能力。宁波盛泰电子金属材料、宁波金田新材料、浙江兆隆合金等3家公司成为金属性新材料产业园的重要支撑。未来将重点以通用高性能金属材料产业和新型复合高性能金属材料产业为主导，大力引进和发展高性能金属新材料。到2015年，高性能金属材料产值力争突破200亿元，打造具有全国知名的金属新材料制造基地。 医疗器械产业集群。医疗器械产业已被列入宁波市重点扶持发展的新兴产业。医疗器械产业园区着眼于打造长三角地区重要医疗器械制造基地的目标，重点发展“四高产品”，即高精度医疗器械及配件、高质量医疗器械耗材、高技术中小型医疗设备、高品位治疗保健产品及理疗型医疗设备。根据产业园发展规划，未来五年，宁波国际医疗器械产业园将投入100亿元，形成工业总产值300亿元、进出口总额20亿美元的产业规模。到2015年，累计开发面积达到3平方公里，引进国内外医疗器械企业200家，其中世界500强企业5—10家，力争成为中国华东区最重要的医疗器械产业基地，中国对接国际的医疗器械产业集聚区。成为全球最具影响力的国际医疗器械产业高地。麟沣生物科技、圣宇瑞医疗器械、正力安拓生物科技已开工建设。 海洋装备产业集群。浙江省海洋新兴产业园区重点发展传感器、水文监测器等小型海洋装备制造，建成沿海小型海洋装备生产基地；重点发展反渗透海水淡化膜元件、高压泵、能量回收器等海水淡化装备

续表

园区名称	园区概况	园区主要创新型产业集群及其发展现状
杭州湾新区（慈溪经济开发区）		制造产业，开发膜蒸馏海水淡化技术，建立海水综合利用示范工程。目前初步形成以海水淡化设备、海洋防腐钢管、海洋特种紧固件、海用特种电器等新产品为代表的海洋经济制造业产业集群。 智慧产业集群。新区内的智慧产业园大力发展智慧产业，生产传感器、射频设备、无线连接设备等智慧产品，为宁波及全国其他城市智慧城市建设提供服务。至2020年底，已引进总投资10亿元的高端物联网磁性传感器项目、总投资约5亿元的中国移动数据中心项目、宁波电信云计算中心项目。嘉莱激光器产业项目、奇科威智慧科技大型显示屏项目投产，与中科院上海微系统与信息技术研究所合作的物联网产业基地建设正加快推进，积极推进中国电信、联通、移动“三网融合”共建共享试点工作。
慈东滨海区（慈东工业区）	慈东滨海区又被称为慈东工业区，位于慈溪东部龙山镇的沿海围垦之地。2020年获评国家绿色工业园区，是目前慈溪市唯一的省级开发区。 2020年完成地区生产总值147亿元（慈溪第一），同比增长4.5%；一般公共预算收入12.4亿元，同比增长2.6%；规模以上工业产值395亿元（慈溪第一，占比慈溪市20%）；规模以上工业增加值同比增长8.0%；实现限上商品销售额34.6亿元，同比增长57.2%；实现农业总产值11.2亿元，同比增长5.9%；完成固定资产投资35.5亿元。	目前，慈东工业区企业总数达2800余家，其中规模以上企业317家，拥有亿元以上企业95家。现有上市公司3家（公牛电器、海仕凯、思进犇牛），已经形成了金属制品、家电制造、化纤纺织、电气机械、家具、电子信息产业和新材料等产业集群。 纺织（轻纺化纤）产业集群。重点发展新一代差别化、功能化化学纤维、高技术纤维生产，采用化纤高仿真加工技术生产高档化纤面料，汽车内饰材料、工业过滤材料等产业用特种纺织品生产。 机械、装备及产品产业集群。重点发展高速、精密数控机床、加工中心及关键零部件制造，精密轴承加工、自动焊接设备制造，脱硫、除尘等环保治理技术及装置开发、成套设备制造，新型液压、气动、密封元器件及装置制造，光机电一体化产品开发制造和同步带及带轮制造。 家用电器产业集群。重点发展新型环保节能、智能化家用电器和关键零部件生产，具有自主品牌、自主知识产权的中高档家用电器生产，新型节能、环保家用出口型中高档照明器具生产。 汽车、摩托车及零部件产业集群。重点发展汽车、摩托车关键零部件制造，汽车电子产品开发制造和出口高档自行车关键零部件开发制造。 电子信息产业集群。重点发展网络、数字通信设备及产品，数字化传输系统开发和制造，大规模集成

续表

园区名称	园区概况	园区主要创新型产业集群及其发展现状
慈东滨海区（慈东工业区）	近五年来累计引进内外资 107.42 亿元，其中内资到位 95.87 亿元，外资到位 1.74 亿美元，共有国电投氢能产业基地、博氢氢燃料电池、环保石塑新材料等 88 个工业项目相继落户，其中 14 个为外资项目，引进总投资 100 亿元以上项目 1 个、总投资 10 亿元以上项目 4 个、总投资 5 亿元以上项目 4 个，出让土地共计 3097 亩。2020 年引进内资 23.4 亿元，实到外资 3557.1 万美元。	电路设计、制造、封装、测试，新型电子元器件制造，计算机外部设备及其关键零部件制造和新型应用电子产品制造。 新材料、环境保护与资源节约综合利用产业集群。重点发展复合材料、功能性高分子材料生产及应用，有色金属复合材料技术开发及应用和新型节能环保墙体材料、绝热隔音材料生产。 代表性企业。慈溪杰事达电子工业区有限公司、宁波三通机械有限公司、浙江创菱电器有限公司、宁波欧文家具制造有限公司、宁波展慈金属工业有限公司、浙江宝基金属压延有限公司、宁波飞龙空间钢构有限公司、慈溪市中林电器有限公司、宁波恺露重型锻造有限公司。
余姚经济开发区	1992 年成立，1993 年 11 月成为全省首批省级经济开发区之一。2010—2019 年，余姚经济开发区在全省省级开发区综合考评中实现“十连冠”，并被授予省级特色品牌园区和省级海外高层次人才创业创新基地称号。截至 2020 年，已累计投产高层次人才领衔项目近 100 个，引进国家级“启明计划”专家 69 位，省级 12 位，并获得国家级留创园、国家级侨梦苑（华侨华人创新创业集聚区）、	模具产业集群。现有各类模具制造加工及相关企业 1300 余家，拥有模具技工 4.5 万人，主要产品包括有汽车内外饰件、小家电、光学仪器、喷头喷管等四大类塑料模具。曾获得国家火炬计划塑料模具特色产业基地、中国塑料模具制造基地、中国百佳产业集群等称号，在国内打响了“余姚模具”的品牌。 家电产业集群。全市约有 8 大类上千种家电产品，其中有几类产品已在国内外颇具影响：一是厨房类产品。以吸油烟机、电热水器、灶具为主，现有生产厂家 10 余家，拥有 1 个驰名商标、3 个中国名牌、2 个省名牌产品、4 个免检产品、1 个宁波名牌产品。二是吸尘器产品。吸尘器是余姚家电老产品，近几年发展迅速，产量仅小于苏州，名列全国第二，产品绝大部分出口。富达吸尘器是浙江省名牌产品。三是以电吹风、暖水壶为主的小家电。产品几乎全部出口，已成为出口的重要工业品。四是家电配件。应用于家用电器中的电线电缆、插头、插座，产品已远销欧州、美国等世界各国，企业规模也得到快速扩张，如朗迪集团生产的空调轴流风叶产量长期位居全国第一。

续表

园区名称	园区概况	园区主要创新型产业集群及其发展现状
余姚经济开发区	省级海外高层次人才创业创新基地、省级科技企业孵化器等称号。 目前，余姚经济开发区已形成滨海新城、城东新城、远东工业城、轻工模具城、城西工业园和科创中心为主的"四城一园一中心"建设格局，形成了塑料模具、电子电器、机械仪表、新型材料等产业集群。	灯具产业集群。灯具行业是余姚的新兴行业，2002 年余姚市梁弄镇被授予"中国灯具之乡"。从 20 世纪 80 年代诞生第一家灯具厂开始已发展到 380 家，并在全国开设灯具部 1400 余家。梁弄镇灯具行业从业从商人员超过 9000 人，通过梁弄人生产、销售、贸易的灯具上年已达到 8.6 亿元，占全国市场覆盖率的 40% 左右。 塑料制品产业集群。塑料制品行业起步于 20 世纪 50、60 年代，发展于 20 世纪 80 年代，盛名于 90 年代。1994 年 9 月中国塑料城开业，2011 年中国塑料城经营企业达 1830 家，市场交易额 818.5 亿元，交易量 639 万吨，上缴税费 3.3 亿元。目前，中国塑料城已成为国内最大的集塑料原料销售、塑料信息发布、塑料会展、塑料机械、塑料模具、塑料制品及其他辅助材料于一体的专业生产资料市场。 汽摩配件产业集群。汽摩配件行业已经成为余姚部分乡镇的支柱产业，从事汽车、摩托车零部件生产的企业 1230 家，从业人员 18000 人。企业主要分布于马渚、牟山、陆埠、泗门、兰江、阳明等 15 乡镇（街道），产品涉及汽车底盘、汽车仪表电器、五金件、塑料件、橡胶制品等。 消防器材产业集群。消防器材业起源于 20 世纪 70 年代末，企业主要集中在黄家埠镇。2002 年该镇被授予"中国消防器材之乡"，生产总量占全国的 25%。目前，全镇已有消防器材生产企业 198 家，其中 6 家消防器材生产企业产值突破了亿元大关，产品远销北美、中东、东南亚、大洋洲等世界各地。 文具制造产业集群。现已形成以临山"制笔业"为主的文具制造产业群。目前全市共有文具制造企业 200 余家，主要分布在临山镇、余姚经济开发区、兰江街道、马渚镇、丈亭镇和泗门镇等 6 个区块。文具产品主要有笔、修正液和塑料美工刀等，其中以制笔为主，其产品占文具总产值的 90%。 五金制品产业集群。经中国五金制品协会批准，"中国（余姚）五金制品生产基地"于 2000 年 7 月正式命名。全市五金产品几百种，颇具规模的有 8 大类制品：①工量具类，主要产品钢卷尺，现有大小企业几十家，年生产量名列全国前茅，长城精工、蓝达、巨人等公司的销售收入已逾亿元；②吸油烟机产品，现

续表

园区名称	园区概况	园区主要创新型产业集群及其发展现状
余姚经济开发区		有生产企业10余家，帅康公司是全国行业龙头企业；③电动工具类，全市电动工具及配件企业约250家，年销售收入达40亿元，转定子、塑壳等配件产量多年来已占全国配套量的50%以上，已成为全国零部件生产的主要生产基地之一；④锈钢制品类和不锈钢管制造业，现有企业80余家，销售收入达10亿元。大部分产品出口欧美、中东等80余个国家与地区，年出口额已达6亿元；⑤水暖器材类，陆埠作为全国水暖器材最大的集散地和生产基地，被命名为“中国水暖器材之乡”，现有生产厂家500余家，产品品种、规格涉及20多个系列、220余个种类。在全国设立了400余个销售网点，产品远销欧洲、南美、东南亚等国家和地区；⑥电剃须刀类，泗门镇的上新屋剃须刀行业是余姚市十大产业集群之一，浙江省剃须刀生产基地。现有生产企业50余家，主要生产剃须刀及吸毛品成品。有各类品种200余种，成为国内剃须刀行业的龙头。产品主要销往日本、韩国、俄罗斯和欧盟等地；⑦标准件类，余姚标准件类产品生产时间长，发展快，大小螺丝、螺帽，各类螺栓，品种齐全。近几年新引入的安拓等5家公司，年销售收入达3亿元，产品全部外销；⑧制炊具类及园林工具，五谷公司与宝兴公司年销售收入都已超亿元，在行业中已具一定影响。
余姚工业园区	2002年1月成立，2005年12月成为省级开发区。园区至今共引进优势工业项目100多个，总投资近百亿元。2020年余姚工业园区规模以上工业总产值达到132.2亿元，同比增长1.55%。拥有亿元企业14家、外资企业27家、上市企业2家、国家高新技术企业3家、中国驰名商标3只、中国名牌1只。	目前，园区已基本形成的纺织化纤、机械轴承、塑料电器等三大产业集群。 机械装备产业集群。产业园规划面积600亩，位于朗霞街道纬三路延伸段南侧，出让条件成熟的工业用地有470亩。拟引进一批光机电一体化、医疗器械等高新技术产业和五金工具、重点装备关键零部件等传统产业改造提升项目。剑润机电、金轮机车等4只总投资超过2.54亿元的工业项目已落户该产业园。 电子电器产业集群。规划面积600亩，位于园区纬三路延伸段北侧，出让条件成熟的工业用地有680亩。引进了一批电子信息、新材料等高新技术产业和塑料模具、小家电等传统产业改造提升项目。现全亚洲最大的专业空调风叶制造商朗迪集团投资3亿元、年产5000万套空调风叶项目已完成建设。 裘皮产业集群。作为园区的传统特色产业正处于蓬勃发展阶段，总投资3.2亿元、占地面积87亩、建筑面积10万平方米的中国裘皮城已经成为国内规模最大的水貂皮服装及原材料交易中心。

表4-7　宁波西南部创新型产业集群发展现状

园区名称	园区概况	园区主要创新型产业集群及其发展现状
奉化经济开发区	1992年成立，省级经济开发区。2019年整合提升区域“四上”企业主营业务收入768.37亿元，规模以上工业总产值639.65亿元。	该区已形成机械基础、汽车零部件、纺织服装、通信电子、新型材料、新型材料、饮料食品、厨卫和船舶制造业产业集群。 机械基础产业集群。机械基础件方面，奉化的气动行业、液压行业、机械密封件、铸造行业和紧固件行业在全国处于发展前列。尤其是气动行业，奉化市被批为国家气动产业集群示范基地、“中国气动元件出口生产基地”。奉化气动液压行业在国内市场占有30%以上的份额，引领国内行业技术水平。目前奉化全市共有气动液压生产企业316家。2019年规模以上企业累计完成工业总产值13.95亿元，制造气动元件产品型号可达万余种，约占国内产品型号总量的1/3。另外，奉化的汽车空压机、机械精密加工和模具制造领域在全国具有较高知名度。 汽车零部件产业集群。目前，奉化市现有汽车整车企业1家，零部件企业134家，摩托车配件企业近20家，年产值近20亿元，从业人员约6000人。已形成以汽车空压机、修理工具、空调压缩机、音响线缆、减震器等名优产品为龙头的产业链，成为宁波市重点支柱产业之一。代表性企业有：神马公司生产的新能源汽车，“天风”牌汽车空压机已被评为省名牌产品，已为玉柴、潍柴、上柴等6家发动机重点企业配套。南方机械生产的液压千斤顶系中国名牌，产品以出口为主。欣晖制冷设备有限公司、奥柯汽车空调压缩机有限公司的汽车空调压缩机主要用于大巴、中巴系列的乘用车。另外，波英公司的汽车音响、电容器线缆、锐泰公司转向底盘系统、卡西可公司的减震器、圆合汽车空调部件公司的汽车空调电磁离合器在全国都有较高知名度。 纺织服装产业集群。纺织服装行业是奉化市工业经济中规模最大的行业。当前共有服装生产企业497家，从业人员6万多人，年服装生产能力达30000万件(套)。奉化市服装产业以生产衬衫、西服及西服套装为主，产量占宁波全市的50%以上，其中罗蒙西服全国综合市场占有率历年来均名列前茅。目前拥有自主品牌43个，中国驰名商标3个，分别为罗蒙、爱伊美和老K，三者同时也是中国名牌产品，其中，

续表

园区名称	园区概况	园区主要创新型产业集群及其发展现状
奉化经济开发区		爱依美还入选了2010年度纺织服装行业十大新锐品牌。此外还有省级名牌产品2个，市级名牌产品1个。目前，奉化纺织、服装、鞋、帽、皮革制造业共有商标831件。 通信电子产业集群。代表性企业有宁波先豪精密塑胶模具有限公司、宁波普莱特电子有限公司等；坐落在奉化经济开发区的奉化超竣公司已经成为全国最大的欧式、英式插座和电器插件等电器产品制造基地。 新型材料产业集群。开发区最大的外商投资企业，宁波华扬铝业科技有限公司是一家专业生产铝制品的高新材料公司，2006年正式运营生产。凭借技术领先的宁波大绮锦压克力板制造有限公司，主要从事压克力板材的研发和制造，已成为同行的领军人物。宁波飞固凯恒机械密封件，在机械密封材料、特别是碳化物系列、高品质密封材料在国内具有领先地位，公司是国内碳化硅密封环行业标准制定单位。 饮料食品产业集群。饮料食品作为开发区支柱产业之一，目前已形成了以华润雪花啤酒和康师傅饮品为龙头，诸多中小型食品加工企业为辅助的稳定格局。目前，园区华润雪花啤酒已经发展成为宁波地区最大的啤酒生产企业。开发区康师傅公司是由康师傅控股杭州顶津食品有限公司投资设立，主要从事“康师傅”品牌矿物质水的生产，产品重点覆盖宁波及其周边地区。 厨卫产业集群。奉化市素有“中国厨卫配件产业基地”之称誉。现有厨卫企业及相应配套企业近400家。厨卫产品以消毒柜、燃气灶、烤箱，以及厨卫配件为主有1个国家级品牌（奥雷士），5个省级知名品牌，15个市级知名品牌。 船舶制造产业集群。奉化船舶制造产业在宁波市占据较强地位，以浙江造船有限公司为龙头，集聚了数十家关联企业，并被批设为宁波市重点船舶产业基地。2018年其民用钢质船舶产量占宁波全市的比重达59.42%。2019年奉化市有船舶制造业企业13家，规模均在500万元以上，共实现规模以上工业总产值68.7亿元。

续表

园区名称	园区概况	园区主要创新型产业集群及其发展现状
宁海经济开发区	1994年8月成立，省级经济开发区。园区内聚集了国内外企业近千家，其中规模以上工业企业325家，规模以上总产值超过500亿元，2017年以来，累计完成规模以上工业总产值2192.16亿元，完成财政收入115.65亿元。占全县规模以上工业总产值的半数以上。区内聚集了以模具、文具、汽车零部件、五金机械、灯具、电子电器等六大产业集群企业近千家，其中规模以上工业企业325家，规模以上总产值超过500亿元。2017年以来，累计完成规模以上工业总产值2192.16亿元，完成财政收入115.65亿元。占全县规模以上工业总产值的半数以上。	模具产业集群。宁海县的模具制造已发展成为能够为一大批国内外主要家电、汽配生产模具的供应基地。目前，宁海县模具产业的产值将近15亿元，占宁海工业经济总量的21%，从业人员300万左右，专业制造厂家500多家，加工企业和车间1500余家，年产模具近4万余套。宁海的主要模具产品以大型、高精度注塑模和汽车配套生产的橡胶和金属压铸模具、多工位级进冲压模为主。宁海县模具被授予“中国模具产业基地”称号，产品远销美国、德国、日本、韩国、新加坡、台湾和香港等地。代表性的企业包括大鹏模具、跃飞模具、方正模具以及双林集团。 文具产业集群。国内市场上宁海文具产品以得力集团为龙头，销售分公司遍及上海、北京、天津、广州等全国20多个城市，形成“基地在宁海、供销遍全国”的销售网络。2003年7月宁海县被中国轻工业联合会和中国文教体育用品协会授予“中国文具生产基地”称号，2004年12月被浙江省工商行政管理局和浙江省商标协会授予“浙江省文具商标品牌基地”称号。2007年国家文教用品质量监督检验中心在宁海县启动运行。代表性企业包括得力集团有限公司、宁波彬彬文具有限公司、宁波派灵文具有限公司。 汽车零部件产业集群。宁海县汽车零部件企业为不同汽车企业配套生产的产品不下3000种，产品已进入全国几乎所有的主机厂及大众、丰田、福特等国外厂家和维修市场销售，而且数百种零部件批量出口欧美及东南亚诸国。形成了以橡胶、压铸类汽车零部件为主的生产格局，涌现出宁波双林集团股份有限公司、建新赵氏集团有限公司和宁波捷豹集团有限公司等8家高新技术企业，并有6个研发基地和工程技术中心。宁海汽车零部件已逐步成为国内一个颇具影响的区域品牌，被评为“中国汽车橡胶部件产业基地”。龙头产业有建新赵氏集团、捷豹集团、永信汽车零部件有限公司。 五金机械产业集群。目前，宁海五金机械行业产值2000万以上企业共有86家。涌现了如宁波如意股份有限公司、宁波华成阀门有限公司等产业龙头，在生产和流通领域中已具有了相当规模。

续表

园区名称	园区概况	园区主要创新型产业集群及其发展现状
宁海经济开发区		灯具产业集群。宁海灯具产业发展历史悠久,已逐步成为国内颇具影响的品牌。现有产值2000万以上的灯具行业企业44家,工业产值为67亿元。以杰友升等企业为代表的宁海制灯企业,主要产品有庭院灯、草地灯等,70%以上的产品出口到欧美、东南亚、中东等60多个国家和地区。 电子电器产业集群。宁海现在产值2000万以上的电子电器生产企业49家,工业产值为56亿元。以乐斯博电子、华东机电等企业为代表的电子电器企业,主要产品有吸尘器、感应设备、健身器材、吹风机、果汁机等,80%以上的产品出口到欧美、东南亚国家和地区。
鄞州投资创业中心	鄞州投资创业中心地处宁波东部新城、市中心城区和南部新城的三城交汇处,以打造宜居宜商宜业的"品质之城"为目标,大规模开展城市建设,积极培育发展都市产业,加快建设各类创新载体和公共服务平台,最大限度地集聚资源、扩大产出,已成为鄞州区高新产业、新兴产业和现代商贸服务业示范基地。	鄞州投资创业中心以产业升级为重点,大力发展城市经济,推动新兴产业集聚,综合经济实力再上新台阶。目前区域内产值上亿元的工业企业达到32家,销售收入上亿元的三产企业达到10家,其中有2家企业的销售收入超过了10亿元,已形成了汽车零部件、精密机械、IT电子电器、创意产业、总部及研发孵化产业、汽车销售服务业等六大产业为主的产业体系。2020年共完成工业投入18亿元,同比增长5%。

续表

园区名称	园区概况	园区主要创新型产业集群及其发展现状
望春工业园区	2002年12月成立，省级工业园区，同时是国家新材料高新技术产业基地宁波分中心，省级生态化建设与改造示范园区，省创新型工业园区，鄞州区半导体照明产业基地。园区吸引了日本伊藤忠、三井不动产等世界500强企业落户，同时还有美国AOI、台湾光磊科技、兵科院、杉杉集团等一大批国内外著名企业入驻。截至2020年底，园区累计引进各类项目200多个。	园区电子信息和新材料新能源两大产业快速发展，两大产业占园区企业数量的比重达到的45.1%，占园区产销比重分别为55%和54%。LED、锂电池、光伏电池三大产业链的打造取得突破性进展。LED产业链基本全线打通，锂电池和光伏电池产业链也形成了一定的规模。园区共引进三大产业链企业18家，产业集群核心竞争力初步形成。 电子信息产业集群。园区着重发展光电产业，重点打造外延——芯片——封装——应用完整半导体照明产业链。园区已引进光磊科技（外延片、芯片）、AOI（光通讯）、动近光电（显示屏）、宇期浦电器（液晶电视）、环球光电（灯具）等电子信息企业，涵盖LED产业链的上、中、下游。 新材料新能源产业集群。主要引进太阳能、风能、锂电池等新能源材料类项目，重点打造太阳能电池产业链。园区已形成太阳能、风能、锂离子电池等三位一体的新能源材料产业格局。
鄞州滨海投资创业中心	2005年8月成立，属鄞州区人民政府派出机构。截至2009年底，累计合同利用外资逾3亿美元，引进美国、韩国和香港、台湾等多个国家和地区独资、合资、合作厂商33家，形成以精密机械、电子电器、汽车部件和金属制品为主的产业体系。	初步形成了以精密机械、电子电器、汽车部件和金属制品为主的产业体系，致力于发展新材料、新能源等新兴产业产业集群。2019年，中心完成规模以上工业总产值88.3亿元，同比增长6.7%

表 4-8　宁波东南部创新型产业集群发展现状

园区名称	园区概况	园区主要创新型产业集群及其发展现状
象山经济开发区	1992 年成立，1994 年批准为省级开发区。主要由示范园、滨海工业园、科技创业园三大板块组成。2019 年，开发区规模以上企业完成工业总产值 221 亿元，形成了以针织服装、机械装备、输变电、汽配模具、新能源为主导的产业格局，成为象山工业经济发展的主要平台。	模具产业集群。象山铸造模具已占全国铸造模具一半以上的市场份额，已形成产业集群效应，被中国铸造协会授予“中国铸造模具之乡”荣誉称号。目前全县拥有 122 家铸造模具企业，其中规模企业 45 家，34 家企业通过 ISO9000 质量管理体系认证。拥有省工程技术中心 1 家，省名牌 1 个，市名牌 3 个。2019 年实现销售额 15 亿元，为国内外重点企业提供零部件配套。代表企业有宁波合力模具科技股份有限公司，是中国铸造模具重点骨干企业、浙江省高新技术企业，更是国家最大的汽车铸造模具生产企业。 汽车零部件产业集群。象山汽车零部件产业拥有 116 家专业生产企业，其中规模以上企业 43 家，上亿元企业 8 家。拥有省级汽车研究院 1 家、省高新技术企业 4 家、市高新技术企业 2 家。2019 年，规模以上汽车零部件企业共完成行业总产值 66.9 亿元，销售产值 644.2 亿元。汽车零部件产品出口份额有大幅增加，象山已成为“宁波市汽车零部件产业基地”。代表性企业有华翔集团、宁波赛德森减振系统有限公司。 针织服装产业集群。针织行业已经成为象山最具优势的行业和出口创汇的支柱行业，目前象山拥有针织企业 1000 余家，其中规模以上企业 306 家，年销售额超 2000 万元的企业有 52 家、超 5000 万元的企业有 11 家、超 1 亿元的企业有 17 家、超 10 亿元的企业有 2 家。产品 95% 出口欧美、日本、澳大利亚以及中国香港等 100 多个国家和地区，10 家企业进入全国针织行业 50 强。象山是全国知名的针织产业集群区，全国最主要的针织服装生产基地之一。2004 年获得“中国针织名城”称号，2006 年，象山针织行业协会被国家人事部、中国纺织协会评为“全国纺织工业先进集体”；2006 年，象山县针织产业被宁波市确定为区域名牌培育示范产业；2009 年象山县被确定为“宁波市高档针织服装产业基地”。2010 年，经中国纺织工业协会复审，再次被授予“中国针织名城”称号，并获得“中国针织行业发展推动奖”。代表性企业有巨鹰集团、富帆集团。

续表

园区名称	园区概况	园区主要创新型产业集群及其发展现状
象山经济开发区		输变电产业集群。输变电行业是象山五大传统优势产业之一，拥有各类输变电企业 20 余家，其中规模以上 8 家，企业数量不多但单体规模不小，拥有天安、日升、天元 3 家亿元以上企业，其中天安集团为国家大型企业、市工业企业纳税五十强。2019 年规模以上输变电企业保持快速增长态势，累计实现工业总产值 65.8 亿元，实现销售产值 63.6 亿元，全行业实现利润总额 2.1 亿元。象山输变电行业产品涵盖 8 大类万余种规格，包括高、中、低压各类产品。主要产品为高压变电站、箱式变电站、变压器、户外高压隔离开关、开关柜、高压负荷开关、断路器、变频器、电缆（环网）分接箱、熔断器、互感器、智能化电器设备、船用变压器等。 新能源产业集群。象山县目前已有大小新能源企业 20 余家，其中规模以上企业 13 家，2019 年累计完成产值近 30 亿元。涉及太阳能、风能、LED、锂电、生物能源等新能源领域产品整机、组件、应用产品、零部件的研发制造及工程项目整体建设，象山新能源产品主要出口德国、西班牙、美欧、澳洲等国。代表性企业有浙江启鑫新能源科技股份有限公司、宁波锦浪新能源科技有限公司。

表 4－9　宁波东部创新型产业集群发展现状

园区名称	园区概况	园区主要创新型产业集群及其发展现状
宁波大榭开发区	1993 年 3 月设立，享受国家级经济技术开发区政策。引进了中海油、万华化学、东华能源、中石油、中石化、韩华化学、德国林德等世界 500 强和行业龙头企业，综合发展指标连续两年跻身全国 676 家重点化工园区前五强，成功获批国家循环经济试点园区。2020 年 8 月，成功纳入浙江自贸试验区宁波片区范围，占宁波片区 31% 面积。“十四五”期间，大榭将全面深入实施新时期“五新发展”计划，推动临港大工业和现代服务业融合发展，重点发展油气全产业链、化工新材料、大宗商品贸易、港航物流服务以及生物医药、智能装备、数字经济等新兴产业，全力建设省市高质量发展精品区、浙江自贸试验区特色区。	目前，宁波大榭开发区已经形成了临港石化、港口物流等产业集群。 临港石化产业集群。大榭开发区已引入宁波万华 MDI、中海油高等级道路沥青、三菱化学 PTA、PTMG、韩国韩华石油聚氯乙烯等一批大型石化项目，已发展成宁波石化产业基地和浙江省环杭州湾临港石化产业带的重要区块之一。今后，将依托现有龙头项目积极发展上下游产业链，建成产业集聚、资源集约、优势企业集群的石化基地。 港口物流产业集群。大榭开发区已引进了香港招商国际集装箱码头、英国 BP 液化石油气基地站、思多而特液体化工仓储等码头仓储项目，建成了 45 万吨级原油码头、10 万吨级液体化工码头和 10 万吨级集装箱泊位等各类泊位 42 座，其中万吨级以上泊位 21 座，设计年吞吐能力为 9235 万吨。

续表

园区名称	园区概况	园区主要创新型产业集群及其发展现状
宁波高新区（国家自主创新示范区，宁波新材料科技城）	1999 年成立，2007 年成为国家级高新区。2009 年成功进入国家创新型科技园区试点和国家知识产权试点园区行列；2011 年，被中央人才工作协调小组授予国家级海外高层次人才创新创业基地，被科技部批准为全国首批科技与金融结合试点单位，被环保部、科技部、商务部三部委批准为创建国家生态工业示范园区试点单位，研发园被科技部批准为首批国家科技服务体系建设试点单位。 2020 年，高新区全年实现 GDP289.4 亿元，同比增长 5.2%；实现财政总收入 68.5 亿元，同比增长 0.1%，其中一般公共预算收入 40.7 亿元；完成固定资产投资 104.1 亿元，同比增长 7.7%；实现规模以上服务业增加值 211.6 亿元，同比增长 6.3%；实现限上批零业商品销售额 1546 亿元，同比增长 3.1%；实现规模以上工业增加	确立了以新能源与节能、半导体与光电、新材料等高新技术制造业和研发设计、科技型企业总部、软件与服务外包等现代服务业为代表的“3＋3”产来发展方向，建成了国家火炬计划电子信息产业基地、国家绿色能源与照明特色产业基地、国家新材料产业基地电子信息材料分基地等三大国家级特色产业基地。 引进了 IBM、TRW、微软、施耐德电气、华为等一批世界 500 强企业，形成了一批主导特色产业，如以太阳能为龙头的新能源主导产业呈现快速增长态势，半导体照明（LED）产业加快集群发展，已集聚一批优秀半导体照明企业；宁波市软件产业园已聚集全市近 40% 的软件企业和 30% 的服务外包企业，成功跻身“中国服务外包园区十强”行列；集聚国际国内知名检测认证服务机构 40 余家，已成为浙江省检测认证产业的高地。 新能源、新材料、新一代信息技术等先进制造业加快发展，全区实现工业总产值 570 亿元，同比增长 6%。研发设计、检测认证、企业总部、软件与服务外包等现代服务业持续快速增长，实现服务业总收入 650 亿元，同比增长 22%，其中软件与互联网营业收入突破 25 亿元，同比增长 29%，软件与服务外包执行额居全市各县（市）区首位。企业创牌创优工作成绩显著，恒力液压、均胜汽车电子列入国家重点产业振兴项目，无极限、前程石化、春和集团被评为全市重点优势总部企业。

续表

园区名称	园区概况	园区主要创新型产业集群及其发展现状
宁波高新区（国家自主创新示范区，宁波新材料科技城）	值 58.7 亿元，同比增长 8.1%，高新技术产业和战略性新兴产业增加值分别同比增长 14.5% 和 4.6%，占规模以上工业增加值比重分别达到 93.4% 和 70.4%；实现外贸进出口总额 341 亿元，同比增长 16.4%，其中，出口 203.5 亿元，同比增长 16.7%。	
宁波保税区（出口加工区）	1992 年 11 月设立，是浙江省唯一的保税区。具有进出口加工、国际贸易、保税仓储、商品展示等功能，享有“免证、免税、保税”政策，实行“境内关外”运作方式，是中国对外开放程度最高、运作机制最便捷、政策最优惠的特殊经济区域之一。近年来相继获批获评国家进口贸易促进创新示范区、国家跨境电子商务综合试验区、浙江省外商投资新兴产业示范基地、浙江省“十佳”开放平台。目前全区集聚各类企业 1 万余家，其中外资企业 340 多家，投资总额约 81 亿美元。	液晶光电产业集群。以全球第三大液晶面板制造商奇美电子为龙头，引进企业近 40 家，总投资超过 20 亿美元，年产液晶模组 6500 多万片，是目前国内液晶模组产量最大的生产基地，2009 年被市政府认定为市液晶光电产业基地；积极主动与宁波开发区建立产业共建机制，引导相关企业向周边区域扩散，引导市内外企业参与液晶光电产业基地建设，截至 2020 年已有 50 多家配套企业在该区周边落户，总投资 15 亿美元。 计算机产业集群。已集聚企业 10 多家，总投资 4.2 亿美元，以全球第二大主机板制造商技嘉科技为龙头，已形成电子零组件、内存条、主机板、整机等相互配套的计算机产业链。目前，区内拥有 19 条主机板生产线，可年产主板 500 万—600 万片、笔记本电脑和智能手机整机各 300 万台，是华东地区主要的主板生产基地。 集成电路产业集群。引进企业 12 家，总投资近 7 亿美元，以立立电子、比亚迪半导体为龙头，形成了从拉晶到 IC 设计、制造、封装、测试等较为完整的集成电路产业链。该区是原国家信息产业部认定的全国首批 5 个国家集成电路产业园之一。其中，立立电子是国家“863”计划成果产业化基地，也是目前国内唯一拥有硅单晶锭、硅抛光片、外延片、功率芯片的完整产业链的半导体企业，2009 实现了我国 8 英寸硅片正片供应零的突破。

续表

园区名称	园区概况	园区主要创新型产业集群及其发展现状
宁波保税区（出口加工区）	2020年，全区实现生产总值201.8亿元、增长6.6%；财政收入73.3亿元、增长7.5%，其中一般公共预算收入35.6亿元、增长7.2%；外贸进出口首次突破1000亿元，达1252.1亿元，增长28.2%，其中出口371.9亿元，进口880.2亿元（全市第一），分别增长19.4%、32.3%；规模以上工业总产值374.7亿元，增长13.1%；限额以上商品销售额2297亿元、增长23.5%；跨境电商进口销售额208.2亿元、增长28.6%，规模连续四年居全国单个园区首位，占全市81.7%。2020年度全国综合保税区发展绩效评估中，宁波保税区在全省8个海关特殊监管区中发展绩效排名第1，全国134个特殊区域中排第11，评估分类等级为A。	战略性新兴产业产业集群。加快培育节能环保、高端装备、新能源、智能电网等战略性新兴产业，支持骨干型科技企业做大做强，重点培育了理工监测、晶元太阳能、路宝科技、威瑞泰、拜特科技、维科电池等一批创新型企业。理工监测2009年成功上市；晶元太阳能获得“金太阳示范工程”项目3500万元国家财政资金扶持；路宝科技“一种特大抗扰变梳形桥梁伸缩装置”获得宁波市首个国家专利金奖和科技发明二等奖；威瑞泰研制成功世界先进的在线油水分离系统；拜特科技成为国家863动力电池测试中心测试设备的主要供应商。

第五章
双循环格局下宁波创新型产业集群竞争力的实证分析

第一节
基于钻石模型的宁波创新型产业集群竞争力分析

区域经济学及产业经济学也认为，一个国家或地区竞争力来源于产业在其内部集聚过程中的优势获得。波特（Porter，1998）认为，由于产业的集聚而出现的产业集群可以从三方面影响产业和区域的竞争：一是提高集群中企业的生产率；二是指明创新方向和提高创新速度；三是促进新企业的建立从而扩大和加强集群本身。实际上，双循环格局下的创新型产业集群不再仅仅是传统意义上的资金、劳动力等生产要素在地域空间上的累积和区际间的流动，往往更强调在集聚过程中知识、技术等要素的重新组合与创新，强调本地工程师、技术工人等要素的集中以及本地熟练劳动力市场的形式。所以，通过创新型产业集聚而快速度发展起来的宁波区域经济往往具有更强的创新功能和竞争力。具体来说，双循环格局下的宁波创新型产业集群具有以下竞争力。

一、生产要素优势

从生产要素方面来看，宁波市具备发展优秀创新型产业集群的生产要素。

首先，人力资源比较充足，人力成本较低，农村大量富余劳动力可以源源不断地为城市提供较低成本的技术工人。据统计，全市2020年末户籍人口数为631.66万人，其中非市区人口有325.35万人。[①] 即便在最困难的2020年，宁波全年全市新增城镇就业人员21.0万人，5.9万名城镇失业人员完成再就业。此外，宁波吸引的高层次人才较多。2020年全年新增博士1372人，总量达9265人；新增高技能人才6.7万人，累计达55.1万人；新增博士后科研工作（流动）站35家，累计224家；新建技能大师工作室10家，累计100家。全年全市完成技能人才培训32.7万人。全年接收高校毕业生16.6万人，同比增长20.5%。

改革开放之初，宁波市工人的平均收入等于美国工人的1%。到2002年和2003年的时候，美国制造业工人的平均时薪为21.11美元，而宁波市只有64美分左右。2020年宁波市四上（“四上企业”指规模以上工业企业、资质等级建筑企业、限额以上批零住餐企业、规模以上服务企业等四类规模以上企业的统称）非私营单位从业人员年平均工资为96133元，比上年增加4519元，同比增长4.9%，扣除价格因素增长2.9%；四上私营单位从业人员年平均工资为70742元，比上年增加1853元，同比增长2.7%，扣除价格因素增长0.8%。[②] 与发达国家相比依然具有较大优势。同时，近几年来，宁波市高等教育发展迅速，2020年年末在甬高校15所。受过高等教育的年轻人的数量连年大幅增长，这对宁波市创新型产业集群未来的发展尤为重要，因为宁波市创新型产业集群不仅有附加值较低低的劳动密集型产业集群，还有高附加值的技术和资本密集型产业集群。

其次，宁波市民营经济快速发展，也吸引了大量的外资，资本资源也相对充足。2020年宁波全年累计批准外商投资项目数486个；合同利用外资47.0亿美元，比上年下降39.3%；实际利用外资24.7亿美元，增长4.4%。第三产业新批项目411个，实际利用外资13.5亿美元，增长

① 宁波市统计局，等．宁波统计年鉴2021［M］．北京：中国统计出版社，2021.

② 宁波市统计局．2020年宁波市单位从业人员平均工资统计公报，2021.7.

19.0%。至年末，累计有67家境外世界500强企业在全市投资147个项目。[①]

最后，宁波市政府自改革开放以来就重视基础设施建设，高速公路、电信设施、电力建设等在全中国是比较先进的，这对整个经济的发展，当然也包括创新型产业集群的发展起到了最基本的支持作用。2020年年末宁波公路总里程达11433.3千米。宁波港域已拥有港口泊位353个，其中万吨级及以上113个，码头前沿最大水深27.5米。

因此，无论是从人口中受过高等教育的人数所占百分比还是拥有的高水平的大学和研究机构的状况以及交通、通信设施水平在国内都是处于前列的。尤其值得一提的是，宁波卓越的自然和历史文化条件使得它的生活品质位于国内同类城市的前茅。2020年，宁波市中心城区空气质量优良天数比率为92.9%。全市80个市控以上地表水断面水质优良率为86.3%，水环境功能区达标率为98.8%，比上年分别上升2.5和6.3个百分点，县级及以上饮用水源地水质常年保持100%达标率。年末全市共有国家级生态文明建设示范县（区）3个、省级生态文明建设示范县（区）8个，奉化区大堰镇成为全国首个生态环境教育特色试点小镇。所以，宁波的自然和人文环境特别适合具有较高知识水平、以脑力劳动为主的知识型创业者居住和工作。

所以，从资源禀赋角度分析，在宁波这个地区，发展知识型和文化型的产业有着得天独厚的优良条件。现在宁波发展的“时尚纺织服装产业集群”“软件电子信息产业集群”等在国内都已经具有一定的竞争优势。

二、需求优势

从市内需求来说，宁波市作为只有9816平方公里陆地的沿海城市，却拥有600多万的人口，市内需求旺盛，且发展潜力巨大。2020年宁波全年实现地区生产总值12408.7亿元，全年全市居民人均可支配收入59952元，比上年增长5.2%。其中城镇居民人均可支配收入68008元，比上年增长4.8%；农村居民人均可支配收入39132元，比上年增长6.8%。全市居民人均生活消费支出34455元，比上年增长1.5%。其中，城镇居民人均生活消费支出38702元，比上年增长1.1%；农村居民人均

① 国家统计局.2020年国民经济和社会发展统计公报［R］.2021.2.

生活消费支出23481元，比上年增长3.0%。2019年全年全市批发和零售业完成商品销售总额2.98万亿元，比上年增长11.9%。全年完成社会消费品零售总额4473.7亿元，比上年增长7.7%。分城乡看，城镇消费品市场实现零售额3792.2亿元，比上年增长7.2%；农村消费品市场实现零售额681.5亿元，比上年增长10.5%。完成限额以上社会消费品零售总额1563.7亿元，增长2.6%。因此，目前宁波的经济发展水平与土耳其、阿根廷等几个处于发展中国家前列的国家相当，也相当于20世纪80年代的新加坡、韩国、中国香港和中国台湾等。

据宁波市统计局的统计，2020年宁波地方财政对社会保障和就业、文化体育与传媒、医疗卫生、城乡社区事务和环境保护支出分别比上年增长31.1%、29.2%、27.2%、25.4%和48.2%，教育、公共安全和一般公共服务支出分别比上年增长18.3%、14.9%和13.2%。上述这些措施有力地保证了居民消费的增长。

三、外部产业环境优势

经济发展外部环境的优劣，决定着一个地区经济发展的速度和质量。经济发展所需要的外部环境包括硬环境和软环境，硬环境受资源条件的制约，一般与当地经济社会总体发展水平相适应，具有相对的稳定性。软环境的内涵则比较丰富，包括法律、法规和政策环境、政府行政管理环境、招商引资环境、司法环境、人力资源环境等等。因此，软环境建设具有相对独立性和相当的柔性，受资源条件的影响较小，即使是在硬环境资源不是最好的地区也可以创造出一流的软环境。一个产业想要登峰造极，就必须有世界一流的供货商，并且从相关产业的企业竞争中获益，这些制造商及供应商形成了一个能促进创新的产业集群。从宁波的实际情况来看，营商环境优良，经济发展稳定，政策制度较为完善。从相关和支持产业来说，它们对宁波创新型产业集群的发展也起到了很好的促进作用。

四、企业的竞争战略优势

在知识经济和全球一体化的今天，企业的市场竞争已经趋向国际化、白热化和动态化性质，面对如此的竞争环境，一个地区或城市只有熟悉竞争对手或伙伴的发展状况，认清自身的处境及发展中的优势与不足，才能制定出正确的发展战略，保持快速、健康发展。

宁波产业集群内大量企业相互集中在一起，既展开激烈的市场竞争，又进行多种形式的合作。如联合开发新产品，开拓新市场，建立生产供应链，由此形成一种既有竞争又有合作的合作竞争机制。目前宁波创新型产业集群中许多已经形成了核心企业，这些企业通过股权、品牌等纽带将一系列中小企业纳入自己的生产网络体系，从而形成了以大企业为主体、中小企业为基础的社会分工网络，使产业系统的各个环节都能够较好的享受到规模经济与范围经济。

以宁波市服装产业集群为例。全市现有规模以上服装企业 700 家左右，其中杉杉、雅戈尔、罗蒙等四大集团已经成为全国服装业界的著名品牌企业。鉴于国内服装业界高质量面料奇缺的严峻形势，雅戈尔集团已经通过合资的方式开始把产业链延伸到纺织制造领域，这将引导宁波市及全国服装业迈向更高的发展阶段，不断增强服装业的国际竞争力。宁波产业集群内企业之间的同业竞争是极为激烈的，但是这些企业能较好地采取产品市场区域差异化策略。产业集群中的企业之间的联合营销十分普遍，中小企业一般会借助其他企业的销售网络进行市场推广，或是由本地人在全国各地设立的销售机构代理销售。

五、政府支持优势

从政府的作用来看，经过 40 多年的改革开放，宁波市政府的工作重心转移到经济上面，政府的决策更尊重市场规律，宁波经济的制度成本急剧降低。开放使宁波经济参与国际竞争，改革使旧体制下不能做甚至不能想的发展生产力的经济组织方式成为现实。宁波经济今天能取得如此成就，显然是和政府的行政能力分不开的。波特曾经指出，政府该做并且真正有助于产业集群的是创造生产要素、制定鼓励竞争和提升需求质量的政策。

宁波市政府作为地方政府，努力优化宁波的经济社会发展环境尤其是创业环境。他们通过简化和完善各项审批服务（注册、用地、融资、项目、行业准入限制），减低运作成本（水电、道路、交通通讯、网络、熟练劳动力成本、税收负担），提供健全和高质量城市公共生产和生活服务设施，同时还营造良好的生活环境与治安环境。宁波市政府不光在制定政策和协调上发挥了重要的作用，在吸引资源方面同样不逊色。宁波市政府一向以自身的良好形象，政府管理人员的高素质以及有利于投资与创业的政策，吸引不少来自其他地区的资源的投入，尤其是国外资源。同时政府还利用各种政策条件进行招商引资，建立一个能吸引外商或本地、本国商人的良好的政策条件，他们不断地制定各种优惠措施，吸引人才来宁波创业、吸引外资来宁波投资，以此来提高宁波创新型产业集群的竞争力。

最为值得一提的是，2016 年 6 月，宁波市正式获批全国首个“中国制造 2025”试点示范城市；2018 年 2 月，宁波市获批建设国家自主创新示范区。作为全国首个“中国制造 2025”试点示范城市，宁波多年来坚持先进制造业为主业，加强自主研发提升科技含量，是中国实体经济发展的集中缩影。截至目前，宁波累计引进共建 68 家产业技术研究院，发布并推广全国首个具有自主知识产权的工业操作系统 SupOS，建设工业互联网标识解析二级节点平台，重点推进了石墨烯、磁性材料应用技术、智能成效技术 3 个省级制造业创新中心建设。宁波政府正深度推进 5G 与垂直行业创新应用，探索实施“5G + 工业互联网”示范试点，雅戈尔联手中国联通打造了宁波第一家 5G 制衣智能制造示范平台。宁波两次被国务院评为“促进工业稳增长和转型升级、实施技术改造成效明显的地方”。

此外，从国家到浙江省，都非常支持宁波制造业的发展。习总书记对宁波制造业发展寄予厚望，要求宁波“依托港口优势，推进沿海、沿湾、沿路三大产业带建设，调整优化产业结构，提升产业国际竞争力，加快建设先进制造业基地”。历届浙江省委也高度重视宁波制造业发展，省委主要领导明确要求宁波“以创建国家制造业高质量发展示范区为牵引，打造现代产业集群，打造一流企业梯队，提高在国际竞争中的话语权”。这些都为宁波创新型产业集群的发展提供了良好的政府支持，会有力促进宁波创新型产业集群的发展。

六、外部机遇优势

全球产业链重构为宁波创新型产业集群向价值链中高端拓展赢得了难得的时间窗口；贸易区域化为我国国际贸易打开了新空间，RCEP 生效实施将对宁波各类贸易产生明显的放大效应；我国正处在向第二个百年奋斗目标进军的第一个五年，国内经济高质量发展将扩大宁波集群产品内需市场空间；新一代数字化信息化智能化技术与宁波各个行业加深融合，为宁波创新型产业集群提供强大的技术支撑和创新机遇。

以上逐一分析了“钻石体系”的六个要素，宁波创新型产业集群的竞争力就是这六个要素（每个要素又是众多子系统合成的复杂系统）相互影响形成的。它们是互相联系的，一个要素能否充分发挥作用取决于其他要素的配合，而各要素协调配合一旦形成，整体就构成了钻石体系。

第二节
双循环格局下宁波创新型产业集群竞争力的实证分析

一、宁波创新型产业集群竞争力评价指标体系的建立

（一）建立宁波创新型产业集群竞争力评价指标体系的原则

在研究创新型产业集群竞争力时，应建立起一些能界定范畴、澄清概念的评价的基本原则。

（1）系统性原则。创新型产业集群竞争力的强弱受自身的人、财、物、信息等各种因素及其组合效果的影响，注重创新型产业集群显性竞争力的同时，更应强调创新型产业集群的潜在竞争力。因此，必须采取系统的设计，系统评价的原则，以便全面反映评价对象的优劣。

（2）可操作性原则。各项指标的含义应该清晰、明确，从而避免产生误解和歧义；评价指标的数量应适当，以方便计算、评估。

（3）层次性原则。评价指标体系的设置应能准确反映层次之间的支配关系，各指标有明确内涵，按照层次递进关系，组成层次分明、结构合理、相互关联的整体，排除指标之间的相兼容性，保证评价的科学性。

（4）趋同性原则。所选各评价指标应呈现趋势化，即指标优化方向一致，以保证评价的科学性与合理性。

（5）可比较原则。首先，研究创新型产业集群竞争力要以在国际标准、国际惯例和国际市场规则下，在同一竞争规范下的公平竞争为前提，若无此条件，创新型产业集群竞争力评价就没有依据；其次，要结合创新的层面与环境，离开了环境和要素空谈竞争力也是没有意义的。

（6）动态性原则。创新型产业集群竞争力评价体系指标的选择，不仅能够反映静态数据的变化，更应该注意选取动态的增量指标来进行

评价。

(7) 硬性指标与软性指标相结合的原则。在指标体系中所采用的指标应全面、系统，力求反映创新型产业集群竞争力的内涵与本质。同时由于评价问题比较复杂，要根据实际情况，硬性指标与软性指标相结合，许多因素不能量化，因素分析可以软指标为主。因为，硬指标是显性的，它只代表过去与现在；软指标是内在的，更具有前瞻性，个性化信息保留较多，对未来的把握远比硬指标好。

（二）宁波创新型产业集群竞争力评价指标体系的指标选择

评价创新型产业集群竞争力，要反映出三个方面的情况：一是创新型产业集群的竞争力资源，这是创新型产业集群竞争力的基础；二是创新型产业集群的显性竞争力表现，这是创新型产业集群竞争力的主要标志；三是创新型产业集群的竞争力环境，这是创新型产业集群竞争力的重要保证。因此，本书在设计创新型产业集群竞争力评价指标体系时考虑以上所述的三个层次，即竞争力资源培育、竞争力能力和竞争力环境建设。

1. 竞争力资源培育

这里的资源是指与创新型产业集群竞争力有关的企业资源，其质量和规模是创新型产业集群竞争力的基本保证。具体指标如下：

（1）人力资源。现在的竞争归根结底是人才的竞争，在经济全球一体化的环境下更是如此，人力资源是企业的核心资源，对于想进一步提升竞争力的宁波创新型产业集群来说，吸引并拥有一大批专业能力强、素质高的人才尤为重要。具体由以下指标来衡量：高层管理人员的素质；科技人员（专业人员）的数量；人力资源的结构与战略适应性；国际型人才的吸收与引进。

（2）财务资源。财务资源是指创新型产业集群中企业经营和发展所必需的资金保证程度有关的资源，是企业非常重要的资源。指标主要有：资产周转率；资产负债率；资金来源与数量。

（3）物质资源。物质资源是创新型产业集群中企业经营和发展的物质基础，特别对于生产型企业来说，物质资源显得尤为重要，没有物质资源整个企业就无法运转。可以由下列指标来刻画：企业现有的厂房和设备情况；供应链保证，包括原材料的可获得性及企业物流水平。

（4）信息资源。现代社会是个经济高速发达的社会，创新型产业集群中的企业能否快速、准确、有效地获得市场信息或者对企业自身的发展至关重要的信息，已经成为衡量创新型产业集群竞争力的重要标志。主要包括以下指标：企业信息情报网络建立与管理；企业拥有的有效信息量。

2. 显性竞争力表现

创新型产业集群的竞争力主要反映在显性竞争力上。具体表现在：

（1）学习能力与创新能力。创新型产业集群中单个企业的学习能力与竞争力是创新型产业集群竞争力的核心。企业只有通过学习与竞争力，才能培育自己的核心竞争力，才能不断超越自我，超越竞争对手，求得持续发展。衡量的指标包括：企业竞争力体系与培训体系的建立；学习型组织的建设；技术革新收益率。

（2）研究开发能力。企业研究发展是企业发展的源泉和内动力，是企业取得长期竞争优势的基本保证，也是创新型产业集群竞争力的重要表现。刻画的指标有：专利或专有技术拥有量；科研成果转化率；R&D 资金投入率；研究开发的周期。

3. 竞争力环境建设

创新型产业集群的生存、发展、壮大离不开其所处的环境，一个良好的环境是创新型产业集群获得竞争力信息和进行竞争力的前提。因此，为了更好地衡量宁波创新型产业集群的竞争力，我们就要评估宁波市政府给创新型产业集群提供的政策环境，同时要评价创新型产业集群内部是否形成了竞争力氛围。主要包括：

（1）宁波市政府的扶持。主要由以下指标来刻画：宁波市政府服务水平；宁波市政府对创新型产业集群的税务政策支持。

（2）创新型产业集群内部的竞争力文化。主要由以下指标来刻画：创新型产业集群的竞争力氛围；创新型产业集群内是否宽容失败。

（三）宁波创新型产业集群竞争力评价模型的建立

1. 综合方法

本书采用层次分析法，拓扑结构见图 5 - 1。以 Xp_1、$Xp_2 \cdots Xp_n$ 作为宁波创新型产业集群竞争力三级指标，以 C_1、$C_2 \cdots C_n$ 作为二级指标，以 D_1、$D_2 \cdots D_n$ 作为一级指标。通过计算得出各三级指标的量化测度。利用层次分析法对三级指标进行计算得出二级指标的量化测度，再对二级指标利用层次分析法得出一级指标的值，对一级指标进行综合分析，得到的结论就是我们需要的结果。

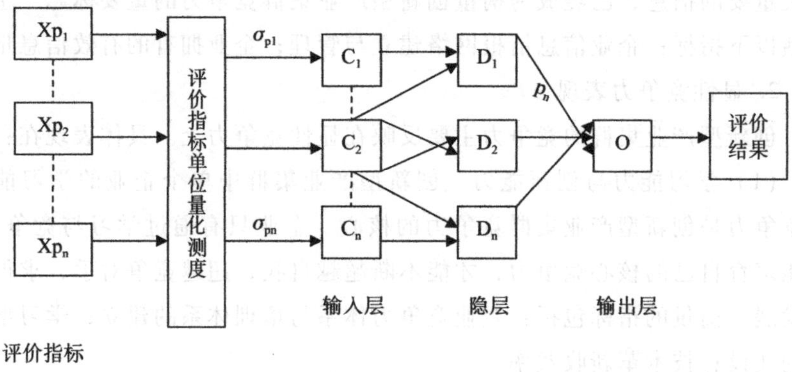

图 5-1 宁波创新型产业集群竞争力的层次分析法

2. 确定各项指标的权重

采用专家德尔菲法，由 9 位专家对各项指标的重要性权重作出判断，确定操作层具体指标体系在其对应的第二子层评价因素中的权重，并且总权值等于 1；然后，对每个第二子层评价因素予以分值，取加权平均计算出各个第二子层评价因素的分值，为以后的模型所用（见表 5-1）。计算公式如下：

$$M = \sum_{i=1}^{h} W_i X_j \sum_{j=1}^{n} W_i X_j k \sum_{k=1}^{m} W_i X_j k \times Z_j k$$

其中，$W_i X_j K$ 为第 i 个一级指标中第 j 个二级指标的权重；$Z_j k$ 为第 j 个二级指标中第 k 个三级指标的量化测度；W_i 为第 i 个指标的权重；h 为一级指标数，本评价指标体系中 $h = 4$；n 为一级指标所含的二级指标数，m 为二级指标所含的三级指标数。

表 5-1 宁波创新型产业集群竞争力的评价指标及其权重

一级指标	二级指标	三级指标	三级指标权重
竞争力资源培育（0.304）	人力资源（0.092）	高层管理人员的素质	0.023
		科技人员（专业人员）的数量	0.026
		人力资源的结构与战略适应性	0.022
		国际型人才的吸收与引进	0.021
	财务资源（0.075）	资产周转率	0.026
		资产负债率	0.025
		资金来源与数量	0.024

续表

一级指标	二级指标	三级指标	三级指标权重
竞争力资源培育（0.304）	物质资源（0.067）	企业现有的厂房和设备情况	0.029
		供应链保证	0.038
	信息资源（0.070）	企业信息情报网络建立与管理	0.031
		企业拥有的有效信息量	0.039
显性竞争力表现（0.425）	学习能力与创新能力（0.204）	企业创新体系与培训体系的建立	0.069
		学习型组织的建设	0.064
		技术革新收益率	0.071
	研究开发能力（0.221）	专利或专有技术拥有量	0.058
		科研成果转化率	0.057
		R&D 资金投入率	0.056
		研究开发的周期	0.050
竞争力环境建设（0.271）	宁波政府的扶持（0.138）	宁波政府服务水平	0.059
		宁波政府对创新型产业集群的税务政策支持	0.079
	创新型产业集群内部的竞争与创新文化（0.133）	创新型产业集群的竞争与创新氛围	0.066
		创新型产业集群内是否宽容失败	0.067

二、问卷设计与结果分析

（一）调查问卷设计

因为数据的可获得性较难，而且部分指标不能量化，因此本书采用了问卷调查方法，针对指标体系的 22 个指标设置出了对应的 22 道问题，每道问题给出了 5 个答案，程度是由低分向高分推进，分别代表 1—5 分。问卷主要在各行业协会以及各培训中心的帮助下向宁海文具产业集群、鄞州纺织服装产业集群以及余姚小家电创新型产业集群中的 30 家代表性企业发放。[①]

① 由于调研条件有限，所以只集中三个县市区的典型性创新型产业集群进行了问卷调查。虽然本次调研范围较小，但是得出的结论可以大致反映宁波创新型产业集群的竞争力水平。

第一部分　竞争力资源培育问题

1. 贵公司的各个主要部门的管理人员主要来自（　）。

A. 基本上由生产技术人员兼任

B. 企业主要部门的高层管理职位主要由管理经验丰富和知识丰富的人员担任，中、基层由生产技术人员担任

C. 企业主要部门的高、中层管理职位主要由管理经验丰富和知识丰富的人员担任，接受过管理培训

D. 企业主要部门的高、中层管理职位主要由管理经验丰富和知识丰富的人员担任，关键部门人员还有过硬的技术水平

E. 企业主要部门的高、中层管理职位主要由管理经验丰富和知识丰富的人员担任，并且还有丰富的管理经验和技巧，关键部门的人员还有过硬的技术水平

2. 贵公司科技人员（专业人员）占员工人数的比重大概为（　）。

A. 10%以下　　B. 10%—19%　　C. 20%—29%　　D. 30%—39%

E. 40%及以上

3. 贵公司在实现既定的重大目标或转变发展战略时，有效地运用公司的人力资源的方式是（　）。

A. 无论企业遇到何种情况时，企业人员都没有调整或补充

B. 只是在企业业务或者科研需要时，才临时对公司员工进行调整

C. 每年都要对公司员工进行补充和调整

D. 每年都会对企业发展起着重要作用或影响的人员进行调整和补充，并根据企业不同时期的需要，随时对员工进行调整和补充

E. 每年都会对企业发展起着重要作用或影响的人员进行调整和补充，并根据公司的战略发展和企业短期计划调整公司人力资源配备和进行员工培训

4. 贵公司每年会招聘一批有经验、有实力、素质较高的国际型人才来充实企业的人力资源吗？（　）

A. 基本没有

B. 企业的人力资源部门正着手相关方面的工作

C. 会，但不是每年

D. 每年企业都会

E. 除 D 以外，企业还施行奖励制度来吸引国际型人才的加入

5. 贵公司的资产周转率大致为（　）。

A. 小于 10%　　B. 10%—19%　　C. 20%—29%　　D. 30%—39%

E. 40% 及以上

6. 贵公司的资产负债率大致是（　）。

A. 70% 及以上　B. 40%—69%　　C. 20%—39%　　D. 10%—19%

E. 10% 以下

7. 贵公司日常运作的资金主要来源于哪里，是否能够满足公司实现预期目标或转变发展战略的需要？（　）

A. 股东自由资金，不能满足公司战略需要

B. 职工集资及股东自由资金，不能满足公司战略需要

C. 大量民间借贷，利率高，不稳定，基本可以满足公司战略需要

D. 依靠银行贷款，短期行为强，不太稳定，基本能够满足公司战略需要

E. 吸收风险投资，可以满足公司战略需要

8. 贵公司的生产经营场所和设备情况如何？（　）

A. 公司租赁土地厂房以及普通的生产设备

B. 公司租赁土地厂房，自有普通生产设备

C. 公司自建土地厂房，自有普通生产设备

D. 公司自建标准化生产厂房，拥有国内先进水平的生产设备

E. 公司自建标准化生产厂房，拥有国际先进水平的设备

9. 贵公司原材料的供应链能否满足公司日常生产和销售的需要？（　）

A. 公司一般不考虑供应链问题，根据生产需要随时进行调配，没有成行的销售网络

B. 公司有固定的原材料供应商，拥有自己的运输队伍，没有成型的销售网络

C. 公司有固定的原材料供应商，并建立了自己的仓储和运输体系，有销售网络

D. 公司拥有几个可供选择的原材料供应商，有自己的物流系统和销售网络

E. 公司拥有几个可供选择的原材料供应商并建立了有系统的供应商评价体系，有自己的物流系统和成熟的销售网络

10. 贵公司建立了什么样的信息情报网络来收集技术、市场等方面的信息？（ ）

A. 没有特别在意信息情报网络的作用，信息的获取只要靠高层领导

B. 由特定的部门在网上收集技术、市场方面的信息

C. 由特定的部门负责通过各种渠道进行信息情报的收集

D. 由专门的部门负责信息情报的收集，并对信息进行收集和处理

E. 由专门的部门负责建立全方位的信息情报网络和信息情报的收集，并建立了信息甄别分析系统，能够适时对信息进行追踪和处理

11. 贵公司拥有的有效信息量占信息总量大致为（ ）。

A. 10% 以下 B. 10% —19% C. 20% —29% D. 30% —39%

E. 40% 及以上

第二部分 显性竞争力表现问题

12. 贵公司对建立的企业创新体系与培训体系的态度是（ ）。

A. 无所谓，只要企业能赚钱就行

B. 意识到比较重要，正着手准备中

C. 比较重要，已经初步规划并制定了企业创新与培训机制

D. 很重要，已经建立了比较完善的企业创新与培训体系

E. 非常重要，除了 C 以外，还请一些专家定期来为企业员工讲课

13. 贵公司对于建立学习型组织的态度是（ ）。

A. 无所谓，我们有各种人才就行

B. 意识到比较重要，偶尔会让技术人员参加一些培训

C. 比较重要，建立了一个供技术人员交流提高的平台

D. 很重要，除了 C 以外，高层管理人员也参与其中

E. 非常重要，大力支持员工进行各种各样的学习活动

14. 由于技术革新带给贵公司的收益率大致为（ ）。

A. 小于 3% B. 3% —6% C. 7% —10% D. 11% —20%

E. 20% 以上

15. 贵公司拥有专利或专有技术的数量是（ ）。

A. 没有　B. 1—3 件　C. 4—6 件　D. 7—10 件　E. 11 件及以上

16. 贵公司科研成果已经市场化率为（　）。

A. 小于 20%　B. 20%—29%　C. 30%—39%　D. 40%—59%

E. 60% 及以上

17. 贵公司的研发投入占销售额的比重大致为（　）。

A. 小于 3%　B. 3%—6%　C. 7%—10%　D. 11%—20%

E. 20% 以上

18. 贵公司进行一项技术研发平均要花费的时间（包括技术改进及工艺改进等）（　）。

A. 3 年　B. 2 年　C. 至少 1 年　D. 6 个月以上—1 年　E. 3—6 个月

第三部分　竞争力环境建设问题

19. 贵公司对于宁波市政府的企业服务水平的评价是（　）。

A. 服务水平很差　B. 服务水平比较差

C. 服务水平一般　D. 服务水平比较高

E. 服务水平很高

20. 宁波市政府有没有为企业提供一些财政税务上的支持？（　）

A. 没有　B. 有，但对于企业来说力度太小

C. 有，能够有效地解决企业发展缺乏资金的问题

D. 除 C 以外，还给企业很多税收上的优惠

E. 除 D 以外，宁波政府还经常向其他投资商推介企业项目并开展各类外贸展销会

21. 贵公司所在的产业集群的创新氛围是（　）。

A. 没有创新氛围　B. 有，但总体很少

C. 有，创新氛围一般　D. 有，创新氛围较浓

E. 有，创新氛围很浓

22. 贵公司所在的产业集群内是否宽容失败？（　）

A. 不宽容失败，导致企业不敢创新

B. 宽容失败，但对于企业来说程度太小

C. 宽容失败，但程度一般　D. 宽容失败，程度较好

E. 宽容失败，企业不惧怕创新后被其他企业嘲笑

三、问卷调查结果分析

本次问卷调查共发放调查问卷90份，问卷回收情况见表5－2，对采集到的数据采用了SPSS统计软件进行了统计分析。

表5－2　　　　调查问卷发放与回收情况

	宁海文具产业集群	鄞州纺织服装产业集群	余姚小家电产业集群
发放问卷份数	30	30	30
回收问卷份数	29	28	28
有效问卷份数	28	28	27
有效问卷比例	96.6%	100.0%	96.4%

（一）竞争力资源培育

1. 人力资源

宁海文具产业集群、鄞州纺织服装产业集群和余姚小家电产业集群在人力资源的平均得分分别为0.275936、0.295189、0.256388，由于满分为0.46，所以宁波创新型产业集群的人力资源平均水平为中等，尤其是国际人才的吸收与引进、科技人员的数量和质量方面的不足显得尤为突出。详见表5－3、表5－4、表5－5。

表5－3　　　　宁海文具产业集群人力资源得分情况

	有效样本N	最小值	最大值	均值	标准差
高层管理人员的素质	28	1.00	5.00	3.1556	0.99899
科技人员的数量	28	1.00	4.00	2.8889	0.74536
人力资源的结构与战略适应性	28	1.00	5.00	3.1778	0.86047
国际人才的吸收与引进	28	1.00	5.00	2.7778	1.02000
人力资源综合得分	0.275936				

表5－4　　　　鄞州纺织服装产业集群人力资源得分情况

	有效样本N	最小值	最大值	均值	标准差
高层管理人员的素质	28	1.00	5.00	3.2324	0.93861
科技人员的数量	28	1.00	5.00	3.0213	0.86412
人力资源的结构与战略适应性	28	1.00	5.00	4.2531	0.97842

续表

	有效样本 N	最小值	最大值	均值	标准差
国际人才的吸收与引进	28	1.00	5.00	2.3201	1.02208
人力资源综合得分	0.295189				

表 5－5　　余姚小家电产业集群人力资源得分情况

	有效样本 N	最小值	最大值	均值	标准差
高层管理人员的素质	27	1.00	5.00	2.9898	0.97893
科技人员的数量	27	1.00	5.00	2.8678	0.76534
人力资源的结构与战略适应性	27	1.00	5.00	3.2673	0.90132
国际人才的吸收与引进	27	1.00	5.00	1.9609	1.01101
人力资源综合得分	0.256388				

2. 财务资源

宁海文具产业集群、鄞州纺织服装产业集群和余姚小家电产业集群在财务资源的平均得分分别为 0.22882、0.24370、0.21852，由于满分为 0.375，所以宁波创新型产业集群的财务资源平均水平为中等偏上，在资产周转率方面得分普遍较低。详见表 5－6、表 5－7、表 5－8。

表 5－6　　宁海文具产业集群财务资源得分情况

	有效样本 N	最小值	最大值	均值	标准差
资产周转率	28	1.00	5.00	2.8222	0.88649
资产负债率	28	1.00	5.00	2.9111	0.73306
资金的来源与数量	28	1.00	5.00	3.4444	0.91839
财务资源综合得分	0.22882				

表 5－7　　鄞州纺织服装产业集群财务资源得分情况

	有效样本 N	最小值	最大值	均值	标准差
资产周转率	28	1.00	5.00	3.0932	0.90134
资产负债率	28	1.00	5.00	2.8963	0.83012
资金的来源与数量	28	1.00	5.00	3.7862	0.92130
财务资源综合得分	0.24370				

表 5-8　　余姚小家电产业集群财务资源得分情况

	有效样本 N	最小值	最大值	均值	标准差
资产周转率	27	1.00	5.00	2.8014	0.89102
资产负债率	27	1.00	5.00	2.8621	0.76388
资金的来源与数量	27	1.00	5.00	3.0888	0.92306
财务资源综合得分	0.21852				

3. 物质资源

宁海文具产业集群、鄞州纺织服装产业集群和余姚小家电产业集群在物质资源的平均得分分别为 0.20600、0.218979、0.18921，由于满分为 0.335，所以宁波创新型产业集群的物质资源平均水平一般，还需要企业在未来的道路中不断提高自身的水平。详见表 5-9、表 5-10、表5-11。

表 5-9　　宁海文具产业集群物质资源得分情况

	有效样本 N	最小值	最大值	均值	标准差
现有的厂房和设备情况	28	1.00	5.00	3.2889	0.81526
供应链保证	28	1.00	4.00	2.9111	0.83182
物质资源综合得分	0.20600				

表 5-10　　鄞州纺织服装产业集群物质资源得分情况

	有效样本 N	最小值	最大值	均值	标准差
现有的厂房和设备情况	28	1.00	5.00	3.5893	0.97035
供应链保证	28	1.00	5.00	3.0234	0.90231
物质资源综合得分	0.218979				

表 5-11　　余姚小家电产业集群物质资源得分情况

	有效样本 N	最小值	最大值	均值	标准差
现有的厂房和设备情况	27	1.00	5.00	2.904	0.89034
供应链保证	27	1.00	4.00	2.763	0.87692
物质资源综合得分	0.18921				

4. 信息资源

宁海文具产业集群、鄞州纺织服装产业集群和余姚小家电产业集群在信息资源的平均得分分别为 0.105599、0.11168、0.104488，由于满分为

0.35，说明宁波创新型产业集群的信息资源还很薄弱，需要进一步提高。详见表5-12、表5-13、表5-14。

表5-12　宁海文具产业集群信息资源得分情况

	有效样本N	最小值	最大值	均值	标准差
企业信息情报网络建立与管理	28	1.00	4.00	1.5333	0.89443
企业拥有的有效信息量	28	1.00	3.00	1.4889	0.69486
信息资源综合得分	0.105599				

表5-13　鄞州纺织服装产业集群信息资源得分情况

	有效样本N	最小值	最大值	均值	标准差
企业信息情报网络建立与管理	28	1.00	4.00	1.6034	0.90225
企业拥有的有效信息量	28	1.00	4.00	1.5891	0.71239
信息资源综合得分	0.11168				

表5-14　余姚小家电产业集群信息资源得分情况

	有效样本N	最小值	最大值	均值	标准差
企业信息情报网络建立与管理	27	1.00	4.00	1.4967	0.89076
企业拥有的有效信息量	27	1.00	3.00	1.4895	0.67905
信息资源综合得分	0.104488				

（二）显性竞争力表现

1. 学习能力与创新能力

宁海文具产业集群、鄞州纺织服装产业集群和余姚小家电产业集群在学习能力与竞争力的平均得分分别为0.589418、0.60018、0.659853，由于满分为1.02，说明宁波创新型产业集群的学习能力与创新争力一般，需要进一步提高创新水平。详见表5-15、表5-16、表5-17。

表5-15　宁海文具产业集群学习能力与创新争力得分情况

	有效样本N	最小值	最大值	均值	标准差
创新体系、培训体系	28	1.00	5.00	3.0000	0.92932
学习型组织的建设	28	1.00	5.00	2.8444	1.08619
技术革新收益率	28	1.00	5.00	2.8222	0.93636
学习能力与竞争力综合得分	0.589418				

表 5－16　鄞州纺织服装产业集群学习能力与创新能力得分情况

	有效样本 N	最小值	最大值	均值	标准差
创新体系、培训体系	28	1.00	5.00	3.0321	0.93098
学习型组织的建设	28	1.00	5.00	2.9024	1.06203
技术革新收益率	28	3.00	5.00	2.8903	0.94201
学习能力与竞争力综合得分	0.60018				

表 5－17　余姚小家电产业集群学习能力与创新争力得分情况

	有效样本 N	最小值	最大值	均值	标准差
创新体系、培训体系	27	1.00	5.00	3.9989	0.91238
学习型组织的建设	27	3.00	5.00	2.8324	1.03217
技术革新收益率	27	1.00	5.00	2.8543	0.94892
学习能力与竞争力综合得分	0.659853				

2. 研究开发能力

宁海文具产业集群、鄞州纺织服装产业集群和余姚小家电产业集群在研究开发能力的平均得分分别为0.610442、0.635504、0.592362，由于满分为1.105，说明宁波创新型产业集群的研究开发能力还是处于一个比较弱的地位，其中科研成果转化率较低是最主要的问题。详见表5－18、表5－19、表5－20。

表 5－18　宁海文具产业集群研究开发能力得分情况

	有效样本 N	最小值	最大值	均值	标准差
专利或专有技术拥有量	28	1.00	5.00	3.0444	1.10691
科研成果转化率	28	1.00	5.00	2.5333	0.78625
研究开发资金投入率	28	1.00	4.00	2.6889	0.94922
研究开发的周期	28	2.00	5.00	2.7778	0.90174
研究开发能力综合得分	0.610442				

表 5－19　鄞州纺织服装产业集群研究开发能力得分情况

	有效样本 N	最小值	最大值	均值	标准差
专利或专有技术拥有量	28	1.00	5.00	3.2532	1.06914
科研成果转化率	28	2.00	5.00	2.6597	0.87631
研究开发资金投入率	28	1.00	5.00	2.7634	0.92232

续表

	有效样本 N	最小值	最大值	均值	标准差
研究开发的周期	28	1.00	5.00	2.8093	0.97493
研究开发能力综合得分	0.635504				

表 5-20　　余姚小家电产业集群研究开发能力得分情况

	有效样本 N	最小值	最大值	均值	标准差
专利或专有技术拥有量	27	1.00	5.00	2.9567	1.09432
科研成果转化率	27	1.00	4.00	2.4568	0.702456
研究开发资金投入率	27	1.00	4.00	2.6043	0.93421
研究开发的周期	27	1.00	5.00	2.6999	0.90023
研究开发能力综合得分	0.592362				

（三）竞争力环境建设

1. 宁波政府的扶持

宁海文具产业集群、鄞州纺织服装产业集群和余姚小家电产业集群对宁波政府扶持的平均得分分别为 0.54468、0.540778、0.526538，由于满分为 0.690，说明宁波政府给予了宁波创新型产业集群较多政策上的扶持与帮助，但是就财税支持等实际政策方面还有待进一步完善与提高。详见表 5-21、表 5-22、表 5-23。

表 5-21　　宁海文具产业集群对宁波政府的扶持评价情况

	有效样本 N	最小值	最大值	均值	标准差
企业服务	28	2.00	5.00	4.2889	0.54864
财税支持	28	3.00	5.00	3.6889	0.66818
宁波政府的创新扶持综合得分	0.54468				

表 5-22　　鄞州纺织服装产业集群对宁波政府的扶持评价情况

	有效样本 N	最小值	最大值	均值	标准差
企业服务	28	3.00	5.00	4.3024	0.56789
财税支持	28	1.00	5.00	3.6321	0.65982
宁波政府的创新扶持综合得分	0.540778				

表 5－23　余姚小家电产业集群对宁波政府的扶持评价情况

	有效样本 N	最小值	最大值	均值	标准差
企业服务	27	2.00	5.00	4.0652	0.53462
财税支持	27	1.00	5.00	3.6290	0.67654
宁波政府的创新扶持综合得分	0.526538				

2. 产业集群内部的竞争与创新文化

宁海文具产业集群、鄞州纺织服装产业集群和余姚小家电产业集群内部的竞争与创新文化的平均得分分别为 0.397665、0.386354、0.357546，由于满分为 0.665，说明宁波创新型产业集群内部的竞争与创新文化普遍不强，需要进一步培育竞争与创新文化。详见表 5－24、表 5－25、表 5－26。

表 5－24　宁海文具产业集群内部的竞争与创新文化得分情况

	有效样本 N	最小值	最大值	均值	标准差
产业集群的创新文化氛围	28	1.00	5.00	3.1024	0.67893
产业集群内是否宽容失败	28	1.00	4.00	2.8792	0.74392
产业集群内部的竞争与创新文化综合得分	0.397665				

表 5－25　鄞州纺织服装产业集群内部的竞争与创新文化得分情况

	有效样本 N	最小值	最大值	均值	标准差
产业集群的创新文化氛围	28	2.00	5.00	3.1235	0.58649
产业集群内是否宽容失败	28	1.00	4.00	2.6896	0.68186
产业集群内部的竞争与创新文化综合得分	0.386354				

表 5－26　余姚小家电产业集群内部的竞争与创新文化得分情况

	有效样本 N	最小值	最大值	均值	标准差
产业集群的创新文化氛围	27	1.00	5.00	2.6798	0.54363
产业集群内是否宽容失败	27	1.00	4.00	2.6967	0.61824
产业集群内部的竞争与创新文化综合得分	0.357546				

（四）宁波各产业集群竞争力综合评价得分

宁海文具产业集群、鄞州纺织服装产业集群和余姚小家电产业集群竞争力水平的综合得分分别为2.958348、3.032363、2.904905，由于满分为5分，说明宁波创新型产业集群竞争力为中等偏上水平，需要采取各种措施进一步提高竞争力。总体来看，三个受访的创新型产业集群的综合竞争力排名依次为：鄞州纺织服装产业集群、宁海文具产业集群和余姚小家电产业集群。详见表5－27。

表5－27　被调查的各产业集群竞争力综合得分

	有效样本N	竞争力资源培育得分	显性竞争力表现得分	竞争力环境建设得分	综合得分
宁海文具产业集群	28	0.816355	1.19986	0.942133	2.958348
鄞州纺织服装产业集群	28	0.869548	1.235684	0.927132	3.032363
余姚小家电产业集群	27	0.768606	1.252215	0.884084	2.904905

第六章 双循环格局下宁波创新型产业集群典型案例研究

第一节 宁波电子信息产业集群发展现状

电子信息制造业是国民经济战略性、基础性、先导性产业，具有成长性好、带动性强、产业链长、附加值高等特征，是当今全球范围内最具创新活力和发展潜力的高新技术产业之一。当前，云计算、大数据、物联网、移动互联网、人工智能等新一代信息技术快速演进，硬件、软件、服务等核心技术体系加速重构，智能化正成为电子信息制造业的重要发展趋势，使电子信息制造业焕发出新的生机和活力。宁波电子信息制造业产业基础较好，面对新形势、新要求，必须抓住电子信息制造业转型发展的重大机遇，推动电子信息产业集群向规模化、高端化、智能化发展。

一、宁波电子信息产业集群发展概况

宁波市电子信息产业发展起步于20世纪80年代中期，至今已有近40年的发展历史。目前宁波市电子信息产业集中于宁波保税区、高新区、

北仑区、江北区、余姚开发区和鄞州工业园区等地，产业分布已经从传统的电子产品制造业（电子元器件、半导体分立体件、手机、钕铁硼等）逐渐发展为新兴电子产品制造（包括新一代平板显示、新一代通信和计算机产品、集成电路、信息家电、汽车电子、半导体照明、新型仪器仪表、新型电子元器件等）、软件产业（含网络传输和数据服务、电子商务、物联网等）和网络传输业并举的现代电子信息产业。目前全市共有国家、省市级信息产业园区 20 多个，其中宁波保税区的集成电路产业园是国家工业和信息产业部首批认定的国家电子信息产业园，宁波高新区成为“国家火炬计划电子信息产业基地”。

按宁波市“246”产业统计口径，2019 年全市 1038 家电子信息产业规模以上企业实现工业总产值 2221.4 亿元，增速 12.4%；完成增加值 453.4 亿元，增速 16.1%；实现主营业务收入 2217.3 亿元，同比增长 11.4%；实现利税总额、利润总额分别为 199.9 亿元和 164.7 亿元，同比分别增长 30.1% 和 47.3%；企业亏损面为 16.4%，较 2018 年收窄 1.1 个百分点。据电子信息产业重点企业的监测显示，电子工业专用设备行业、电子器件行业、电子信息专用材料行业和电子测量仪器行业产值增速超过全市电子制造业产值同比增速，分别为 27.51%、27.13%、16.52% 和 14.32%。因此，该行业总体实现较快增长，成为拉动全市工业经济发展的重要组成部分。2020 年全市规模以上电子信息制造业实现工业总产值 2615.3 亿元，同比增长 9.4%，占全市规模以上工业总产值 14.6%，较 2015 年的 1616 亿元提高了近千亿元，年均增长率达 10.2%。

总体来看，宁波市前期产业布局成效初显，电子信息产业业逐步成为经济发展新的引擎。同时，优势细分行业稳健发展，产业竞争力稳步增强。随着中芯宁波、群芯微电子、甬矽电子等项目的投产，集成电路制造产量同比增长 1758%；太阳能电池产量同比增长 34%；电子专用设备生产量同比增长 32.9%。

目前，宁波电子信息产业集群出口呈现快速增长态势。2019 年全市电子信息产业完成出口交货值 715 亿元，同比增长 12.4%，占全省出口交货值 34%，已连续 18 个月呈现正增长。重点出口企业增速加快。2019 年，出口交货值在 10 亿元以上的企业有群志光电、东方日升、群辉光电、技嘉科技、舜宇集团和中银电池，累计出口额分别是 100.2 亿元、91.5 亿元、58.1 亿元、28 亿元、24.2 亿元和 14.4 亿元；同比增速超过 100%

的共38家。2020年电子信息制造业实现营业收入、利税总额和出口交货值分别达2675.8亿元、238.1亿元和898亿元，较2016年增长67%、75.8%和32%。其中，出口交货值同比增长6.1%，高于全市规模以上工业出口增速5.9个百分点，占全省规模以上电子信息制造业出口比重31.4%，占全市工业出口近三成。

面对中美贸易摩擦、经济下行压力增大的宏观形势，宁波市不断完善监测体系，准确掌握企业生产经营状况，切实做好企业“三服务”相关工作，外贸形势总体平稳。但部分企业受贸易摩擦和关税影响较大，负面影响已有显现，如环球广电、技嘉科技、赛尔富电子等企业外贸订单有所减少，技嘉科技计划将部分产品生产转移至台湾。

二、宁波电子信息产业集群发展特点

（一）产业发展速度领跑全市工业

经过前期的不懈努力，产业培育成果日益凸显，拉动作用不断提升。从全市工业整体横向对比来看，2019年，按照“246”产业统计口径，电子信息产业规模以上企业总产值占全市“246”规模以上工业同期总产值比重为15.7%，同比增长12.4%，总产值增速在“246”11大产业中居第三位；电子信息产业规模以上企业增加值占全市“246”规模以上工业同期增加值比重为14.3%，同比增长16.1%，增加值增速在“246”产业中位列榜首。

（二）产业集群体系初步形成

宁波市通过积极推进电子信息制造业结构调整、特色小镇建设、新动能培育和大项目建设等措施，基本形成了以集成电路、汽车电子、光学电子、智能终端、电子材料、新型元器件等为特色的新一代信息技术产业体系。光学电子领域，车载镜头、手机摄像模组、手机光学镜头产量分别居全球第一、全球第二、国内第一。集成电路领域，形成从半导体材料、设备、设计、制造、封测等完整产业链，建成了国内唯一量产化的自主可控高压模拟及射频集成电路特种工艺生产线，ArF光刻胶产品成为国内第一款通过产品验证的国产ArF光刻胶。中高端产品优化升级步伐加快，2020年全市共生产手机1405万部，集成电路39.4亿片，半导体分立器件1121.5亿只，电子级单晶硅26万千克。

目前全市已形成了若干细分行业领域特色产业集群。光学电子产业，已在余姚市形成百亿级规模的产业集群。汽车电子产业，已形成50亿元级的产业规模，在国家高新区、杭州湾新区集聚了一批龙头企业。集成电路产业，全市已有60多家重点企业，在北仑区、鄞州区、前湾新区形成了明显的集聚效应。传感器产业，已在江北区形成了50亿元级的产业规模，集聚骨干企业40多家。光电膜产业，已形成了20亿元级规模的产业集群，建成了江北区膜幻动力小镇。

（三）产业优化升级加快

集成电路、光学电子等产业建设取得积极进展。在集成电路产业方面，“一园三基地”建设持续推进，重点企业创新发展加速。中芯宁波晶圆级微系统异质集成工艺平台得到业界认可，与多家企业达成合作；芯路通讯汽车MCU芯片通过车规级验证，进入小规模量产阶段；甬矽电子、群芯微电子等项目实现当年落户当年投产；均胜电子、拓普集团进军汽车电子领域，带动相关产业快速发展。2019年，集成电路及相关产业完成工业总产值275.9亿元，同比增长21.12%。在光学电子产业方面，行业保持高速发展。永新光学主导编制的显微镜国际标准ISO9345正式出台；群志光电Mini－LED研发成功；舜宇车载（车载镜头）、长阳科技（光学反射膜）入围国家第三批单项冠军企业（产品）名单。2019年全年光学电子实现产值645.2亿元，同比增长24%。

（四）龙头企业竞争力提升

均胜电子、舜宇集团、东方日升3家企业入围2019年中国电子信息百强，其中均胜电子首次跻身前20位。宁波市20家企业入围全省电子信息百强企业名单，数量创新高，其中制造业30强宁波市占据6席。目前，全市拥有电子信息百亿元级企业3家（均胜电子、舜宇集团、群志光电），50亿元级企业5家（公牛集团、东方日升、飞翔集团、兴业盛泰、双林集团）。

2020年全市电子信息制造业重点企业规模持续扩大，龙头骨干企业对行业的核心支撑作用、引领带动作用日益凸显。目前，全市拥有电子信息制造业上市企业12家，工业总产值超百亿元3家，超50亿元3家，超10亿元23家。舜宇集团，东方日升、公牛集团、方太集团、均胜集团等

5家企业入选2020年电子信息全国百强企业名单。金瑞泓、康强电子、江丰电子入选2020年中国半导体材料十强企业。舜宇光电信息（手机摄像模组）、激智科技（液晶显示模组）等17家企业成功入围国家级单项冠军示范企业（或产品）。2020年省电子信息产业百家重点企业评选中，5家企业入选营业收入前30家企业名单，5家企业入选电子信息出口20家重点企业名单，7家企业入选省电子信息50家成长性特色企业名单。

（五）创新驱动效果显著

一方面，新产品研发势头良好。全市电子信息产业研发投入不断提高，创新发展动能持续增强。2019年，全市规模以上电子信息产业实现新产品产值1055亿元，同比增长20.4%，较全省电子信息制造业新产品产值同期增速高7.3个百分点，新产品产值率达53%，新产品驱动势头良好。另一方面，研发投入不断增加。2019全年完成技术研发费用65亿元，同比增长22.2%，比杭州市技术研发费用同期增速高出12.1个百分点，比全省技术研发费用同期增速高出7.5个百分点。2020年，全行业完成研发费用94.4亿元，同比增长14.1%，是2015年研发费用支出的2.5倍；研发费用占营业收入的比重达到3.5%，较2015年提升近1个百分点。全市规模以上电子信息制造业新产品产值1159.6亿元，同比增长4.4%，新产品产值率达50.7%，较2015年提升了8个百分点。创新成果不断涌现，中芯宁波首颗600V高压BCD芯片成功打破美国、日本的长期垄断；中电化合物半导体自产处延片顺利通过客户MOS流片验证，各项良率指标及性能均达到国际先进水平；激智科技的“液晶显示用无保护膜棱镜型光学增亮膜”（T/ZZB 1939—2020）浙江标准，填补了国际相关产品行业标准的空白；金瑞泓科技承担的“8英寸硅片研发与产业化及12英寸硅片关键技术研究”项目顺利通过国家02专项验收。

三、宁波电子信息产业集群推进路径

未来，宁波将继续认真贯彻落实市委市政府数字经济“一号工程”战略，围绕“246”产业集群建设目标任务，重点在产业链完善和产业环境优化、产业集聚和特色打造、产业优势提升和新兴领域培育、关键核心技术和共性技术突破上开展工作。依托现有产业基础，通过创新驱动，推进技术和产品升级，加速“两化”融合，促进传统产业向战略性新兴产业的转化。到2025年，宁波电子信息制造业总体竞争力明显提升，成为宁波数字经济重要支柱产业，大中小企业融通发展能级进一步提升，国际竞争力明显增强，宁波成为全国领先的特色工艺集成电路产业基地、具有国际影响力的电子信息制造业集聚地。

（一）加大市场主体培育

1. 培育“大优强”企业

围绕重点领域和标志性产业链，择优遴选一批处于产业链关键环节、规模大、实力强、带动性大的大企业、大集团和未来营业收入有望突破1000亿元、500亿元、100亿元和50亿元骨干企业，制定企业发展五年规划和年度计划，签订目标责任书，实施“一企一案”动态精准培育。支持“大优强”企业实行强强联合，及通过股权、资产收购等多种形式实施企业兼并重组，推动形成一批具有国际影响力的大企业大集团。引导跨国大型企业将其境外公司的高端业务向宁波转移，在宁波增设研发及生产基地。支持龙头骨干企业实施一批带动作用强的重大产业项目。

2. 培育单项冠军和“专精特新”企业

围绕集成电路、光学电子、汽车电子、智能电子产品等重点领域，大力培育一批龙头骨干企业，加快形成一批主业突出、掌握核心关键技术、品牌优势明显的国家级制造业单项冠军企业。落实和完善支持创新创业的税收优惠、资金支持、信用担保、政府采购等政策，扶持初创型企业做大做强，按照专业化程度、创新能力、经营管理、成长性等多维度培育标准，筛选一批发展潜力大、成长性好的优质电子信息中小企业发展成为“专精特新”的“小巨人”企业。大力实施“凤凰计划”，加快推进中小企业股改和上市培育，推动优质电子信息制造企业上市发展。

3. 培育壮大优质创新型中小企业

面向VR/AR、人工智能、5G、物联网、服务器等新兴产业领域，全力推动一批成长性好、创新力强、市场前景大的创新型电子信息中小企业上规模发展。围绕“互联网+”、共享经济、平台经济等新业态新模式，利用世界数字经济大会、中国机器人峰会、创客中国大赛、各类创新基金等载体，通过“云招商、云洽谈、云签约”等方式，积极引进一批电子信息创业创新团队。鼓励全国知名电子信息创新团队来甬设立工作基地。

（二）强化标志性产业链建设

1. 加快打造标志性产业链

着力建设完善集成电路、光学电子等标志性产业链，以打造标志性企业、项目、技术为目标，通过强链补链延链建设，打通技术研发、产品制造、应用转化等重点环节，加快形成产业链联动机制，积极培育“集成电路设计—制造—封装测试—专用设备—材料—行业应用”的特色工艺集成电路产业链，以及“光学材料、基础件—光电器件、模组—下游应用”为核心的光学电子产业链。围绕浙江省数字安防、集成电路、智能计算、网络通信、智能家居等产业链，加强新技术新产品的研发生产，引导本地企业与省内产业链上下游企业开展合作，打造深度融合的产业链共同体。

2. 加强产业链风险防控

动态开展产业链关键技术产品断链断供风险排摸，梳理建立企业断链断供风险清单和需要政府协调解决问题清单。根据清单，综合技术难易程度、技术依赖性等多种因素，实施风险分级、分类处置管理，持续动态跟踪调整清单。针对突发新冠肺炎疫情、贸易摩擦和国际竞争等因素造成的单一依赖断供风险，健全进口替代机制。引导企业加强对目前未有替代品的关键核心技术产品和生产设备储备，支持企业加快建立关键配套供应商备份库，开展同准备份、降准备份。

3. 提升产业链协同发展。充分发挥龙头企业强链护链作用，鼓励龙头企业联合产业链上下游企业组建产业链共同体，提高产业链主导能力，供应链畅通能力和市场拓展能力，优化产业链企业分工与协同，紧密对接前沿市场需求。推进群芯微电子、中控微电子、盈凯电子等芯片、解决方案供应商与智能家电企业对接。利用宁波市智能家电、汽车电子等后端应用优势带动集成电路、汽车电子等企业发展。推进“芯—机”联动和深度合作，积极引导和鼓励宁波市的数字安防、智能电视、平板显示等领域整机企业与集成电路设计企业开展合作，逐步构建上下游协同的产业链安全和供给保障能力，形成龙头企业引领和中小企业协同发展的产业格局。

（三）突破关键核心技术

1. 加大关键核心技术攻关

编制电子信息制造业关键技术发展路线图，集中力量开展一批重大项目攻关。重点强化核心基础元器件研发创新能力，全力攻克集成电路、智能传感器、智能控制等具有全局影响力、带动性强的核心技术及共性技术，加强先进基础工艺积累及新材料开发。重点突破虚拟现实、机器视觉、新型人机交互等终端新技术，支撑智能硬件、智能汽车、高端存储设备、新一代移动通信设备等加快发展。推进互联网、大数据、5G、云计算等新技术与电子产品制造技术融合发展，促进细分产业在架构、工艺、材料等方面的颠覆性技术创新。

2. 建设一流产业创新平台

围绕甬江科创大走廊建设，充分利用中科院宁波材料所、宁波大学、宁波诺丁汉大学、国科大宁波材料工程学院、西工大宁波研究院等高等院校、研究院资源，形成电子信息产业创新集群。加快制造业创新中心建设，在集成电路、工业互联网、智能家电等领域新筹建一批省级制造业创新中心，提升企业研发机构创新能级，争创国家级、省级研发中心、企业技术中心、企业研究院等。鼓励行业龙头企业积极探索运营模式创新，依托自有专业研发中心和重点实验室，以项目合作等形式联合产业链上下游多元主体，积极开展委托研发或共同研发，建立协作创新共同体，带动行业共同发展。推进公共服务平台建设，谋划创建宁波市集成电路材料测试服务平台、芯创智宁波测试中心、宁波宽禁带半导体材料与器件研究所、MEMS 代工平台等公共服务平台。依托院士团队资源以及浙大宁波理工、复旦、哈工大、西北工大等高校基础研究和人才优势，加快公共服务平台建设。

（四）加速推进重点集群发展

1. 大力发展集成电路产业集群

为确保宁波市“十四五”期间电子制造业在全省的领先地位，逐步缩短与国内先进城市的差距，着重抓好新一代电子信息技术产业发展，进一步提升已有较好产业基础的液晶平板显示、计算机及外设、集成电路产业链、稀土强磁、太阳能光伏、高亮度 LED、光电器件以及涉及装备制造、电力、家电、医疗等为代表的应用电子产业；加速推进市场前景良好的、产业化程度比较成熟的、具有自主核心技术的战略性新兴领域，重点培育产业新增长点如汽车电子、热敏打印机芯、超级电容器、电力电子器件及新型电子材料等产业；努力跟踪适合宁波市发展的关键电子元器件、关键电子材料、电子专用设备仪器、新型显示产品、智能制造装备、智能电网、网络终端设备等产业。深化“一园三基地”建设，重点推进北仑“芯港小镇”、鄞州“微电子创新产业园”建设，加快布局集成电路前湾基地、甬江科创大走廊等新兴产业区块。加快推进中芯宁波、普芮玛半导体、安集微电子等重大项目建设。推动产业、金融及资本的深入融合和协同发展。加强对集成电路专业平台的联系和指导，完善“政产学研”协同创新机制。加快谋划制定新一轮产业政策，构建和完善集成电路产业生态体系。

2. 推动光学电子产业集群高质量发展

继续推进建设余姚“智能光电小镇”、江北膜幻动力小镇。支持舜宇集团“千亿级企业”发展，推动环球广电、永新光学、群芯微电子等重点企业做大做强，加快推动元太科技电子墨水屏、群志光电 mini - LED 等项目建设。深化宁波市光学薄膜产业发展，推动光学膜产业上规模、上等级，聚焦虚拟（增强）现实（VR/AR）产业发展，推动近眼显示、感知交互、网络传输、渲染处理等关键技术实现突破。

面向新一代平板技术产业，以保税区光电产业园为基础，加大招商引资力度，提升产业环境，完善产业链。重点支持国家高新区“一区多园”专业园建设，推动专业园建设。

3. 全力做强汽车电子产业集群

积极推动宁波市汽车电子企业与整车制造企业对接合作，提升汽车电子产业协作水平。加快以集成电路、微系统为基础的汽车电子产业发展。鼓励和引导宁波市集成电路设计、制造企业以应用为导向，开发高级辅助驾驶系统（ADAS)、车载信息娱乐系统（IVI）等车用芯片；促进宁波市电子传统优势企业为汽车整车及汽车电子企业配套供货。

4. 系统推进数字经济与电子信息产业集群融合发展

结合宁波发展特点，围绕人工智能、高端软件、集成电路、5G、虚拟现实等重点领域建设数字化产业基地，积极布局高端产业和重大项目，着力培育数字经济新兴产业。加大具有国际竞争力强的数字经济重点企业培育力度，全力开展与华为公司的战略合作，加速鲲鹏产业生态园建设进度；加快舜宇集团、均胜电子、东方日升、公牛集团等宁波市电子信息企业发展壮大，在资金补助、项目用地、能耗指标、人才引进等方面给予重点支持，做大做强宁波市数字经济产业，并将数字产业积极应用到电子信息产业集群。

（五）强化人才队伍建设

努力完善引智环境，建立柔性引智政策，启动“海外工程师”计划，逐步完善人才集聚的良性机制。重点面向新一代平板显示、集成电路设计与制造、新型仪器仪表和汽车家电等行业引进一批高层次技术人才，新建一批企业、高校和科研机构创新团队。同时，加大专业技术培训力度，建立一批专业技术培训中心，形成人才队伍的合理层次结构和良性发展机制。围绕信息技术产业集群发展的各类人才需求，加大引进和培训企业经营管理人才和技能型人才的力度，提供人才保障。

集聚一批专业技术领军型人才，依托骨干企业、产业基地、重大科研或工程项目，重点引进集成电路、物联网、人工智能、VR/AR、5G等领域领军人才和创新团队。进一步加强高校集成电路设计、工艺、封测、材料、设备和软件等相关专业建设；鼓励有条件的高校与电子信息企业合作，加快推进示范性电子信息学院建设。加强宁波市集成电路产业（微电子）人才培养基地建设，重点开展应用型和专业研发多层次人才的培养、兼职教师队伍建设、集成电路相关企业的岗位专业技能培训，进一步发挥微电子人才培养产教联盟、人才培养实习实训基地作用，深入开展校企合作，进一步扩大集成电路人才培养规模。

（六）创设和完善有利于集群的机制和政策

在市场主导方面：一是充分发挥民间资本的作用，建立有利于信息技术产业集群发展的投融资体制；二是进一步推进行业协会建设，充分发挥行业协会作为政府与企业的桥梁纽带作用；三是积极引进和培育法律、会计、仲裁、信息咨询等方面的中介服务机构，为产业集群提供社会化、专业化和规范化服务；四是充分发挥企业的市场主体作用，主动瞄准全球新兴产业发展的最前沿，大胆高端切入战略性新兴产业发展领域，积极抢占未来产业发展和竞争制高点。

在政府引导方面：一是加强规划导向，结合区域实际和集群规律，加快编制和细化液晶光电、智能电网等产业集群发展规划并使之与土地利用总体规划等相衔接；制定相关产业集群发展指导意见，提出针对性强的推进措施和政策。二是加大政策扶持，进一步制定和落实有利于产业集群发展的财政、税收、土地、技改、项目审批等优惠政策，加大对各类技术中心、技术创新服务平台和产学研重大项目的财政扶持力度，研究设立创业投资引导基金，加大对种子期、发育期科技成果创新转化的支持。三是加强融资服务平台和中小企业信用与担保体系建设，改善创新型企业融资环境；建设行业信息交流、传输和发布平台，为企业提供生产资料、产品咨询、人才流动、市场行情等信息服务和信息咨询。

（七）搭建公共平台建设

面向新一代平板显示、集成电路设计与制造、新型仪器仪表、行业应用电子等产业的关键技术研发，建立液晶光电、集成电路等行业创新平台，以企业为主建立 LED 产品检测平台、水计量检测平台、集成电路设计平台等。同时，在新一代平板显示等重点领域推动由政府搭台企业参与建立协同创新中心（或创新研究院），鼓励产学研合作，共建一批省市企业技术研发中心、重点实验室。争取国家级企业技术工程中心实现零的突破。着力培育一批服务于信息技术产业发展的重大公共服务平台。具体包括加强现代物流平台建设，针对产业集群原料及商品配送形成功能设施完备、空间布局合理的综合性物流网络，提升供应链的竞争能力；加强技术创新平台建设，构建产业集群企业技术创新体系，建设行业共性技术和关键技术研发中心、服务中心和产品检验检测中心。

（八）加强增量引培以构建开放协同生态

1. 加快高端项目招引落地

建设专业招商平台，围绕重点招商区域，编制集成电路、光学电子等重点产业链招商地图，瞄准日本、韩国、新加坡，以及江苏省、广东省、上海市等国际国内先进地区，建立与世界500强企业、行业龙头企业、中央企业、独角兽企业、知名中介机构等高层联系渠道，分类制定招引方案。重点引进国内外领军企业、创新机构、创新人才等，储备一批重大项目。支持余姚市、北仑区、杭州湾新区等产业集聚度高的重点区域定期举办各类招商对接活动，鼓励外商投资企业参与电子行业重点园区的区中园、一区多园等建设运营，加快形成一批以外资为主体的国际合作产业园。

2. 统筹推进重大项目建设

按照“竣工投产一批、在建一批、计划新开工一批、谋划储备一批”要求，加速建立电子信息产业项目库，对项目实施分类管理，密切跟进项目建设投产管理指标，加强项目推进工作服务前置，预先防范项目风险，加速优质新项目良性循环。优化项目协调推进机制，充分发挥各政府部门职能作用，对事关全市产业发展全局的高质量项目给予重点支持，推动各要素资源向项目聚集，在合法合规的前提下给予倾斜，形成协同推进项目建设进度的态势。严格落实技改、科技、人才等财政政策对于重大项目的投入，切实加强项目建设资金保障；优化产业用地、用能供应机制、保障重大产业项目资源要素需求，建立重大项目建设“快速通道”。

3. 深入开展国内外交流合作

聚焦5G、人工智能、物联网、集成电路、虚拟现实、车联网等高端前沿领域，加强与上海、南京、杭州等长三角重点城市产业合作，积极承接上海国际化创新要素，主动对接南京、杭州等特色创新资源，注重推动资源共享、互利共赢，形成电子信息制造领域长三角一体化发展格局。支持市内企业与国内外高端科研院所、优势企业加强对接合作，开展国际学术交流合作，促进协同创新和集成创新。引导市内企业加强国际产能合作，主动走出去参与国际竞争，逐步实现从产品输出到品牌输出、标准输出。

第二节
宁波汽车产业集群发展现状

宁波汽车产业集群目前主要分布在杭州湾地区，是从零部件开始起步的，已有近30年的发展历史。宁波市是全国重要的汽车零部件生产基地，凭借吉利、上汽大众等整车企业带动作用和汽车零部件产品齐全的先发优势，汽车产业成为全市第一大产业，整车产销占浙江省汽车产业的一半以上，列入国家先进制造业集群培育名单。其中，零部件涉及企业比较多，现在宁波地区总共有5000多家企业。根据《宁波市汽车产业集群发展规划（2019—2025年）》，宁波将坚持以创新驱动、协同协作、包容共享、组织变革为原则，推动汽车产业集群智能化、融合化、开放化、网络化发展。将聚焦整车制造规模化、汽车零部件高端化、汽车后市场专业化三大主攻方向，争取到2025年汽车产业规模达到万亿元，整车企业的本地供应商配套占比达60%。形成3个全球汽车整车品牌和20个世界百强汽车零部件品牌企业，及汽车动力、底盘、车身、电气电控等4个零部件集群，形成整车制造规模化、汽车零部件高端化、汽车后市场专业化的发展格局。智能网联汽车研发达到L4以上水平，建成集新能源汽车技术、5G通信、人工智能、大数据等协同创新生态体系，形成竞争性企业相互合作、集群创新迸发、组织高度结网、集群与城市共生的国际知名汽车产业集群。将落实集聚创新资源、做强企业梯队、加快重大项目建设、提升标准质量品牌、建设配套基础设施、建立集群网络化组织等六大任务，实施组织保障、政策支持、要素保障和优化环境等四大保障措施，助推产业迈向万亿级。近年来，宁波市深入贯彻落实国家制造强国战略，深入实施“246”万千亿级产业集群培育工程，着力推进汽车产业集群建设，取得了一定成效。

一、宁波汽车产业集群发展概况

（一）全国汽车产业基本情况

中国汽车行业在2018年出现了28年来首次负增长，全年我国汽车产销分别完成2780.9万辆和2808.1万辆，同比分别下降4.2%和2.8%（见图6-1）。其中，新能源汽车产销分别完成127.05万辆和125.62万辆，比上年同期分别增长47.85%和50.83%。尽管2018年汽车产销同比呈负增速态势，但全年产销总量仍然连续第10年居世界第一。[①] 2018年汽车制造业规模以上企业主营业务收入80484.6亿元，同比增长2.9%；出口交货值达到3595.1亿元，比上期同期增长15.8%；实现利润总额

① 中国汽车工业协会公布的统计数据。

6091.3 亿元，同比下降 1.3%。①

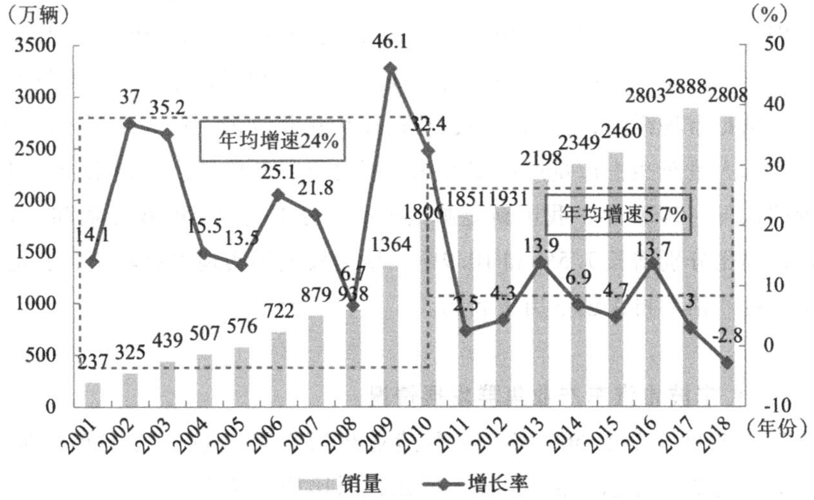

图 6-1　2001—2018 年中国汽车销量及增长率

2019 年我国汽车产销分别完成 2572.1 万辆和 2576.9 万辆，同比分别下降 7.5% 和 8.2%。其中，新能源汽车产销分别完成 124.2 万辆和 120.6 万辆，同比下降 2.3% 和 4%。2019 年全国汽车制造业规模以上企业营业收入 80846.7 亿元，同比下降 1.8%；实现利润总额 5086.8 亿元，同比下降 15.9%。

2020 年我国汽车行业全年产销增速稳中略降，基本消除疫情的影响，汽车行业总体表现出强大的发展韧性和内生动力。根据中国汽车工业协会公布的数据，2020 年全年，我国汽车产销分别完成 2522.5 万辆和 2531.1 万辆，同比分别下降 2% 和 1.9%，降幅比上年收窄 5.5% 和 6.3%，② 车市规模继续蝉联全球第一。其中，乘用车产销分别完成 1999.4 万辆和 2017.8 万辆，同比分别下降 6.5% 和 6%，降幅比上年分别收窄 2.7% 和 3.6%；乘用车产销占汽车产销比重达到 79.3% 和 79.7%，分别较上年降低 3.7% 和 3.5%。而受到国Ⅲ汽车淘汰、治超加严以及基建投资等因素的拉动，商用车全年产销呈现大幅增长。数据显示，2020 年商用车产销分别完成 523.1 万辆和 513.3 万辆，首次突破 500 万辆，创下历史新高；

① 国家统计局公布的统计数据。

② 中国汽车工业协会公布的统计数据。

商用车产销同比分别增长20.0%和18.7%，产量增幅比上年提高18.1%，年度销量增速实现由负转正。其中货车是支撑商用车增长的主要车型，产销分别完成477.8万辆和468.5万辆，同比分别增长22.9%和21.7%。随着新能源汽车产业链各个环节逐步成熟，丰富和多元化的新能源汽车产品不断满足市场需求，使用环境也在逐步优化和改进。在一系列推广措施的刺激和大量车型上市量产的多元化选择之下，新能源汽车越来越受到消费者的认可。2020年，我国新能源汽车产销分别完成136.6万辆和136.7万辆，同比分别增长7.5%和10.9%，增速较上年实现由负转正，新能源汽车年度产销量再次创下历史新高。

（二）宁波市汽车产业集群发展情况

2018年度，全市660家汽车制造业规模以上企业（比上年增加65家）累计完成工业总产值2498.8亿元，同比增长7.7%（增长率比上年下降13.5个百分点），总产值占全市规模以上工业比重14.8%（与上年持平），占全省汽车制造业规模以上总产值48.1%（比上年增长0.5个百分点）；增加值581.4亿元，同比增长11.6%，产值与增加值规模仍居全市35个大类行业首位。受经济下行影响，企业效益下滑明显，全年累计实现利税429.9亿元，同比负增长0.46%，其中实现利润316.7亿元，同比增长0.92%。全市汽车整车企业和配套企业以11.6%的工业增加值增速有力缓解了全市规模以上工业的下行压力。

2019年，全市汽车制造业规模以上企业711家，比上年增加51家；全市汽车制造业规模以上企业完成工业总产值2516.5亿元，同比增加4.5%，增速比全市规模以上工业低2.9个百分点。2019年，全市汽车制造业增加值646.9亿元，同比增长11.3%。自2020年6月份以来，宁波市汽车制造业产值、增加值降幅逐月收窄。按“246”统计口径，全市汽车产业规模以上企业完成总产值2783.5亿元，同比下降0.2%。2019年全市汽车制造业亏损企业131家，同比增长26%，亏损面为18.4%，但比2019年上半年下降了5个百分点。规模以上企业实现利税总额416.9亿元，同比下降3.1%，比1—6月降幅收窄了11个百分点，其中实现利润总额315.4亿元，同比下降0.5%，比1—6月降幅收窄了12.8个百分点，增速比全国高15.4个百分点。按“246”统计口径，汽车产业实现利润326.2亿元，同比下降1%，实现利税432.5亿元，同比下降3.5%。

完成出口交货值198亿元，同比增长22.8%；完成增加值675.1亿元，同比增长2.8%。2019年汽车制造业完成出口交货值171.8亿元，同比增长7%，比1—6月下降了1.5个百分点，但高于规模以上工业出口交货值增速3.1个百分点。

2020年汽车制造业规模以上企业工业总产值达到2556亿元，同比增长0.4%，增速高于全市规模以上工业0.5个百分点，总产值是“十二五”末的1.76倍，年均增速为11.9%，由原来的第三大行业一跃成全市第一大行业，占全省比重由“十二五”末的39.5%上升到49.6%，成为浙江省汽车产业发展的重要引领区和创新高地。2020年汽车制造业规模以上企业实现利润总额459亿元，增速比全国高40.7个百分点，总量是2015年的3.5倍，产值利润率由2015年的9%提高到2020年的18%，高于全国平均水平12个百分点（主要经济指标详见表6－1）。

表6－1　宁波市汽车产业集群主要经济指标　单位：亿元

指标	2020年	增速（%）	2019年	增速（%）	2018年	增速（%）	2017年	增速（%）
规模以上企业数量（家）	989	39.1	711	7.73	660	10.9	595	10.8
工业总产值	2556	0.4	2516.5	4.5	2498.8	7.7	2355.9	21.2
主营业务收入	2824.1	3.4	2589.2	7.52	2408.1	6.54	2260.3	19.58
工业增加值	724.5	6	646.9	11.3	581.4	11.6	493.5	18.3
出口交货值	182.4	6.17	171.8	7	160.7	12.5	146.1	7.4
新产品产值	1703.7	4.23	1634.5	8.79	1502.4	6.4	1433.7	21.25
资产总计	3024.5	2.83	2941.3	2.71	2863.8	23.8	2245.3	37.15
利润总额	459	10.1	416.9	-3.1	429.9	-0.46	432.4	48.48
利税总额	470.3	43.3	315.4	-0.5	316.7	0.92	314.2	55.03

二、宁波汽车产业集群发展特点

（一）企业主体蓬勃发展

“十三五”期间，汽车制造业企业主体不断发展，到2020年，汽车产业链关联企业超过5000家，规模以上企业989家，比“十二五”末增加了507家，其中产值亿元以上企业逾300家。拥有国家级单项冠军企业9家、国家专精特新“小巨人”企业14家、上市企业16家。华翔、圣龙、韵升、均胜、吉利、继峰等龙头企业开展多起国际并购，通过资本市场实现“走出去”发展，不仅延伸了产业链，拓展了国际市场，而且实现了价值链向高端的跨越，促进宁波本地主导产业与国外分支机构在产业链、创新链上的深入合作，使宁波汽车制造企业在产品梯度、品牌影响、市场渠道、研发创新、管理模式等方面形成优势。

（二）汽车制造业集聚程度不断提高

“十三五”期间，宁波汽车产业集群效应突出，已形成了以杭州湾、北仑为核心的整车生产基地，以鄞州、宁海、象山、余慈等为核心的高端零部件发展区块，整体上形成沿海、沿湾产业集群发展格局。杭州湾“万亩千亿”大平台品牌效应突出，吉利汽车总部、Smart全球总部均已落户于此。2018年，宁波杭州湾新区汽车产业实现产值1001.6亿元，同比增长13%，占宁波汽车产业产值40%，占浙江省汽车产业产值近1/5，已被工业和信息化部认定为国家新型工业化产业示范基地。宁波南部滨海新区智能汽车小镇、杭州湾新区汽车智创小镇列入浙江省级特色小镇创建名单，鄞州区现代电车小镇、北仑春晓国际汽车小镇列入市级创建名单。2020年，杭州湾新区汽车产业实现产值1001.6亿元，同比增长13%，占宁波汽车产业产值近40%、浙江全省汽车产业产值近1/5，已被国家工信部认定为国家新型工业化产业（汽车）示范基地。依托各产业园、经济开发区、集聚区的空间载体，实现产业联动发展，园区特色化专业化发展成效明显，培育形成了宁波南部滨海新区智能汽车小镇、杭州湾新区汽车智创小镇的省级特色小镇，鄞州区现代电车小镇、北仑春晓国际汽车小镇的市级特色小镇。

（三）集群创新能力不断提升

“十三五”期间，吉利汽车研究院、国家电投宁波氢能研究院等一批高能级行业产业技术研究机构相继落地，建成了省内唯一的汽车专业学院——宁波工程学院杭州湾汽车学院，吉利—沃尔沃中国设计及试验中心正式投用，国家级汽车检测机构（中国汽车技术研究中心）在宁波建立了三大检测中心，建有浙江省电驱动创新中心等行业创新载体7个。企业自主创新加快发展，拥有国家企业技术中心7家、国家地方联合研究中心1家、省工程研究中心2家、省级企业技术研究院27家、院士工作站9

家。帅特龙、拓普、圣龙等26家企业拥有省级企业技术中心，具备完善的试验、检测条件，逐渐形成自主创新体系。2018年，汽车制造业规模以上企业完成新产品产值1502.4亿元，同比增长6.4%；完成科技活动经费支出46.65亿元，同比增长28.6%。2020年，研发经费投入64.2亿元，研发经费占营业收入比重为2.43%。

（四）整车产量逆势正增长

以吉利、上汽大众、中车、凯福莱为代表的14家企业从事各类整车的生产和销售（其中7家已投产新能源汽车车型），车型包括乘用车、客车和专用车，动力包括燃油、纯电动、混合动力。浙江吉利、上汽大众是宁波市汽车生产企业的主力，产值占全部整车企业产值的98%以上。2018年全年，汽车企业产销量80.27万辆，实现工业产值906.94亿元，分别同比增长6.57%和9.63%.12家企业产值占全市汽车制造业产值份额的1/3强，产能利用率70.6%。其中，乘用车产品以上汽大众宁波分公司和浙江吉利汽车有限公司的轿车为主，占全市整车产销量、产值的99%左右；商用车产品以宁波比亚迪汽车有限公司、浙江中车电车有限公司、宁波凯福莱特种汽车有限公司、浙江宝成机械科技有限公司等企业的客车、特种车、改装车为主。全市7家新能源汽车生产企业产销量超过2.8万辆，产值55.0亿元，同比增长分别为67.1%和40.3%。

2019年全市实现汽车整车产量85万辆，同比增长5.9%，高于全国乘用车增速15.1个百分点，产量占全国乘用车总量的4%，实现产值889.4亿元，占全市汽车制造业产值份额的1/3，同比增长-1.9%。其中2019年新能源汽车产量3215辆，同比增长36.3%，推广应用新能源汽车11214辆，折合标准车19618辆，完成省目标222.9%，全市已累计推广新能源车40315辆。截至2020年，整车制造企业产能达到183万辆，是“十二五”末的3.9倍，实现汽车整车产量76.1万辆（其中新能源汽车0.26万辆），是“十二五”末的1.5倍，产量占全国乘用车比重由2.4%提高到3.8%。

（五）零部件行业知名度不断攀升

宁波汽车零部件产品涵盖汽车动力、底盘、车身、电气设备全部四大类，涉及汽车各大总成及零部件。以均胜、吉利、华翔、圣龙、帅特龙、敏实、高发等为代表的汽车零部件规模以上企业达到654家，2018年实现工业产值达1591.9亿元，奠定了宁波汽车零部件的全国地位。根据对32家汽车制造业骨干企业监测，2019年实现工业总产值893.1亿元，占规模以上汽车制造业总产值的35.5%，增速同比增长8.5%，其中有17家企业累计增速为正增长，13家企业累计增速为负增长，共拉低全市汽车制造业增速2.2个百分点。发动机零部件、内外饰、底盘件、橡胶件、金属件五类零部件产值居前；凸轮轴、进排气管、发动机油泵、减震器、塑料件等产品国内市场占有率第一；方向盘控制器、门把手、接头、开关、装饰条等产品国内市场份额处于领先地位，成为引领浙江汽车产业高质量发展的排头兵，行业知名度不断攀升。

综合来看，宁波汽车零部件涵盖燃油汽车动力总成、新能源汽车“三电”、汽车底盘、车身、电器仪表等全品类，在全国具有突出的竞争优势。均胜集团跻身全球汽车零部件供应商百强榜，华翔、双林、拓普、继峰、爱柯迪等7家企业进入国内汽车零部件企业百强榜，延峰、敏实、中信戴卡等15家全球汽车零部件百强企业在宁波落户。

（六）重大项目有序推进

2020年全市10亿元以上工业投资项目中涉及汽车制造业类项目有25个，目前有5个项目已竣工，17个项目正在施工，3个项目还在前期。其中的6个百亿元项目中，吉利汽车杭州湾新区DMA项目、吉利汽车余姚整车项目已竣工试生产，但受汽车消费市场影响，产能尚无释放；吉利汽车梅山整车项目、吉利汽车杭州湾PMA项目正在主体建设；敏实汽车研发中心及后续项目中汽车研发中心项目正在进行主体建设；容百科技动力锂电材料综合基地正在土建施工。

三、宁波汽车产业集群推进路径

未来宁波将紧抓我国由汽车大国向汽车强国转变的历史机遇，加快构建以国内大循环为主体、国内国际双循环相互促进的汽车产业发展新格局，以民族品牌为旗帜，以创新驱动、协同发展、包容共享、组织变革为驱动力，推动整车制造新提升，加快关键零部件新突破，构建专业服务新生态，打造具有国际影响力的国家汽车产业先进制造业集群。至2025年，产业集群实力进一步增强，产业生态全面构建，产业规模达到万亿级，打造成为竞争性企业相互合作、集群创新迸发、组织高度结网、集群与城市共生的国际知名汽车产业集群，跻身全球汽车产业集群第一方阵，成为我国迈入世界汽车强国之列的一张名片。

（一）多管齐下，形成合力提升汽车集群竞争力

要坚定信心，以新发展理念为指引，以高质量发展为目标，研究制定促进汽车产业集群高质量发展的扶持政策，从重大项目和技术引进、关键零部件产业化、创新平台建设、新能源汽车推广等方面给予重点支持。要加快产业的调整、产品结构的调整、市场结构的调整、经营理念的调整。要在市场环境日趋恶劣、同业竞争愈演愈烈的背景下，苦练内功，向精益管理要效益。要强化人才对创新的支撑作用，用企业文化留住人才、吸引人才。

要深化实施人工智能、工业互联网、智能网联汽车等产业创新工程，加快一批战新重大项目落地，增强宁波市汽车工业技术创新能力。实施工业强基工程，聚焦“补短板、强链补链、一条龙”项目，突破产业技术“卡脖子”瓶颈；建立突破“卡脖子”核心技术和产品清单。推动互联网、大数据、人工智能和汽车工业深度融合，设立人工智能产业投资基金，培育壮大宁波汽车工业优势集群。此外，要在宁波搭建整车企业和零部件企业交流平台，举办汽车商贸活动、主题论坛、招商推介等专题活动，为企业建立非正式合作关系提供便利。积极协调整车厂、零部件厂与政府等外界环境的关系，提高组织效率，发挥整车和零部件厂商各自的优势，提高宁波汽车供应链的整体竞争力。

（二）集聚创新资源，推动高能级发展

1. 实施创新载体建设工程

完善以企业为主体、市场为导向、产学研用相结合的汽车产业创新体系，支持各类主体合力攻克关键核心技术。鼓励企业开展自主创新、协同创新、合作创新，发展一批国家和省级企业技术中心、重点实验室、工程研究中心、企业研究院和博士后工作站等创新载体。支持企业开展重大装备产品和技术工程化攻关，攻克一批“卡脖子”关键核心技术，并转化为首台（套）装备。加强与高等院校、科研机构、创新团队等合作，发挥中科院宁波材料技术与工程研究所、宁波市智能制造技术研究院等在汽

车智能制造、高性能电机驱动系统、电力电子技术研究等方面的引领作用，推进建设电驱动创新中心。充分发挥宁波汽车检测中心、中国检验认证集团宁波有限公司在研发检测、标准认定等方面的作用，会同企业加强对新能源领域的标准制定，进一步完善检测能力、扩大检测范围，谋划组建汽车电子检测中心等公共服务平台。到2025年，骨干企业研发经费投入占主营业务收入比例力争达到2.8%以上。

2. 实施关键共性技术攻关工程

着重从新能源汽车、智能网联汽车、节能汽车以及核心零部件等四个方面，构建产业技术路线图。深入实施重大科技专项，以重大项目为引领，依托创新平台，联合多企业主体协同攻关整车及零部件系统集成、动力总成、底盘、储能、电驱动、电子控制、汽车轻量化等关键共性技术。围绕汽车生产制造环节以及智能驾驶等应用环节需求，鼓励本地整车、零部件企业与国内软件龙头企业组成行业联盟，开展联合攻关，谋划创建汽车软件创新中心。

3. 实施创新人才引培工程

面向汽车产业集聚发展需求，广泛对接海内外高层次人才，引导人才申报甬江引才工程等国家、省、市引才工程，依托企业海外实验室、技术中心等引进海外工程师。举办“双峰会”汽车人才专场活动，重点引进汽车行业领军人才、复合型人才、紧缺人才、高技能人才和高端创业创新团队，构建和完善汽车行业各类人才数据库。加强与国内外开设汽车相关专业的高等院校和龙头企业对接，争取在宁波建设汽车特色学院和支持与本地高校合作共建汽车学院。按照汽车产业发展需要对接宁波工程学院汽车学院等特色学院，支持高校科学设置汽车相关专业课程，大力培养符合产业发展需求的复合型人才。

（三）推进整车制造新提升

1. 集中攻关纯电动汽车，抢占新兴市场

重点开发B级、C级轿车车型以及中型、中大型SUV，重点发展可应用于城市家庭用车、出租车和公务车领域的纯电动乘用车。大力发展新一代高性能、大运量充换电式纯电动新能源客车，以及适应中长线路运营的插电式混合动力客车。积极引进适合本地港口、物流等领域应用的新能源集卡项目，推进有条件自动驾驶级别以上纯电动或燃料电池集卡由示范应用转向规模化应用。以环卫、物流等应用市场为重点，着力发展以城市配送为主的短途物流车以及安全性能好、载重能力强的环卫用纯电动市政工程车，鼓励发展物联网生物制品冷藏车等信息化专用车产品。开发整车平台化开发技术，实现整车系列化开发及核心零部件模块化配套。加大新型整车轻量化技术和整车安全、振动噪声、寿命等性能控制技术的研究。

2. 加快发展智能网联汽车，构建产业生态

重点加大对具有高级辅助驾驶、自动驾驶和 C－V2X 网联功能的整车研发与生产，加快有条件自动驾驶汽车开发生产和示范应用，提高智能网联新车装备率。重点支持智能驾驶座舱、雷达探测、机器视觉、车辆姿态感知、车载光学、执行系统、安全解决方案等关键核心部件，攻关开发复杂环境融合感知、智能网联决策与控制、信息物理系统架构设计等关键技术，突破车载智能计算平台、高精度地图与定位、车辆与车外其他设备间的无线通信（V2X）、线控执行系统等核心技术和产品。开展以 LTE－V2X 和 5G－V2X 为代表的 C－V2X 无线通信关键技术研发，加快建立车车/车路/车人协同体系。主动布局触屏技术、全液晶仪表、抬头显示、车载信息娱乐、人机交互、ADAS 功能镜头、车载激光摄像头、车载摄像头模组、ADB 矩阵式大灯等智能驾驶关键零部件，研发融合视觉惯导技术与卫星定位等主被动一体的高精度定位和精确导航系统以及自动驾驶和人机共驾的控制系统、刹车系统、转向系统、安全系统等执行控制零部件。推动智能网联大数据与云平台规模化应用技术研发。

（四）构建专业服务新生态

1. 提升汽车后市场专业服务

推动汽车企业从以产品为中心到以客户为中心发展，由提供产品向提供整体解决方案转变。鼓励汽车企业整合物流资源，重点围绕与汽车制造相关的原材料运输、零部件配套、汽车销售、后服务等领域，以业务外包、委托运营、联合组建独立运营物流公司等形式，提升汽车第三方物流服务能力。加快发展供应链集采平台、供应链金融服务，发展汽车及汽配批发和零售市场、维修保养、二手车交易、汽车租赁、汽车保险、汽车金融、汽车美容等专业服务市场。规范汽配市场，打击供应链假冒伪劣产品，推行售后配件标准化。加快发展报废汽车回收、拆解、再制造以及新能源汽车动力电池的回收利用等专业机构，加强汽车全生命周期管理，提

升专业化服务水平。

2. 壮大汽车产业相关技术服务业

建立健全新能源汽车检验检测、标准制定、专利信息等公共服务，进一步完善检测能力、扩大检测范围，重点在汽车主被动安全、节能环保、新能源、智能网联等领域，增强对汽车整车、底盘、发动机、灯具、车身附件、汽车电器、动力电池、驱动电机等全系列产品试验检验能力。支持企业提高产品质量在线监测、在线控制和产品全生命周期质量追溯能力。加快培育知识产权、检测认证、技能培训、技术转化与交易等中介服务机构，打造一站式“中介超市”。依托中国（宁波）知识产权保护中心，不断优化提升汽车及零部件产业专利申请“快速通道”。引导制造企业通过购买工业设计服务，鼓励引进国内外优秀汽车设计人才和团队，以购买、租用、共建等方式与国内外顶尖汽车工业设计工作室进行合作，提高汽车设计能力和水平，重点推进人机交互界面设计，积极探索MR混合现实技术在汽车内饰设计中的应用，将现实场景与虚拟环境进行结合，不断提高设计人性化水平。

3. 丰富汽车产业服务业态

鼓励创新智能乘车出行和服务模式，推动汽车企业向生产服务型转变。推进“互联网+充电基础设施”，鼓励建设统一的充电基础设施公共信息智能服务平台，鼓励依托智能服务平台的充电导航、状态查询、充电预约、费用结算等服务发展。支持企业开展充电设施运营模式创新，提升运行维护和充电服务专业化水平。鼓励第三方机构开展换电模式的示范运行。打造集汽车博览、信息交流、品牌展销、科普娱乐、汽车文化宣传五大功能于一体的汽车工业综合体，实现传播汽车文化、沟通汽车信息、体验汽车科技、享受汽车乐趣，打造人、车、环境和谐统一的氛围。依托本地和长三角其他汽车集群文化资源，打造城市汽车工业文化标签，丰富汽车产业在城市设计、文化宣传等的形式，形成浓厚的汽车产业发展氛围。

4. 优化沟通机制，提升整零协同水平

一方面，开展整零协同情况调研，研究制定推进整零协同的发展措施，搭建整车与零部件企业信息交流平台，打造整车与零部件、零部件集成供应商与次级供应商之间的协同配套体系，实现供需双方信息互通、互动交流。建立整车与零部件协同创新激励机制，围绕汽车产业链关键领域，支持整车企业与本市汽车零部件企业在研发、采购等层面的深度合作。探索通过第三方金融机构的撬动作用，对整零协同开展金融产品创新，提前给予零部件企业融资支持。同时，要推动汽车行业与新一代信息技术领域的融合，加快智能化、数字化技术在企业研发设计、生产制造等关键环节的深度融合。另一方面，积极协调整车厂、零部件厂与政府等外界环境的关系，提高组织效率，发挥整车和零部件厂商各自的优势，提高整个供应链的整体竞争力。

（五）做强企业梯队，推动竞合性发展

1. 打造“企业航母编队”

深入实施领军企业培育系列工程，实施“一企一案”动态精准培育一批“大优强”企业，鼓励企业发挥龙头引领作用，建设特色型专业园区，提高产业配套率，完善产业链生态。推进企业多渠道上市发展，抢抓全面实行股票发行注册制机遇，实施“凤凰行动”宁波计划 2.0 版，加快推动企业对接多层次资本市场。围绕四条特色产业链，鼓励企业专注行业细分领域、深耕细作，形成一批竞争优势明显的单项冠军、隐形冠军、专精特新“小巨人”企业。到 2025 年，力争千亿级企业达到 3 家，国家级单项冠军企业达到 18 家以上，专精特新“小巨人”企业达到 100 家以上，上市企业达到 25 家以上。

2. 打造企业间协同配套体系

搭建整车企业与零部件企业信息交流平台，实现供需双方信息互通、互动交流。建立整车企业与零部件企业协同创新激励机制，围绕汽车产业链关键领域，打通整车企业与本市汽车零部件企业的设计研发链条，实现整车企业与零部件企业的同步设计创新；打通整车企业与零部件企业的生产管理、质量控制的链条，实现整车企业与零部件企业产品质量的同步提升。支持零部件企业与全球主流车企建立合作，在同步设计、研发创新、高端配套方面结成战略合作伙伴，同时推动大企业为其配套的小企业给予技术、资金、信息、市场网络等方面的支持和合作，提高集群小企业的专业化水平和参与社会化竞争的能力。鼓励引领型企业对标国际一流企业制定发展战略，整合国内外资源，结网抱团开展国际化收购、并购、合作，培育形成千亿级企业。到 2025 年，整车企业的本地供应商配套占比达到 50% 以上。

3. 增强跨领域融合协作能力

推动汽车行业引领型企业和石油化工、新材料等行业的交流互动，挖掘共性市场需求、开展联合技术攻关、制定系统解决方案、加快新产品应用推广。推进汽车行业与新一代信息技术领域的融合，加快智能化、数字化技术在企业研发设计、生产制造、物流仓储、经营管理、售后服务等关键环节的深度应用，创新智能出行和服务模式。探索与国防军工领域的合作，加快军民技术双向转化应用，促进军民融合发展。

（六）加快重大项目建设，完善产业链布局

1. 推进重大项目建成投产

引导企业向重点领域、重点区域、重点园区集聚，推进先进产能扩产、延伸产业链。建立汽车产业链重大项目数据库，动态跟踪服务重大项目建设，定期发布汽车产业重大项目投资导向目录。推进吉利新能源汽车等一批项目加快建设，早日实现产能释放；做好已签约项目“代办式”“不见面”审批服务，促进项目尽快开工建设和建成投产。“十四五”期间，宁波市重点实施汽车产业重大项目40个，总投资超过1200亿元。

2. 招引高端品牌项目落地建设

全面梳理全市新能源汽车、智能网联汽车、节能汽车产业链企业清单，编制产业链图谱，发布汽车产业链招商指南。围绕高端品牌乘用车、高效发动机、新能源“三电”、氢燃料电池、汽车电子总成、感知系统等关键领域和关键核心技术，重点引进国内外领军企业、创新机构、创新人才，储备一批重大项目。推进建立重大项目统筹招商机制，建立汽车产业招商信息共享平台，推进市场化招商、园区招商合作，建立全球招商网络体系。鼓励优势企业“走出去”拓展国际市场，打造全球品牌生态。到2025年，宁波市拥有全球汽车整车品牌3个以上，国内外知名的汽车核心零部件品牌20个以上。

3. 加强产业链强链、补链

顺应汽车产业电动化、智能化、网联化、轻量化、共享化发展趋势，围绕电动汽车产业链、氢燃料电池汽车产业链、智能网联汽车产业链、节能汽车产业链等四条重点产业链细分领域，强化产业链关键环节，补齐产业链现有短板，延伸产业链上下游，做好产业链精准招商。

（七）扩大内需，加快新能源汽车推广应用

一是调整新能源汽车推广应用领导小组，进一步完善职能和任务分工。二是进一步完善市新能源汽车安全监测平台的功能，建立健全市新能源汽车安全监测工作小组协调议事机制，联合市交通、应急等部门做好投入全市公共服务领域运行的新能源汽车安全监测工作并及时预警。三是继续组织全市新能源汽车生产及销售企业做好中央、地方财政补贴资金的清算工作，确保对已推广应用的新能源汽车应补尽补。四是加强行业管理。组织开展汽车动力蓄电池行业规范管理和汽车、摩托车企业年度生产一致性检查，依托行业协会开展行业发展趋势分析与调研，为推进汽车行业发展提供决策参考。

第三节 宁波高端装备产业集群发展现状

装备制造是为国民经济和国防建设提供生产技术装备的先进制造业，是制造业的核心、工业发展的基础。高端装备产业，是装备制造业的高端领域，它具有知识密集、技术密集的特征，在产业链上占据重要地位，影响着制造业的整体竞争力。

高端装备是宁波重点发展的优势产业，是提升全市制造业科技水平、制造能力和综合实力的坚实支撑。宁波市高端装备产业发展起步于20世纪80年代末，至今已有30余年的发展历史。目前宁波市高端装备产业主要集中于镇海开发区、余姚开发区等地。

“十三五”期间，宁波高端装备制造业规模效益持续增长、创新动能不断增强，涌现了一批在国内外具有竞争力、影响力的装备制造业企业，有力支撑了宁波制造业高质量发展和制造强市建设。当前，“246”万千亿级产业集群建设浪潮已至，宁波将“全副武装”，以智能制造装备、专用装备、其他高端装备等3大方向的13个细分领域为发展重点，引导社会各类资源集聚，着力构建完善的高端装备制造业产业体系，冲刺制造业高质量发展。

一、宁波高端装备产业集群发展基本情况

“十三五”以来，宁波市高端装备制造业保持高速增长，对经济发展和工业转型升级的支撑作用不断增强。2018 年开始，宁波围绕“智能化改造”的市场需求，开展智能技术和装备的创新行动，重点发展智能测控、工业机器人与专用机器人、高档数控机床、智能检测与装配装备、行业专用自动化（智能化）成套装备及系统集成等 5 大细分领域。2019 年，宁波市深入贯彻落实国家制造强国战略，深入实施“246”万千亿级产业集群培育工程，扎实推进高端装备产业集群高质量发展，集群规模和企业实力不断增强，为提升全市制造业竞争力和整体经济实力提供坚实支撑。

目前，高端装备集群产值规模快速增长。按“246”产业集群统计口径，2019 年全市高端装备规模以上企业 2754 家，较 2018 年增加 233 家，实现工业总产值 4126. 2 亿元，同比增长 7. 8%；出口交货值 1221. 9 亿元，同比增长 8. 0%；规模以上企业工业增加值 936. 8 亿元，增长 9. 6%；工业总产值、出口交货值、增加值分别占全部规模以上工业的比重为 23. 3%、37. 1%、23. 5%。产值超百亿元企业 3 家，产值 50 亿—100 亿元企业 3 家，产值 10 亿—50 亿元企业 42 家。企业效益稳步增长，规模以上企业实现利税总额 422. 4 亿元，增长 13. 3%；实现利润 325. 3 亿元，增长 22. 5%；利税总额、利润总额分别占全部规模以上企业的比重为 20. 5%、25. 1%。按“246”高端装备产业集群分类统计，智能制造装备相关领域 1038 家规模以上企业实现工业总产值 1158. 9 亿元增长 7. 3%；专用装备相关领域 1053 家规模以上企业实现产值 1658. 3 亿元，同比增长 5. 8%；其他高端装备领域 661 家规模以上企业实现产值 1277. 2 亿元，增长 10. 9%，其中航空航天与轨道交通领域规模以上企业工业总产值 31. 8 亿元，增长 5. 8%。按 3511 行业分类统计，全市专用装备相关领域 532 家规模以上企业，实现工业总产值 795. 7 亿元，增长 7. 04%。

2020 年，全市共有高端装备产业集群规模以上企业 2932 家，占全部规模以上工业企业总数的 34. 9%；高端装备产业集群规模以上企业工业总产值、增加值、利润总额、利税总额、出口交货值分别为 4576. 6 亿元、1063. 7 亿元、383. 4 亿元、490. 2 亿元、1303. 8 亿元，同比增长 7. 6%、9. 2%、14. 0%、12. 2% 和 3. 4%，占全部规模以上企业比重分别为

25.6%、26.3%、24.7%、21.0%、39.1%，对全市规模以上企业工业增长贡献率达到44.8%。“十三五”期间，全市高端装备产业新增规模以上企业544家，产值增长1.47倍，年均增长8.0%。

二、宁波高端装备产业集群主要特点

（一）企业创新能力不断提升

1. 研发投入持续大幅增加

2019年全市高端装备产业集群规模以上企业研发经费支出142.1亿元，同比增长21.5%，支出额占“246”产业集群规模以上企业研发经费支出总额的47.4%，增速高于“246”产业集群8.7个百分点。2020年全市高端装备产业集群规模以上企业研发经费支出164.8亿元，同比增长11.8%，占营业收入比重达到3.53%。

2. 创新成果不断涌现

3000KN宽台面双驱四点超精密高速压力机和高速精密多工位冷镦成形成套装备通过国家数控机床与基础制造装备重大专项验收，世界最大吨位9000吨巨型智能压铸单元全球首发，1.5T全身型无液氦磁共振成像系统为世界MRI发展提供中国方案，涌现出高精密五轴数控机床、海底脐带缆、高性能密封件等一批具有国际先进水平的首台（套）装备。截至2020年，全市高端装备领域累计拥有发明专利8751件，约占全市比重50%；累计认定首台（套）产品250项，其中国内首台（套）产品36项，占全省国内首台（套）产品总数的45%。创新载体建设成效显著，先后引进建成宁波市智能制造技术研究院、机械科学研究总院南方中心等产业技术研究院建设等17家高能级产业技术研究院，成功创建宁波智能成型技术创新中心、浙江省电驱动创新中心等2家省级制造业创新中心，拥有10家国家级企业技术中心、32家省级企业技术中心、45家省级企业研究院、22家院士工作站。

3. 企业综合实力显著增强

“十三五”以来，高端装备企业综合实力显著增强，产值规模超百亿元的企业3家，[①] 50亿—100亿元的企业5家，10亿—50亿元的企业50家。全市有19家装备上市企业，其中整机装备制造企业7家。拥有13家

① 按单一独立法人企业统计。

单项冠军企业，74家国家级专精特新“小巨人”企业。海天塑机是全球最大的注塑机制造商，入围中国民营企业500强；海天精工的数控机床市场占有率位居全国前十，鑫高益和康达的放射医疗设备销量分别位居全球第5、第6位。慈星股份是全球最大智能针织装备解决供应商，其电脑横机产销量均位居全球第一，是中国智能装备领域最具代表性的企业。

（二）重大平台建设加快推进

宁波正在加快高端装备产业支撑服务平台建设，支持小港装备产业基地、临港装备产业园等专业园区以及机器人智谷小镇、航天科技城等一批装备制造业特色小镇建设，逐步提升装备产业集聚度和产业能级。近年来引进新建了西北工业大学宁波研究院、大连理工大学宁波研究院、诺丁汉大学卓越灯塔计划（宁波）创新研究院。已经引进的69家产业技术研究院中，有12家研究院重点支撑服务高端装备产业集群发展，促进产学研深度融合，推动人才、项目、资本等资源向高端装备产业集群聚集，更好地辐射、服务产业链上下游企业。新增慈兴集团1家国家级企业技术中心，宁波市高端装备领域累计拥有国家级企业技术中心9家。成功举办机器人峰会、数字经济大会、工博会宁波路演等重大会展活动，推动行业交流和产业合作。

截至目前，宁波全市谋划实施了一批重大项目。宁波云科新能源科技有限公司的新能源动力系统研发制造及应用项目、宁波创园科技发展有限公司宁波创园科技WCH－07－u7地块项目相继落地实施，项目总投资超过8亿元。东方电缆股份有限公司主导的国内首个高端海洋能源装备系统应用示范项目，在北仑郭巨全面启动，该项目总投资15.1亿元，建成投产后将实现高端海洋装备领域关键部件的国产化突破。鄞州维汇（宁波）信息科技有限公司投资10.7亿元，年产20万套智能物流装备电子集成和15000套高效现代物流集成系统装备及配套仓储物流项目开工建设，盛吉盛（宁波）智能设备有限公司投资10亿元的智能制产业基地项目进入全面实施阶段。奉化引进国科成峰科技（浙江）有限公司无人机项目，浙江瑞峰智能物联技术有限公司投资1.5亿元的智能AGV机器人、自动化分拣与仓储物流系统生产基地建设正式启动；余姚飞繁电子启动投资2亿元、年产1000万只智能感烟探测器生产项目建设，宁波华焯激光科技有限公司高端人才项目，精密塑料激光焊接设备项目落户余姚千人计划园，计划投资1亿元。慈溪市加快推进飞煌智能制造产业园、富利金年产1200台调整精密冲床等重点项目建设，总投资超过15亿元。中广核、中国船舶集团等央企主导的2个海上风电项目相继签约落户象山，计划总投资近150亿元，联手地方打造海上风电设备总装基地。

（三）强化集群规划顶层设计

一是编制产业集群发展规划。2019年印发的《宁波市高端装备产业集群发展规划（2019—2025年）》，明确了今后一段时间全市发展高端装备产业重点领域、发展目标、产业布局和主要任务。二是开展智能装备政策评估。对《宁波市人民政府关于加快发展智能装备产业的实施意见》（甬政发〔2015〕68号）政策实施效果开展评估，针对政策实施过程中存在的问题针对性提出意见建议，为进一步完善装备制造业发展政策、健全配套措施和改进管理方式等提供决策依据。三是夯实产业发展基础。着眼全市制造业发展现状特点和未来需求，印发的《宁波市关键基础件产业集群发展规划（2019—2025年）》，将关键基础件产业上升到集群化发展高度，进一步夯实全市高端装备制造产业的基础。

正是在这些顶层设计下，宁波高端装备制造业产业聚焦程度在逐步提高，高端装备产业专业园及特色小镇创建工作取得了新成效。目前已初步形成以北仑灵峰现代产业园、前湾新区智能装备产业园等为代表的一批专业园区，以及以余姚机器人智谷小镇、余姚智能光电小镇、鄞州现代电车小镇、象山航天科技小镇等为代表的一批特色小镇。北仑智能成型装备产业集群集聚了海天集团、力劲科技、澳玛特等近百家智能装备企业，以及国家智能制造装备产品质量监督检验中心（浙江）等创新服务载体，注塑机产值占全国50%以上。余姚机器人智谷小镇成为机器人产业发展核心区域，累计引进或柔性引进国家、省级高层次人才60余人，聚集了大批机器人产业链上下游研发制造企业，集聚发展的动能不断释放。

（四）产业扶持力度持续加大

宁波在全面落实支持全市高端装备产业发展的各项政策，推动各类装备制造企业做精、做大、做强。一是支持企业实施技改投资。2019年，全市高端装备领域1000万元以上技改投资项目291个，新增固定资产投资210亿元，其中113个为年度新增投资项目，新增固定资产投资82.5

亿元。5000 万元以上技改投资项目 60 个，新增固定资产投资 133.2 亿元，其中 29 个为年度新增项目，新增固定资产 67.3 亿元。二是支持首台（套）产品研发应用。2019 年，全市有 26 家企业产品被认定为省内首台（套）产品，截至目前，全市首台（套）产品累计 202 个，其中国内首台（套）产品 26 个，省内首台（套）产品 176 个。积极开展首台（套）应用保险补偿工作，鑫高益、东方电缆等 2 家企业 5 个应用项目获得国家首台（套）重大技术装备保险补偿 592.52 万元，涉及装备价值 24688.5 万元。奥崎仪表等 7 家企业的 18 台（套）装备产品获得市保险补贴 164.07 万元，推动了装备首台（套）产品的推广应用。三是支持重点优势企业发展。2019 年，力达物流设备有限公司等 4 家单位通过考核，继续获评市智能装备重点优势企业，新认定宁波摩科机器人等 10 家市智能装备重点优势企业，宁波澳玛特等重点优势企业获得 130 万元"工业四基"产品示范应用补助。

三、宁波高端装备产业集群推进措施

未来几年，宁波市将全面贯彻落实《宁波市高端装备产业集群发展规划（2019—2025 年）》，着力加快高端装备产业集群、重大技术装备产业链和行业龙头企业培育，集聚优势资源推进高端装备制造业高质量发展。到 2025 年，高端装备制造业规模效益、自主创新、企业实力和集聚发展的水平进一步提升，高端装备制造业产业结构更加优化，区域布局更趋合理，在全球产业分工和价值链中的地位进一步提高。

（一）优化布局并充分发挥各集群优势

（1）海曙区：依托宁波临空经济示范区发展大飞机核心基础部件制造和航空服务；依托智能制造产业园发展智能制造装备；依托望春工业园发展检验检测装备。

（2）江北区：依托投资创业中心发展智能电网装备。

（3）镇海区：依托甬江科创大走廊重点发展检验检测、研发设计等生产性服务业；依托集成电路产业园发展新一代信息技术装备。

（4）北仑区：依托小港装备产业园、大碶高端汽配模具园区等产业园，重点发展高档数控机床、智能塑料成型装备等智能装备。

（5）鄞州区：依托现代电车小镇发展先进轨道交通装备；依托宁波

国家高新区发展集成电路制造装备、智能制造核心信息装备等新一代信息技术装备；依托鄞州经济开发区发展现代与仓储装备。

（6）余姚市：依托余姚机器人智谷小镇发展机器人；依托智能光电小镇发展检验检测装备。

（7）慈溪市：依托慈溪滨海新区发展氢能制造装备；依托前湾新区发展通用航空装备；依托高端装备产业园发展自动化成套装备。

（8）宁海县：依托宁波南部滨海新区航空产业园发展大飞机核心基础部件。

（9）象山县：依托象山临港装备产业园发展风电装备及关键部件；依托象保合作区航天科技智慧城发展航天装备；依托象山临港装备产业园、鹤浦船舶基地发展高技术船舶与海洋工程装备。

（二）着力培育标志性产业链

智能装备的研发和应用，离不开科技创新的驱动。依托大平台，聚焦“建链、延链、补链、强链”，宁波计划从打造“原材料—关键基础件—核心配件—高端装备研发、设计—高端装备制造—高端装备检验检测—高端装备售后及增值服务”的完整产业生态链入手，形成整机集成企业与配套企业建立上下游互融共生、利益共享的协同发展格局，提升高端装备全产业链核心竞争力。

着眼提高高端装备细分领域的产业发展能级和竞争力水平，围绕机器人、数控机床领域，着力打造 2 条国内领先、国际有影响力的标志性产业链。研究编制产业链培育方案和专项支持政策，形成产业链、创新链、人才链、政策链协同的产业生态，促进上下游企业良性互动、形成合力，推动相关领域企业高质量发展。

大力推动高端装备制造业创新中心、国家重点实验室、产业链上下游企业共同体、检测认证中心、产业创新服务综合体等共性技术平台建设。在航空航天、高档数控机床、机器人等领域谋划创建制造业创新中心等创新载体。推动创新载体开展行业基础和共性关键技术研发、成果产业化、人才培训服务。积极争取大型装备央企在宁波布局国家实验室、国家重点实验室、国家工程研究中心或分支机构。到 2025 年，累计建成省级以上装备制造业创新中心 3 家。

近段时间，宁波将继续加速引进高能级大院大所，集聚海内外高端人才，高端装备制造领域的科研力量持续增强。此后，宁波市将组织动员企业、科研院所、高校等加大研发投入力度、协同创新，加快促进新产品、新技术产业化应用，同时依托龙头骨干企业和科研院所等创新资源，围绕重点领域，每年动态组织开展一批关键核心技术攻关。诸如工业机器人与专用机器人领域，开展协作式智能移动双臂作业机器人研究，开发下一代人机协作智能移动机器人；航空航天装备领域，开展国产大飞机航空起动发电机系统研究，构建航空起动发电机系统关键设计技术体系。优势企业、科研院所、高等院校发挥各自优势，瞄准行业关键技术，加大科研攻关力度，有望进一步丰富宁波市高端装备产业技术储备，为制造业高质量发展插上腾飞的翅膀。

（三）大力支持关键技术攻关

1. 加强核心关键技术突破

针对重点工程和重大技术装备关键技术及产品急需的重点领域，支持企业与宁波大学、甬江实验室、宁波市智能制造产业研究院、宁波智能技术研究院等科研机构开展政产学研用联合攻关，攻克一批核心零部件和软件系统，突破仿真可靠性、轻量化、绿色节能等重大技术装备共性技术。实施整零协同开发计划，支持海天、力劲、精达等整机（系统）与关键基础材料、零部件企业协同开发新技术、新产品，打通基础技术、工艺和产品的研发、设计、应用、示范推广等全流程，建立整零协同开发项目清单。引导企业积极关注国家、省市重大科技项目并协助申请参与或承担，推进产学研深度融合。强化高端装备专利标准制定和知识产权保护，支持企业将技术转化为专利，加快培育一批高价值专利。

2. 推动首台（套）产品研发应用

推动首台（套）产品工程化攻关突破，每年滚动实施一批引领性攻关项目，攻克一批“卡脖子”关键核心技术，并转化为首台（套）装备。强化首台（套）产品认定管理，每年分档认定一批国际、国内和省内首台（套）装备。支持研制单位和应用单位联合实施首台（套）示范应用项目，落实首台（套）重大装备保险补偿政策。支持国家、省首台（套）装备和入选宁波市重点工业新产品的装备列入《宁波市重点自主创新产品推荐目录》《宁波市优质产品推荐目录》，并优先推荐列入省《推广应用指导目录》。围绕重点工程、政府投资项目等开展首台（套）产品推介对接活动，进一步加强首台（套）装备产品展示和推广应用。新培育首台（套）产品200项，其中国际（内）首台（套）产品50项左右，努力打造一批具有自主核心知识产权的硬核产品。

（四）实施领军企业培育行动

1. 培育细分领域龙头领军企业

围绕重点领域和标志性产业链，按照细分领域遴选一批龙头领军企业，制定企业发展五年规划和年度计划，签订目标责任书，实施“一企一案”动态精准培育。支持龙头企业并购优质研发资源、优势品牌及营销网络，充分利用国外人才、技术和市场优势，提升企业自主创新能力和市场拓展能力。推动高端装备自主品牌建设，鼓励企业积极争创“品字标浙江制造”，提升自主品牌竞争力。力争到2025年，培育千亿元级企业1家，五百亿元级企业1家，百亿元级企业6家。

2. 开展单项冠军和专精特新“小巨人”企业培育

引导市级单项冠军企业专注细分领域创新产品研发，提升产品竞争力，扩大市场占有率和品牌影响力，积极申报国家级单项冠军企业（产品）。推动创新型初创企业和竞争力强的中小企业走专精特新发展模式，支持菲仕电机、思进智能成形装备等专精特新“小巨人”企业持续做大做强，成长为单项冠军企业。鼓励产业联盟、产业链共同体等创新载体吸纳“小巨人”企业，共同开展技术攻关。到2025年，累计培育单项冠军企业25家，专精特新“小巨人”企业150家。

3. 促进大中小企业融通发展

鼓励高端装备龙头企业联合科研机构建设协同创新公共服务平台，向中小企业提供科研基础设施及大型科研仪器，降低中小企业创新成本。增强中小企业协作配套能力，鼓励中小企业通过专业化分工、服务外包、订单生产等方式与行业龙头企业建立稳定的研发生产与协同配套关系，提升产业链供应链的稳定性和竞争力。支持高端装备龙头企业发展工业互联网平台，引领行业制造业务流程向供应链上下游延伸，带动产业链配套企业同步创新，促进产业生态稳定发展。

（五）实施数字化绿色化转型

1. 推进装备领域数字化应用

以舜宇、智昌等为重点，加强新型传感器、智能测量仪表、网络通讯模块等在重大技术装备产品上的集成应用，加快研发智能数字工厂管理系统、智能柔性生产系统等智能工厂软硬件设施。以江宸、飞图等企业为重点，提升汽车零部件、轴承、包装等行业用自动化成套装备数字化水平。支持企业发展“装备大数据”业务，促进企业向“产品智能化 + 服务精细化”方向转型发展，为装备产品提供全生命周期实时在线服务保障。加强数控机床、机器人、医疗器械装备、智能检验检测等领域控制系统及嵌入式应用软件开发应用，提升整机装备产品智能化水平。

2. 推进制造过程智能化升级

鼓励有基础的企业聚焦产品开发、生产制造、销售服务等业务全过程，应用数字孪生、物联网、大数据、人工智能等技术，加快云化、平台化、服务化转型。以标志性产业链、产业集聚区等为重点，引导数控机床、机器人等细分领域龙头企业建立产业链级、行业级、特定环节型工业互联网平台，并向产业链上下游输出功能服务。发挥东方日升、东方电缆、日星铸业等企业在数字化车间、未来工厂建设示范带动作用，有序复制推广成功经验。近期重点推进东方电缆、舜宇光电等“未来工厂”建设。到 2025 年，培育市级以上未来工厂/智能工厂/数字化车间数量 20 家以上。

3. 推进工艺流程绿色化转型

在装备制造业各领域推广应用绿色先进工艺与技术，引导企业走集约化、清净化、低碳化发展道路。重点推进铸造、焊接、热处理等领域制造工厂绿色化改造，减少制造过程的能源消耗和污染物排放。在新技术新产品鉴定、首台（套）装备认定等项目实施中引入绿色指标评价体系，积极推进装备领域绿色产品评价认证，优先支持先进绿色装备产品推广应用。探索船舶行业绿色化转型升级路径，支持修造船企业绿色工厂建设，鼓励发展绿色环保高技术船舶。

（六）实施强链工程以促进集群融合发展

1. 促进产业链融合发展

实施机器人和智能成型装备产业链培育实施方案，着力实施产业链协同创新强链、上下游企业共同带动护链，充分调动企业参与产业链“强链”“补链”“延链”建设，补齐产业链基础短板。发挥机器人、智能成型装备产业链共同体作用，持续开展产业链核心技术产品摸排，建立断链断供风险清单，组织开展产业链上下游企业供需对接活动，引导本地企业间开展上下游配套合作，提升本地配套水平。到 2025 年全市机器人产业链和智能成型装备产业链产值分别达到 300 亿元和 800 亿元。

2. 加快重大项目招引建设

围绕机器人、智能成型装备两条标志性产业链，制定产业链招商地图，开展精准招商、谋划生成一批具有较大影响力的产业链招商项目。聚焦航空航天、新一代信息技术、现代能源装备等重点领域，积极主动与国内外细分领域龙头企业及科研机构开展深入交流与合作，储备一批重大项目。加快推进象山大型海上风电装备产业园、高端海洋能源装备系统应用示范项目、宁波中油重工有限公司智能模块化制造基地项目等一批重大项目建设。

3. 推进两业和军民融合发展

鼓励智能装备、现代能源装备等领域企业由单一产品制造销售，向“一站式”“交钥匙”服务型制造模式发展，大力发展产品开发、工业设计、检验检测、技术成果转化等生产性服务业，培育一大批智能制造工程服务企业，提高制造型服务业的产出比重，提升产业链价值链融合发展水平。全力支持国防事业发展，鼓励高端装备制造企业深度参与国防、航空航天、高技术船舶及海洋工程、现代能源等领域重点项目，推动军民融合产业协同创新，培育一批具有模块化系统化任务承接能力的牵头企业，提升高端装备制造业各领域军民融合发展水平。

（七）持续深化产业服务工作

1. 加强对产业运行监测分析

针对各种不确定因素的影响，重点就智能制造装备、医疗装备、海洋装备等产业发展现状及问题进行分析，深入调研了解企业经营情况，持续关注重点区域、重点企业和重点项目的发展情况，分析研判集群发展态势，提出针对性的政策建议。

2. 积极组织企业参加展会展出

加强与上海工博会组委会联系，积极协调帮助企业参观工博会。组织企业参加影响力大、号召力强的各类展会，扩大本地装备制造类企业的影响力。

3. 高质量举办余姚机器人峰会

创新余姚机器人峰会举办形式，丰富峰会内容，吸引聚集全球机器人高端要素资源，扩大峰会影响力。

4. 广泛开展惠企政策宣贯服务

通过新闻媒体及微信公众号、8718 平台等加大政策宣传，加强重点优势企业认定管理、首台（套）产品认定管理、首台（套）保险等方面的政策解读，及时总结推广成功经验和典型案例，加强对重点企业进行定向宣传，扩大政策的社会知晓度。

（八）实施平台提升工程以抬升集群发展能级

1. 打造航空航天产业基地

支持宁海、象山、前湾新区等地，主动承接国家航空航天产业的战略任务，全面对接航空航天企业院校资源，谋划推进飞机组装、航空航天核心部件及整机生产制造、商用火箭发射场、航空航天装备产品检验检测等项目，建设集研发、制造、测试、检测一体的航空航天先进产业基地。到 2025 年，争取引进落地 2 到 3 个航空航天标志性制造业项目，合作共建或培育 2 家以上科研院所及创新研究机构。

2. 提升一批特色产业基地

以全域产业综合治理和开发区（园区）整合提升为契机，重点发展一批特色装备产业园，持续提升余姚机器人智谷小镇、鄞州现代电车小镇等省级特色小镇，做大做强特色优势产业。围绕智能装备、集成电路制造装备、检验检测装备、航空航天装备、海洋工程装备等领域，培育海曙智能制造产业园、慈溪高端装备产业园等一批产业特色鲜明、创新要素集聚、示范带动效应明显的特色产业园。鼓励龙头企业牵头建设特色产业园、打造工业新地标，发挥品牌影响力聚集产业链上下游协同发展。高标准建设一批特色小微企业园，推进小微企业入园发展。到 2025 年打造产值超500亿元以上的特色产业基地1个以上。

3. 推进国际合作产业园建设

加快国际化产业平台布局，提升中意（宁波）生态园、中捷（中东欧）产业园等园区建设水平，瞄准国际高端装备前沿技术持续加强国际交流合作，招引国际高端装备制造企业落户产业园区发展。鼓励企业加强对外交流合作，主动对接国际知名研究机构、高端人才团队及产业发展组织等优质资源，引入一批高层次国际合作项目。

第四节　宁波软件与信息服务产业集群发展现状

宁波软件与信息服务产业的空间布局集中趋势逐渐明显，全市已形成以高新区和鄞州区为核心区域，其他县（市）区特色发展的总体格局。当前，以云计算、大数据和人工智能为代表的新一轮科技革命和产业变革方兴未艾，软件产业版图正在重塑。面临复杂多变的国际形势，软件的战略地位更加凸显，成为衡量科技创新实力和国际竞争力的重要标志，软件核心技术突破更是时不我待。而随着5G等新一代信息基础设施日益完善，技术红利、数据红利、应用红利等多利叠加，乘数效应加速市场引爆，为软件与信息服务产业集群发展打开了新空间。

一、宁波软件与信息服务产业集群发展概况

近年来，宁波市认真贯彻落实国家、浙江省有关鼓励软件产业发展的相关政策，按照创建特色型中国软件名城的要求，加强政策引导和扶持，大力培育和引进企业，软件业保持快速增长，总体规模进一步扩大，产业特色进一步突出，综合竞争力进一步提升。

2014年宁波实现软件和信息服务业收入301.4亿元，同比增长28.86%。其中软件开发收入40.32亿元，同比增长48.03%；信息系统集成收入52.15亿元，同比增长35.37%；信息技术咨询服务收入14.22亿元，同比增长39.91%；数据处理和存储服务收入55.32亿元，同比增长

15.12%；嵌入式系统软件收入131.63亿元，同比增长27.37%；集成电路设计收入7.76亿元，同比增长18.26%。截至12月底，经过认定和年审的软件企业208家，系统集成资质企业54家（其中：两级资质2家，三级资质20家），信息系统监理资质企业5家。新登记软件产品936个，12个软件产品列入《2014宁波市自主创新产品与优质产品推荐目录》。宁波世贸通网络科技有限公司等10家企业分别被评为宁波市服务业十佳“创新之星”和“成长之星”企业，占受表彰企业总数的一半；宁波畅想软件和宁波世游2家软件企业成功登陆新三板上市。

2015年全市软件和信息服务业规模达到380.84亿元，同比增长26.36%。其中软件产品收入53.19亿元，同比增长31.94%；信息技术服务收入163.5亿元，同比增长26.31%；其中运营服务收入82.41亿元，同比增长24.17%；电子商务平台服务收入72.2亿元，同比增长30.52%；集成电路设计收入8.89亿元，同比增长14.53%；嵌入式系统软件收入164.14亿元，同比增长24.69%。

2016年度全市软件和信息服务业保持较快增长势头，实现软件业务收入450.51亿元，同比增长18.30%；信息技术服务收入引领增长，实现信息技术服务收入216.14亿元，同比增长32.19%。其中运营服务收入119.35亿元，同比增长44.83%，电子商务平台服务收入93.76亿元，同比增长29.86%。软件产品收入65.61亿元，同比增长23.34%。

2017年全市软件和信息服务业规模达到532.5亿元，同比增长18.2%。软件业服务化、平台化趋势明显，信息技术服务收入280.5亿元，同比增长29.78%。其中运营服务收入148.86亿元，同比增长31.32%；电子商务平台服务收入122.3亿元，同比增长30.49%。服务性收入增速高于行业平均增速，一云通、家电云、生意帮、纺织服装云、工业数据云等一批服务平台不断发展壮大。

2018年度宁波市软件产业保持较快增长势头，产业规模再上新台阶，全年实现软件业务收入673亿元，同比增长20.09%，增速居于全国前列。其中鄞州区、高新区，分别实现软件业务收入181.8亿元、176.4亿元，分别居全市第一位、第二位，两地合计总收入占全市总收入的56.0%，是宁波市软件业主要集聚区；软件业务收入超50亿元的地区两个，慈溪市、余姚市分别是93.8亿元、55.2亿元；软件业务收入超10亿元的地区6个，海曙区、镇海区、北仑区、江北区、宁海县、保税区分别是48.3亿元、18.5亿元、17.5亿元、16.0亿元、10.2亿元、10.2亿元；软件业务收入超5亿元的地区2个，奉化区、象山县分别实现软件业务收入7.7亿元、6.9亿元。

2019年全市纳入统计范围软件企业555家，软件业务收入达819.31亿元，同比增长25.1%。分月度看，软件业务收入月均增速都在20%以上，4、5月稍低，从6月份开始逐月增长，11月达到26.5%的最高值。与全省及全国比较看，宁波市软件业务收入占全国比重1.1%，整体规模增速超过浙江省增速（16.8%）8.3个百分点，超过全国平均水平（15.4%）9.7个百分点。根据工信部网站公布，2019年全市软件业务收入增速（26.5%）居全国15个副省级城市前列（见表6-2）。

表6-2　近年来宁波市软件与信息服务产业集群收入情况

年份	收入（亿元）	同比增长（%）
2014	301.4	28.86
2015	380.84	26.36
2016	450.51	18.30
2017	532.5	18.2
2018	673	20.09
2019	819.31	25.1

此外，软件名城创建带动效应不断释放。目前，南京、济南、成都、广州、深圳、北京、上海、杭州8个城市相继被授予中国软件名城称号；福州、苏州、武汉、厦门和青岛被授予特色型中国软件名城；宁波、无锡、沈阳、大连、西安正在积极开展创建工作。宁波市自谋划创建软件名城以来，软件业务收入保持了高速增长，2015—2019年，宁波市软件业务收入年均增长超过20%，特别是自2019年开展创建试点后，软件产业更是达到25%的高增长，居全国各城市增速首位，软件业务占全国比重逐步提高。目前在全国15个副省级城市中排第12位，超过大连。

二、宁波软件与信息服务产业集群发展特点

这里以2019年来说明宁波软件与信息服务产业集群发展特点。

（一）收入结构持续优化，新领域支撑作用渐强

信息技术服务和软件产品引领增长。2019年宁波市软件业务收入中，

软件产品收入、信息技术服务收入、嵌入式系统软件收入和信息安全收入分别达到 185 亿元、332.7 亿元、298.5 亿元和 2.8 亿元，占比分别达到 22.6%、40.6%、36.4% 和 0.4%。从增速看，信息技术服务和软件产品增长速度都超过了 30%，嵌入式系统软件收入增速平稳，达到 15%（详见图 6-2）。

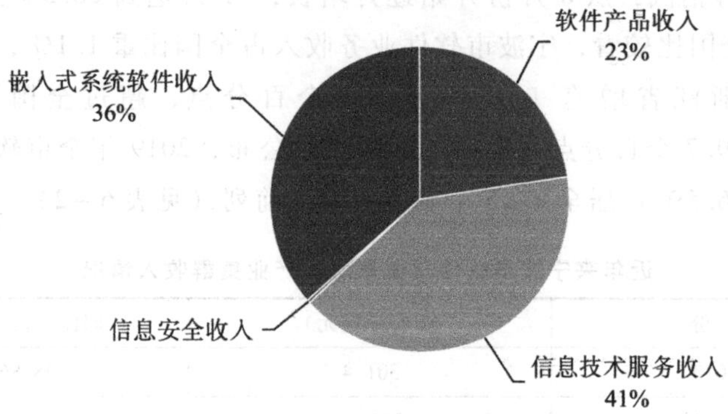

图 6-2　2019 年宁波市软件收入构成

大数据和集成电路成为信息技术收入新的增长点。2019 年，信息技术服务收入 332.7 亿元，同比增长 32.02%，占总收入 40.6%，其中电子商务平台和技术是主要组成部分，规模达 139.1 亿元，同比增长 27.86%，占技术服务收入的 41.8%；大数据服务和集成电路设计实现较大突破，其中大数据服务收入 49.3 亿元，同比增长 27.51%，集成电路设计收入 26.4 亿元，同比增长 17.41%；涌现了德塔森特、北斗数据、舜宇智能光学、源创芯动科技、宝芯源功率半导体等大数据和集成电路设计重点领域的一批优秀企业。

（二）企业实力明显提升，重点领域不断突破

企业实力不断提升。2019 年，宁波市企业综合竞争力进一步提升，一批优秀企业不断成长壮大，在国内外的影响进一步增大。全市营业收入超亿元非嵌入式软件企业达到 37 家，其中超 10 亿元企业 3 家，分别是浙江字节跳动科技有限公司、宁波吉利汽车研究开发有限公司和胡杨网络科技（宁波）有限公司；超过 5 亿元企业 1 家，为宁波国技互联信息技术有限公司。

重点领域不断突破。均胜电子成功入围 2019 年中国软件和信息技术

服务综合竞争力百强榜单，高居榜单27位，实现宁波软件百强“零突破”。宁波吉利汽车研究开发有限公司入选“2019年浙江省软件业务收入前30家企业”。2019年，宁波市新增2家软件和信息服务业上市企业（宁波水表股份有限公司、宁波柯力传感科技股份有限公司），全市拥有主板、新三板以及通过并购上市企业46家，涉及节能环保、控制系统、智慧教育、医疗软件、电子商务、大数据等多个领域。宁波腾讯云基地参与《数字化小微企业园建设运营通用要求》团体标准制定。新增1家国家级制造业单项冠军企业，共拥有13家软件和信息技术服务领域国家级单项冠军。拥有TCL移动通信科技（宁波）有限公司1家国家规划布局内重点软件企业。拥有信息系统集成一级二级企业6家。

（三）软件出口平稳增长，企业积极拓展海外市场

宁波市软件出口平稳。2019年，宁波市软件业务出口32825万美元，同比增长9.27%，增速超过全国平均（-1.1%）10.37个百分点。其中，软件外包服务出口11302万美元，同比增长7.75%；嵌入式系统软件出口10082万美元，同比增长6.4%；其他软件业务出口14441万美元，同比增长12.64%。

企业积极设立跨国经营分支机构。根据市商务局统计，2015—2019年，宁波市共有12家软件和信息技术服务领域企业在海外建立分支机构（其中，2019年新增5家），主要包括浙江立芯信息科技股份有限公司、宁波翼动通讯科技有限公司、浙江大道网络科技有限公司、浙江首游网络科技有限公司等企业，累计共建立16家分支机构。

（四）盈利能力稳步提升，企业经济效益总体良好

盈利能力稳步提升。2019年，全行业利润总额134.2亿元，占全国利润总额的1.4%，高于软件业务收入占全国比重（1.1%），利润总额同比增长11.1%，高于全国利润增长水平（9.9%）1.2个百分点。从月度数据看，近半年来，增速呈现中间高，两端低的态势，8月份达到高峰，经过10月和11月的回调，12月份实现了回升。全年实现税金总额51.3亿元，同比增长9.58%。

（五）从业人数稳步增加，人才培养数量持续提升

软件人员就业人数稳步增加。2019 年，全市软件企业从业人员达到 13.5 万人，同比增长 8.1%，超全国平均（4.7%）3.4 个百分点，本科以上软件从业人员达到 67490 人，同比增长 33%。近五年来，宁波市软件从业人员从 6.12 万人增加到目前 13.5 万人，年均增长超 17%；本科以上软件从业人员从 25853 人增加到 67490 人，年均增长 21%。

软件培养人才数量持续提升。2019 年，宁波市软件相关专业人数 16939 人，占在校生比例 10.22%。近五年，宁波市高校软件及相关专业在校生数量从 2015 年的 12826 人增加到 2019 年的 16939 人，年均增长 5.7%，占高校全部在校生数量比例从 2015 年的 8.23% 增加到 2018 年的 10.22%。

（六）创新投入量质齐升，创新氛围日益浓厚

研发投入持续增长。2019 年，宁波市软件企业研发投入达到 117.5 亿元，同比增长 14%。近五年，宁波市软件研发经费从 2015 年的 15.6 亿元增长到 2019 年的 117.5 亿元，年均增长 65%；特别是自开展名城创建工作以来，在政策的激励引导下，全市软件企业研发经费投入呈现快速增长。2019 年，软件著作权数量达到 6451 个，比上年增长近 50%。

各类创业创新载体蓬勃发展。截至目前，全市拥有软件类省级高新技术企业研究开发中心 12 家，计算机科学研究机构 10 家，计算机科学重点实验室 2 个，产学研用联盟 1 个。积极推动双创平台对软件和信息技术服务的支撑作用，宁波各类小微企业创业创新基地 330 家，总面积超 2933 万平方米；电商产业园、科技企业孵化器、大学生创业园、留创园等各类形态的小微企业孵化载体积极吸纳软件人才，助推软件企业发展，如宁波市嵌入式软件孵化器，已累计孵化企业数 142 家；镇海 329 软件设计众创空间，目前服务创客团队数量 151 个；宁波西电电子信息孵化器，孵化企业数 35 家，拥有有效知识产权 110 个。全市各类创业创新载体蓬勃发展，日益浓厚的科技创新氛围和日渐完善的科技创新政策为宁波加快软件和信息服务业发展、创建特色型中国软件名城提供了强劲的动力。

（七）集聚发展更加明显，特色园区加快建设

与2018年相比，各地区软件业务收入再上台阶，相继突破了200亿元、100亿元和50亿元大关，软件业集聚发展态势更加明显。2019年，软件业务收入超200亿元的地区有2个，分别是鄞州区、高新区，实现软件业务收入239.1亿元、234.3亿元，居全市第一位、第二位，两地合计，占全市软件业务收入的57.8%，是宁波市软件产业主要集聚区。软件业务收入超100亿元地区1个，即慈溪市，实现收入114.9亿元，占全市14.03%；业务收入超50亿元地区1个，即余姚市，实现72.9亿元，占全市收入的8.9%（详见表6－3）。

表6－3　　　　2019年宁波市重点区域软件业务收入表

区域	2019年收入（亿元）	占全市比重（%）
全市	819.31	100
鄞州	239.06	29.18
高新	234.30	28.59
慈溪	114.92	14.03
余姚	72.91	8.89
海曙	44.14	5.39
镇海	24.10	2.94
北仑	18.19	2.22
江北	22.93	2.80
保税	13.56	1.66
宁海	13.32	1.63
奉化	10.50	1.28
象山	11.38	1.39

全市已有省级以上软件园区/基地15个。高新区软件园建筑面积13.6万平方米，入驻企业近150家，业务收入占高新区36%以上，入选中国服务外包园区十强、国家火炬计划软件产业基地，拥有华为鲲鹏生态产业园、甬创科谷光电软件科技园、东华数字经济产业园、中发智能制造生态产业园等。鄞州区建设东外滩软件产业园、宁波微电子创新产业园等软件信息核心产业载体。海曙区启动建设宁波工业互联网研究院产业园、

中新创智（宁波）产业园。江北区推进建设工业物联网特色产业园和宁波文创港。保税区推进建设百度云智宁波大数据产业基地和金融科技（区块链）产业园。一批园区获得国家、省、市示范称号，宁波电子商城海曙园区入选国家级电子商务示范基地；和丰创意广场、鄞州大学生（青年）创业基地入选工信部第一批国家小微企业创业创新示范基地；累计有鄞州区、慈溪市、余姚市、镇海区等4个地区被评为省级信息经济特色集聚区，高新区、鄞州区被评为省软件和信息服务业示范基地，海曙区被评为省软件和信息服务业特色基地。

三、宁波软件与信息服务产业集群推进措施

未来几年，宁波将紧紧围绕特色型中国软件名城创建工作要求，加强产业政策引导，培育新技术应用及新业态，加大企业引进和培育力度，进一步促进软件产业特色集聚发展。具体推进措施包括：

（一）以名城创建工作为契机推动产业发展

特色型中国软件名城的创建是宁波市抢抓软件产业、助力制造业高质量发展的重大机遇。宁波已出台软件和信息服务业产业集群发展规划，并发布创建特色型中国软件名城实施细则，再次明确特色型中国软件名城创建“路径图”。按照《宁波市中国软件名城创建试点工作方案》和年度工作要点，加强协调联动，完善工作机制，着力开展“名品、名企、名园、名展、名人”的引进与培育，找准特色主攻方向“促集聚”；优化环境、生态建设“强服务”；加强引进培育优质项目“找增量”，合力推进名城创建工作。进一步优化数据采集和累积分析的路径和方式，组织对各地名城创建、行业指导和服务能力提升等目标任务完成情况进行督查，确保各年度目标任务顺利实现。

（二）通过资源整合共享促进软件集聚区建设

以宁波国家高新区为软件产业集聚核心区，支持各区县（市）错位发展，聚焦工业物联网、工业互联网、工业设计、智能终端等新产业新业态，打造一批特色软件产业分园。制订特色产业园认定办法，对各特色产业园进行认定和授牌。加强软件园新载体的规划建设，加快整合盘活现有优势资源，启动软件新载体建设，优化核心区空间规划，有序布局软件产

业平台，制订建设方案和时间表。因地制宜做好特色产业园（基地）的建设方案，聚焦5G+工业互联网、物联网和智能制造、区块链、人工智能与大数据、网络信息安全等新产业新业态，谋划打造一批特色软件产业园（基地）。同时，加强公共平台建设，做好资源整合共享，共同推进软件产业集聚发展。

（三）充分利用扶持政策推进集群发展

结合本地实际，制定出台本地区软件业扶持政策措施，形成市、区两级相互补充和促进的政策体系。开展工业物联网试点项目资金补助、制造业重点服务平台绩效评价等政策措施的修订、完善工作。组织新一批工业物联网、制造业重点服务平台项目申报、评审及政策兑现。继续做好软件名城资金项目和国家针对软件和集成电路设计企业延续性的“两免三减半”政策的组织申报。做好特色型中国软件名城创建支持财政资金的绩效评价工作。统筹利用各项政策，提升企业服务水平，为软件企业发展壮大添砖加瓦。按照计划，宁波市将通过聚焦工业软件、嵌入式软件、工业互联网操作系统软件，培育一批智能制造的应用软件、工业软件服务企业，助力宁波市制造业爬坡过坎，软件服务业成为全市国民经济的战略性支柱产业和数字经济快速发展的核心驱动力。

（四）积极加强产业合作交流

组织、建设好全市软件企业招商小分队。根据全市软件业招商要求，加强招商工作中客商、项目信息等实时报送、汇总，加强资源整合和工作协调，提升招商和落地孵化的工作实效，力争引进一批技术水平高、带动性强、市场前景好的软件产业重大项目；配合做好各类会展活动的组织工作，组织企业参加中国软博会、世界互联网大会、深圳电子博览会等展览展示和合作交流活动，实现企业“引进来、走出去”。举办或组团赴外省市召开人才交流会，引进各类人才。

第五节
宁波新材料产业集群发展现状

新材料是新一轮科技革命和产业变革的基石与先导，也是国家面向未来确定的战略必争领域之一。宁波市是全国首批7个新材料产业国家高技术产业基地之一，产业规模全国领先。近年来，宁波市推进制造业高质量发展，培育“246”万千亿级产业集群，打造自主可控的标志性产业链，制定出台了一系列加快新材料产业集群高质量发展的规划和政策，在化工新材料、金属合金材料、稀土磁性材料、功能膜材料和石墨烯材料研发与应用等领域具有较大的竞争优势。

一、宁波新材料产业集群发展现状

2020年宁波市新材料产业规模以上企业完成工业增加值357.1亿元，同比增长16%，占全市工业增加值的8.8%，增速居“246”产业集群首位。实现利税总额252.2亿元，同比增长15.4%，其中实现利润206.1亿元，同比增长15.4%。“十三五”期间，宁波市大力推进重大项目和创新平台的建设，引进重点院校和高端人才团队，以化工新材料为主体的绿色石化和稀土磁性材料入围国家先进制造业集群，新型功能材料集群入选国家战略性新兴产业集群，新材料产业年均增长18.65%，已形成了特色优势明显的产业格局。

二、宁波新材料产业集群发展特点

（一）产业规模持续扩大

2020年全市新材料产业集群完成工业总产值2174.6亿元，占全省新材料产业产值的30.3%，产业总体规模全国领先、发展态势良好。化工新材料、金属新材料、稀土磁性材料和电子信息材料等重点领域规模以上企业分别完成工业总产值944亿元、860.2亿元、162.5亿元和97.9亿元。稀土磁性材料总产量占全国40%以上，MDI、ABS、聚丙烯树脂、聚苯乙烯、石油树脂等多种化工新材料的产量规模国内第一。中高端铜合金、高精度锌白铜带产品的国内市场占有率达45%和70%，粉末冶金零件加工能力全国最大。江北区膜幻动力小镇、杭州湾新区金属新材料基地和宁波石化经济技术开发区化工新材料基地建设成效显著。

（二）创新资源集聚效应明显

宁波拥有中科院宁波材料所、兵科院宁波分院两家国家级科研机构和新材料国际创新中心、天津大学浙江研究院、西北工大宁波研究院等20多家高能级产业技术研究院，建有磁性材料等5家国家级重点实验室（工程实验室、工程研究中心）、国家新材料测试评价平台浙江区域中心和石墨烯、磁性材料两个省级制造业创新中心。中石化宁波新材料研究院、万华高性能材料研究院等一批高能级企业研究机构加快建设，拥有10家国家企业技术中心、15家省级重点企业研究院、79家省级企业研究开发中心。建成9家市级以上产业创新服务综合体、26家科技孵化机构、20家知识产权服务机构。实施顶尖人才集聚行动、“3315”系列计划，新材料领域共集聚了4位两院院士、237名高层次人才和72个高端创业创新团队。江丰电子、激智科技、长阳科技等由海外高层次人才创办并上市。南大光电的光刻胶和安集微电子的研磨液等高端电子化学品完成一期工程，实现进口替代。一批碳化硅、氮化镓、深紫外半导体等第三代半导体材料创新项目落户宁波，高精度掩膜版、CF显影液、OLED显示、LCP树脂薄膜等先进材料都有项目布局。

（三）龙头企业细分领域竞争实力强

宁波新材料产业集群有12家国家级单项冠军企业、9家国家级专精特新“小巨人”企业，数量居全国前列。新材料上市企业达19家。韵升集团和科宁达的硬盘驱动器（HDD）、音圈电机（VCM）全球市场占有率超过70%，宁港永磁公司钐钴磁性材料、复能新材料公司新型铈磁体的市场占有率全球第一。万华化学是全球最大的聚氨酯材料生产企业，恒河材料是国内品种最全、规模最大的石油树脂生产企业。博威合金、兴业铜业的高端铜合金材料广泛应用于航空航天、网络通信等领域，金田铜业的铜加工产量居世界前列。激智科技的光学扩散膜、长阳科技的光学反射膜市场占有率全球第一，惠之星的硬化膜市场占有率居全球第二位、国内第一位。宁波瑞凌的辐射降温薄膜是全球独创性产品。金瑞泓、康强电子、江丰电子分别居全国半导体材料十强企业第一、三、六位。

三、宁波新材料产业集群推进措施

到2025年，宁波新材料产业集群将打造创新体系完备、区域布局合理、上下游协同的发展格局，在经济社会发展中地位更加突出，产值规模力争达到5000亿元级，化工新材料、金属新材料、磁性料材、电子信息材料等优势领域达到国际先进水平。在功能膜材料、新能源材料、生物医用材料等战略关键材料领域形成竞争优势，在石墨烯、3D打印、智能材料等前沿材料领域取得关键性突破，形成“新材料产业看宁波，做新材料来宁波”的品牌。

（一）培育自主可控的标志性产业链

完善产业链培育机制，重点加快打造化工新材料、稀土磁性材料标志性产业链，培育电子信息材料、金属新材料、功能膜材料等优势产业链。化工新材料重点推进乙烯、丙烯、C4/C5、芳烃等细分产业链，向高端橡胶、高端树脂、生物降解塑料等延伸，打造石化区、穿鼻岛等化工新材料基地。稀土磁性材料重点向高端磁性器件、高性能伺服电机等下游拓展，推进国家先进制造业集群磁性材料产业促进中心和慈溪磁性材料园区建设。金属新材料重点向功能化、差异化、高端化方向发展，推进金田、博威等龙头企业产业园建设。功能膜材料重点开发光学膜、水处理膜新产品，加强推广应用，延伸产业链，打造江北膜幻动力小镇。电子信息材料重点向新型半导体材料拓展，推进江丰阳明工业研究院产业基地建设。石墨烯材料重点推进制备技术攻关，扩大在锂电池、超级电容器、防腐等领域的应用。实施补链、强链、延链项目，推进产业链“链主”企业对接上下游企业形成共同体，补齐产业链创新短板，推动产业链与创新链融合发展，提高产业链供应链自主性和稳定性。

（二）推进重大项目建设

依托特色产业园区（小镇）建设，组织实施一批重点新材料产业项目。发挥项目基础性引领作用，构建“竣工一批、开工一批、储备一批、谋划一批”项目滚动推进机制。发挥市级重大项目统筹协调机制，推动重大项目加快落地。加快推进镇海炼化、万华、英力士苯领、复能、博威、中电化合物半导体、长阳等一批重大项目建设，在产业基础优势明显的化工新材料、稀土磁性材料、金属新材料、电子信息材料、功能膜材料等领域推进一批行业领先水平的项目，进一步提升产业基础高级化、产业链现代化。在石墨烯材料、生物医用材料、新能源材料等前沿基础领域，开展联合攻关、技术转化重大应用示范等项目，谋划和招引一批第三代半导体材料、柔性电子材料、燃料电池材料等项目。强化产业招商引资，围绕产业链强链补链延链关键环节，绘制产业招商地图，瞄准世界500强、央企、国企、行业龙头企业等开展精准招商，力争引进一批“填补空白”型和引擎型的重大项目，形成优势特色突出的新材料产业集群。

（三）加快关键核心技术攻关

推进新材料科创高地建设方案实施，明确发展目标、重点、路径和措施。围绕产业链关键环节，迭代编制关键核心技术攻关“绿黄红”三色图，采取“揭榜挂帅”等形式，在化工新材料、稀土磁性材料、金属新材料、电子信息材料等领域滚动实施关键核心技术攻关计划，攻克一批“卡脖子”技术。进一步巩固化工新材料、稀土磁性材料、石墨烯材料在国内的领军地位，布局氢能材料、柔性显示材料、生物材料、智能材料、超导材料等一批前沿技术，大幅提升关键材料自主供给能力。

（四）建设高端创新创业平台

围绕国家重大战略、产业高质量发展需求，高标准建设甬江实验室（新材料浙江省实验室）。聚焦绿色化工与高端化学材料、先进高分子与复合材料、高端合金材料、电子信息材料与器件、新能源材料、新型生物医用材料、极端环境使役材料、先进制造技术与装备等八大领域方向，建设具备“强大的创新资源配置能力、出色的系统问题解决能力、持续的科技成果供给能力、系统的创新生态构建能力”的国家新材料领域战略科技力量。

加大对中科院宁波材料所、兵科院宁波分院等科研院所的支持力度，推动天津大学浙江研究院、北航宁波创新研究院、大连理工大学宁波研究院、西北工业大学宁波研究院、宁波中科新材料创制中心等建设，加快建设国科大宁波材料工程学院、中科院宁波材料所杭州湾研究院，聚焦材料科学与工程等核心学科专业，重点培养新材料硕士和博士研究生。加快创新资源集聚，推进石墨烯、磁性材料应用技术创新中心、磁性材料产业创新服务综合体和国家新材料测试评价平台浙江区域中心等产业创新服务平台建设。大力推进博威、东睦、韵升、激智、江丰等一批国家级企业技术中心的创新能力提升，支持专业园区、龙头企业、科研机构建设一批专业化联合研究院、众创空间、初创园、孵化器、中试平台，推动大型科研仪器设备、科技数据库等资源开放共享，降低创新创业成本，在新材料领域打造若干特色产业创新服务标杆。

推进新材料科技城建设。进一步提升新材料科技城建设方案，推进“一核、多区”联动发展。在核心区重点推进甬江科创大走廊新材料创新功能单元建设，加快宁波新材料国际创新中心、新材料联合研究院、诺丁汉大学宁波新材料研究院等重大创新载体建设。提升新材料联合研究院“公共检测、应用研究、转移转化、创业孵化、产业加速、科技金融”的一平台六中心发展模式，打造具有全球影响力的新材料技术研发及应用的领航区和标志区。发展膜材料、柔性电子等特色产业，谋划打造以“碳基+光电”为重点的“中国碳谷”。建设集展示、交流、合作洽谈等功能于一体的新材料产业展示平台，建立国际先进的新材料测试与评价体系，为实现关键战略材料国产化提供支撑。打造全市新材料产业人才蓄水池。瞄准国内国际一流的科研院所，开展精准招才引智。

（五）培育千百亿级有竞争力的企业梯队

加快推进制造业百强企业培育计划，择优选择一批具有竞争力的市场主体，建立完善培育机制，打造以行业龙头企业为主体的制造业百强企业群。加强精准服务，力争培育一批千、百亿级龙头企业，建立“总部型企业—行业骨干企业—高成长企业”的企业培育梯队，建立世界一流企业的苗子企业库，培育总部经济，推进本市总部企业国际化步伐。鼓励重点企业强强联合，鼓励上市公司兼并重组，打造一批具有国际竞争力的行业龙头企业。加快培育制造业单项冠军企业、专精特新“小巨人”企业，遴选一批成长潜力大、创新能力强、科技含量高、产业特色鲜明的高新技术企业，加快人才、资金、技术等生产要素的集聚，鼓励企业建立现代化生产管理体系，培育壮大“科创企业森林”。支持初创企业科研成果中试和转化，培育初创企业快速成长。

（六）优化产业发展环境

深化“最多跑一次”改革，务实精准高效开展“三服务”活动，优化新材料产业发展环境。完善“要素跟着项目走”工作机制，特别是能耗、排放、土地等资源要素，积极争取国家、省的单列支持，并加强市内指标统筹和综合平衡，确保优质项目落地，实现重点项目“应保尽保”。深入实施全域产业治理，重点做好三类工业用地规划布局，眼睛向内挖潜力，加大低效地块、低效企业改造提升和退出。落实好企业研发费用加计扣除、高新技术企业所得税优惠等普惠性政策。完善新材料首批次产品推广应用政策，鼓励应用端企业使用本地新材料产品，支持国有投资项目和政府采购项目优质优价采购。加强金融要素保障，支持发展供应链金融、商标权、专利权、著作权质押贷款，推广无还本续贷、循环贷等方式，扩大小微企业首贷、信用贷。发挥天使基金、创业基金、产业基金等各类政府引导基金在新兴产业、重大项目招引和建设中的作用，构建覆盖从实验研究、中试到规模化生产的多元化融资支撑体系。

深入推进数字化改革，打造“新材料行业大脑”，运用产业大数据、工业互联网、区块链、工业 APP 技术，深化政府侧、企业侧信息融合，力争实现跨层级、跨地域、跨系统应用场景服务，为产业发展提供决策支撑。运用数字技术推进数字工厂、智能园区建设，构建资源汇聚、资源共享、协同创新的产业发展生态，打造未来产业先导区。大力实施“能效倍增”计划，推进绿色工厂、绿色园区、绿色产品等绿色体系建设，落实安全生产企业主体责任意识，持续推进本质安全提升工程，提高产业绿色安全低碳发展水平。加强知识产权保护力度，推进自主创新成果知识产权化。强化质量品牌提升工程，培育中国驰名商标、“品字标浙江制造”品牌。发挥标准的引导和规范作用，鼓励企业参与国际和国家标准制订。发挥国家自主创新示范区和自贸试验区体制机制优势，形成一批可推广、可示范的创新经验。

（七）深化对外交流合作

顺应全球经济一体化发展趋势，主动融入“一带一路”和长江经济带发展建设，深化新材料产业国际国内交流与合作。加强与上海、南京、杭州、合肥等长三角重点城市资源共享、开放合作、人才交流。支持企业推动产业链优势环节和产品进入国际产业链供应链体系开拓国际市场，努力构建海外营销网络。支持企业走出国门，到境外设立研发机构，兼（并）购技术、招引人才，开展国际合作，提升国际化经营水平。支持国际、国内知名企业、研究机构在宁波市设立新材料研发中心和生产基地，高水平引进管理、技术、资源和人才。提升宁波新材料科技城国际技术转移中心、国家海外人才离岸创新创业基地建设水平，吸引海外高端人才来宁波投资创业。高水平举办全球新材料行业大赛、中国科技创业计划大赛、中国（宁波）国际新材料科技与产业博览会、中国新材料产业技术创新战略联盟年会、中科院院士材料分论坛等大型活动，扩大宁波在全国、全球新材料产业领域的影响力，增强宁波新材料品牌的吸引力和凝聚力。

第七章

双循环格局下宁波创新型产业集群存在的主要问题

尽管宁波在推动创新型产业集群发展上取得了明显进步，但距离高质量打造创新型产业集群目标仍有一定差距，主要体现在：

第一节 部分集群规模较小，要素制约严重

一、集群规模较小，单位产出较低

在宁波创新型产业集群中，有一些处于起步阶段的集群，其产业规模依然较小。例如，宁波市生物医药产业集群中，规模以上企业户均产值仅1.44亿元，且缺乏领军企业。在宁波节能环保产业集群中，规模以上企业产值在2000万—5000万元的企业超过30%。年产值超10亿元的企业仅有16家，没有超过50亿元的企业，缺乏研发、设计、制造到总承包、运营服务等高端价值链的产品和服务。宁波电子信息产业集群中，规模以上企业千余家，但规模偏小、影响力不足等问题还具有普遍性，在行业龙头企业数量和竞争力方面，仍有较大的提升空间。

在宁波市高端装备产业集群中，重大整机装备少，缺少国之重器；2020年工业增加值率23.2%，低于上海、深圳等地，低于发达国家6—8个百分点。此外，大企业、大品牌少。宁波高端装备产业集群中基本没有“中”字头央企，缺少综合实力强的引领型大企业、大集团支撑，装备制造企业年产值低于1亿元的企业超过70%，平均产值仅1.7亿元，低于上海、青岛等城市。

二、部分集群重大项目投资支撑不够

部分创新型产业集群的重大项目投资支撑不足。以汽车产业集群为例，2019年宁波市汽车制造业投资同比下降23.1%，2020年以来持续负增长，2020年全市5000万元以上的汽车制造业项目数为117个，当年计划固定资产投资160.2亿元，分别同比下降了33.1%、26.2%。企业投资意愿明显降低导致部分重大项目投资大幅缩水，同时2020年以来涉及汽车制造业新增的重大项目引进落地上比较少。又如，集成电路项目特别是产线项目对资本要求较高，目前宁波市现有政府基金规模有限，且受一定的体制机制影响，在作用发挥方面受到限制，融资难的问题较为突出。

三、高端产品比重较低

以宁波绿色石化产业集群为例，其优势主要集中在上游原油加工和部分中游产品例如乙烯、芳烃等基础石化原料方面，产品以大宗和通用为主，下游高技术含量的化工新材料和高端专用化学品比重偏低，特种工程塑料、高端聚烯烃、特种橡胶、电子化学品等高端化学品和重要化工装备软硬件对进口依赖度高。宁波高端装备产业集群与上海、青岛等装备制造强市相比，在航空航天、海洋工程、机器人等领域高端装备发展不足。

四、产业布局较为分散

宁波节能环保产业集群中，存在空间布局呈分散化态势，产业集中度低的问题，尚未形成规模化的产业园。节能环保企业生产的产品以单个产品为主，缺少集成化产品，企业间缺乏协作，未形成以大企业集团为核心、专业化中小企业协作配套、链条相对完善的产业发展体系。

宁波电子信息产业集群中，细分领域众多，覆盖范围很广，但产业过于分散，特色不鲜明。同时，各领域之间、各领域内部配套能力较差，对其他产业渗透力、带动性不强。

五、资源要素制约较为严重

土地紧缺是宁波市的自然禀赋条件。宁波人多地少，耕地面积仅占全国的1.2%，人口占全国的3.6%，向来有“七山一水两分田”之说。经过前十几年的快速发展，土地、劳力、电力、环境等资源要素日趋紧张，土地资源等问题越来越成为制约宁波发展的瓶颈。加之基本农田保护区面积，可供建设的土地所剩无几。随着国家紧缩土地政策，建设用地指标十分紧缺，供需矛盾依然突出。

以宁波绿色石化产业集群为例，由于石化产业规模不断扩大，对工业用地、能源消耗和污染物排放指标等需求也在不断增加，目前规划可使用土地仅能满足当前布局项目用地，部分项目因能耗、排放指标以及用地等问题推进缓慢，未来发展空间有待突破。

据调查，因行业特性，多数新材料项目能耗、排放较高，宁波新材料产业集群受资源要素制约较大。据对70个重点项目调查，预计新增能耗达2000万吨标煤/年以上，区域自我平衡难度大。同时，三类工业用地不足，难以满足重大项目的布局需要。

第二节
科技创新综合实力有待增强

一、集群核心竞争能力有待提高

宁波市创新型产业集群内的部分企业依然是以低成本、低价格取胜，相当一部分高科技企业赚取的是加工费，盈利能力比较弱，从而使集群技术水平不高，缺乏市场知名度高的企业或区域品牌，难以形成核心竞争能力，影响了集群的持续发展。

以宁波市电子信息制造业产业集群为例，尽管已形成电子及设备制造业集群，但关键技术在跨国公司手中，成为全球制造业价值链上附加值较低的生产环节，生产效率和赢利能力不仅远远落后于国外的水平，和国内平均水平相比也有一定的距离。

再以文体用品产业集群为例，创新创意主要集中在少数骨干企业，广大中小企业创新创意能力缺乏。产业研发费用占销售收入比重2%，低于全市规模以上工业平均，远落后于国内先进城市。聚焦文体用品领域的创新平台相对较少，难以有效支撑行业创新能力提升。中小企业多数以模仿、跟随为主，企业内部创意人才不足，本地创意设计机构及设计师缺乏，欠缺自主创意设计动力和能力，与文化事业、体育事业融合度不高。

二、科技创新综合实力仍有待增强

宁波创新型产业集群的科技创新能力与同类城市相比，仍然处在一个相对落后的地位。在技术创新产出方面，深圳、苏州远远高于宁波。在公共财政用于科学技术的支出、国家级高新技术企业数量、2020年发明专利授权量方面，宁波均低于苏州和深圳，排名第三。

宁波高新技术企业数量不足，截至2020年末，宁波拥有高新技术企业3102家，居全国重点城市中的第18位。在40个城市中，宁波的高新技术企业数量位列第18。如果分梯队，最多只能算在第二梯队。相比于北上广深，宁波的高新技术企业数量大幅落后。截至2020年末，北京有高新技术企业28750家，约为宁波的9倍，广州为宁波的4倍，差距可见一斑。即使与苏州、杭州甚至青岛、长沙等城市比，宁波的高新技术企业数量也是在“尾巴”上。

此外，创新能力存在结构性短板，原始创新和协同创新不强。例如，在汽车产业集群中，零部件企业以跟随主机厂的被动创新为主，在智能网联技术方面存在明显短板，宁波市汽车制造业研发投入占比仅2.43%，明显低于全国汽车零部件百强企业水平（4.10%）。[①]

又如，宁波时尚服装产业集群的创意设计能力亟待提升。创意设计力量薄弱已成为掣肘宁波时尚纺织服装产业向价值链高端攀升的重要原因。产业长期处于“微笑曲线”制造端，相比制造端的优势，宁波创意设计能力不足成为产业转型升级的短板，产品趋同与低价竞争现象仍较为突出。

---

① 宁波市制造业高质量发展领导小组办公室：《宁波市汽车产业集群发展规划（2021—2025年）》，2021年10月。

三、自主研发能力较弱

以宁波石化产业集群内为例，集群内多为生产加工基地，拥有自主知识产权的核心技术数量少，自主研发能力弱，重要石化产业工艺包、装备、控制软件、工程综合解决方案等关键领域与国外相比尚有较大差距，科研领军人物还需进一步集聚，专业技术工人队伍还不能充分满足产业发展需求，科研机构与企业产学研合作还需进一步增强。

在宁波新材料产业集群中，对前沿领域的研发布局和投入不足，原创性研究和颠覆性产品开发少，产品多集中在应用开发环节。部分高端产品和原料、工艺包、关键设备等依赖进口。企业创新投入不足，围绕产业链布局的人才链、创新链、资金链不平衡。

宁波电子信息产业集群的自主创新能力虽有了明显提升，但关键核心技术依然薄弱，关键零部件、元器件大量依赖进口，整体控制能力较弱。

宁波高端装备产业集群领域也面临较多“卡脖子”问题，如数控机床领域缺少掌握精密光栅尺、数控系统等关键部件核心技术的企业，促进产业基础高级化的任务艰巨。

此外，在宁波生物医药产业集群中，化学药以原料药和仿制药生产为主，医疗器械三类产品比重不高，生物技术创新研发困难。

四、科研支撑力量整体较弱

在引进、共建中国兵科院宁波分院、宁波中科集成电路设计中心、国家高性能计算中心宁波分中心等国家级科技研发分支机构的基础上，并依傍宁波大学、浙江大学宁波软件学院等高校，宁波创新型产业集群整体的科技基础有了大幅度的提高。但与其他副省级都市相比，宁波创新型产业集群的科研基础依然比较薄弱，引进共建的机构刚刚起步，尚不能充分发挥其作用，科研支撑能力仍需加强。

五、国际品牌培育有待强化

虽然宁波创新型产业集群已形成一定规模，区域品牌建设不断增强，拥有了一批中国名牌、业内知名品牌产品和名牌企业，品牌建设成效明显。但就整体而言，市场知名度仍不够高。宁波虽然有一些在市场上叫得响的名牌产品，如服装产业集群方面的雅戈尔、杉杉、罗蒙，文具产业集群方面的得力，家电产业集群的帅康、富达等，但从整体上看，宁波大多数创新型产业集群还没有创出国际知名品牌。在国际产业链和价值链上缺乏话语权，与产业基础雄厚、规模超千亿元及向国际高端产业方向发展的现状和目标不匹配，国际知名品牌培育有待强化。

第三节 高层次人力资本较为短缺

一、工业企业人才比重偏低

近年来，宁波企业人才总量虽不断增加，但大专及以上学历的人才中，有48%集中在机关事业单位，城镇集体以上单位在岗职工中的专业技术人员仅有52%分布在企业，相比而言，深圳有90%的科技研发人员集中在企业，美国从事科技开发的科学家、工程师80.8%在企业，英国为61.4%。所以总体来看，宁波创新型产业集群中的优秀人才比重偏低。

二、新兴产业集群中人才缺口较大

从产业分布看，宁波工业人才仍主要集中在传统优势产业，仅有13%分布在新兴产业，人才缺口比较大的是新兴产业和战略性新兴产业。从学历看，宁波企业拥有本科及硕士以上学历的人员比重偏低，与杭州、大连等同类城市有一定差距。从职称看，宁波企业人才拥有副高级职称以上人数仅占全市人才总量的3.48%，高新技术企业中拥有高级专业技术职称的仅占从业人员的1.7%。从活动情况看，企业人才从事自主研发活动的比例偏低，全市企业R&D人员占从业人员的比例仅8.1%。

此外，宁波部分创新型产业集群还存在专业人才与产业匹配度不高的问题。以宁波生物医药产业集群为例，虽然宁波大学医学院、浙江药科职业大学设置了相关专业，但产业基础人才供给有待提升。目前，数字经济发展势头强劲，对电子信息产业相关人才需求量急剧增加，加之相关专业高校毕业生数量有限，客观上造成我国集成电路人才短缺的形势比较严峻。同时，上海、杭州两市的产业发展较为成熟，人才的集聚效应较强，对宁波市相关人才的吸纳造成不利影响。

三、集群高层次人力资本较为短缺

宁波部分创新型产业集群中，现代管理方式仍有待提升，技术熟练工人依然匮乏、技术水平不高，这在很大程度上导致了宁波创新型集群的工业产品多数以中低档为主，在国际市场上一直以低价和数量取胜。据了解，宁波部分创新型集群中的企业普遍感到高级人才和科技人员难招、难留，特别是企业急需的技术人才、技术工人缺口很大。宁波经济多是从农村发展起来的，其特点是拥有大量廉价的劳动力和土地等初级要素禀赋，但在需要大量、持续投资人力和资本等高级生产要素方面的优势不强。这一要素特点使宁波工业在短期内难以摆脱高投入、高消耗、高排放和低效率增长方式的制约。所以，目前宁波这种集聚经济优势是一种静态优势，它既容易被模仿，又会因为持续集聚而导致的“拥挤成本”而被削弱，因此从长期看宁波创新型集群的人力成本优势将日益减弱。

此外，人才“缺位”的问题突出。目前，宁波创新型集群企业的人才储备总量与其发展仍存在较大差距，人才“缺位”的问题仍比较突出。据 2021 年宁波紧缺人才指数研究结果，宁波创新型人才紧缺情况比较突出。宁波有 520 个岗位人才处于“紧缺”状态。其中企业紧缺人才主要为科技创新带头人、高级管理人才、研发设计人才和营销策划人才等，而且紧缺人才的创新化、高端化、国际化特点非常明显。其中，科研和新材料两个行业的人才综合紧缺度均值超过 0.7，处于非常紧缺状态，进入“橙色预警”体系。文体、IT 业、环保、金融保险、生物医药、教育、修造船、石化、光机电一体化、能源 10 个行业处于相当紧缺状态，进入“黄色预警”体系。车辆制造、生态农业、食品加工、机器设备、钢铁、会展 6 个行业处于比拟紧缺状态，同时依然存在与行业开展速度不相适应的人才结构性紧缺现象。[①]

① 参见：宁波市发布第二轮紧缺人才指数 - 百度文库（baidu. com）。

第四节 产业配套协作仍有待增强

一、集群企业协作效应有待增强

宁波部分创新型产业集群仍以劳动密集型为主，生产产品的附加值低。同质成品企业之间、成品企业与配套企业之间以价格竞争为主。一方面，虽然许多行业从产量上看已经在全国甚至世界占有重要地位，但是它们在全球分工体系中仍处在加工环节，缺乏上游研发、设计以及下游的市场营销、品牌建设的延伸。这些行业由于进入门槛低，大量企业涌入，并分布于价值链的低端。它们面对国内庞大的、多层次的需求时，缺乏产业升级的外部动力。另一方面，由于同质化的价格竞争，很容易陷入“非合作博弈”。宁波创新型产业集群中偶有出现的“非合作博弈”不仅不能加入到全球性的产业分工与合作，而且也很难对内部的价值链进行整合和延伸。

以宁波铜加工集群为例，目前主要集中于慈溪、鄞州一带，数量众多，产量已经占到浙江省的30%以上，但是大多数企业是中小企业，从事中低端铜板、线材等产品，赚取微薄的加工费和代工费，很难融入当地大企业的协作配套分工体系。部分龙头企业在科技创新能力上有了较大的提升，但是大都集中于某个产业链领域，与其他龙头企业之间缺乏关联性，创新溢出效应不明显。而且在上游原材料供应、新材料开发、品牌营销等方面，仍主要被国外企业垄断，缺失市场话语权。

再以宁波装备产业集群为例，整机装备制造企业本地化配套率偏低，产业链、供应链上下游企业配套协同不够紧密，行业企业聚集度偏低，缺少龙头企业牵头建设的协同配套特色产业园，产业链“延链”“补链”工作有待加强。宁波生物医药产业集群中的企业尚未形成产业链条。集群中大多数企业专注于单个细分产品和细分市场，处于产业链上某个环节，产业间尚未形成分工协作、协同发展的产业链条。目前宁波三大医药产业园均存在集群配套设施不完善，平台和人才不足，产学研医协同程度不够，融资渠道单一、缺乏风险资金介入等多重制约。宁波新材料产业链长度偏短，主要集中在原材料产品生产，对其深度开发、延伸不够。汽车零部件中所需的高端特种工程塑料主要来源于进口；稀土磁性材料向下游高端磁感器件、高性能电机延伸偏少；金属新材料中缺链弱链明显。企业以独立研发为主，企业间的协同创新不够。要解决这一问题，必须以产业跨地区协作为主线，通过产业链的扩张和伸展，将不同区域粘合在一起。

二、区域统筹有待加强

以宁波绿色石化产业集群为例，其石化企业主要沿港口分布成园区化管理，但园区间没有形成全方位一体化建设，企业生产装置还未较好做到相邻互联、上下互供、管道输送和规模匹配，园区间原料采用公路槽车运输方式，存在较大的运输安全隐患和环境污染压力，跨区公共管廊建设进度缓慢。又如，宁波生物医药集群创新平台依然缺乏，全市仅有宁波生物产业园（依托中科院上海药物所建设生物药开发等五大研发平台）、慈溪医工所等（宁波材料所下属二级机构）两大创新研发平台，且多在建设推进中，对产业创新的支撑作用有待释放。从临床资源看，仅部分医院具有部分领域的临床试验研究资质，且只能开展后期临床。

三、集群发展的外部环境面临挑战

新冠疫情的冲击激化大国博弈，世界经济发展的不确定性逐步加大；经济全球化逆流促使全球产业分工体系发生改变，同时东南亚、南亚等地区一些发展中国家利用要素低成本优势加快参与全球代工竞争，对宁波创新型产业深度参与国际合作竞争形成较大压力；国内经济结构深化调整，同等城市产业发展竞争加剧；国内要素成本大幅上升，行业高成本、低利润、高库存现象加重，叠加消费升级、技术升级、环境友好发展新要求，宁波创新型产业集群高质量发展压力大任务重。

此外，持续的中美贸易摩擦对宁波部分创新型产业集群发展带来了较大影响。以宁波汽车产业集群为例，对宁波汽车制造业特别是零部件企业影响较为严重。尽管国家出台了一些刺激汽车消费的相应措施，但对市场的作用还没有体现。汽车消费市场观望情绪浓厚，使宁波整车产能不能充分释放，并传导到零部件企业。由于宁波市是全国重要的汽车零部件生产基地，受全国整车产销量下降的影响比较大，部分重点零部件企业产值、产量下降明显。同时，受上游原材料上涨的挤压，短期汽车制造业增长乏力，经济下行压力持续增大。从短期来看，2019 年 5 月 10 日起美国对中国输美的 2000 亿美元商品加征 25% 的关税，汽车零部件几乎全部被列入征税范围，对宁波市出口美国市场的汽车零部件企业影响较大，贸易摩擦延缓了美国客户在中国市场采购的热情，且观望情绪日益走高。从长期来看，本地自主品牌产品在美国的海外扩张将受阻，引进美国高端汽车零部件将更加困难，对美国高端汽车技术及人才的整合形成阻力。如韵升电机的市场主要集中在美国，客户为转嫁成本，进行了一轮又一轮的压价，降价幅度最高达 15%，企业整体已临近亏本，对美业务同比下降约 16%。

第八章

培育和发展创新型产业集群的国内外经验借鉴

第一节 国外创新型产业集群经验借鉴

一、北欧各国 ICT 创新型产业集群

（一）基本经验

1. 英国

虽然信息与通信技术产业（ICT 产业）在英国并不算是一个十分重要的行业，但是英国在这个领域却拥有极具全球竞争力的企业。苏格兰、泰晤士谷及剑桥是目前英国 ICT 产业最具代表性的三大集群。这三大集群的发展各有特点：高科技、低成本、高附加值的生产模式是苏格兰成功的关键；一系列政府研究中心的聚集及区域之间的相互影响成就了泰晤士集群；剑桥则受益于一大批具有悠久历史的高校及其培养的大批人才。从总体上来说英国的 ICT 产业深受其与国家关系的影响，尤其是政府和公共团体采购方面，同时也受到政府为试图干预经济所制定的框架条件的影响。

促进这个创新型产业集群发展的优势因素主要有两个：第一，在研发费用的来源上，主要来自内部，集群的研发费用绝大部分由企业承担。第二，在于英国特定地区的集中专业化。英国电子业最大的优势在于各要素的融合给了它自身持久的生命力。从行业角度来讲，电信、国防电子业和ICT产业已从政府支持获得相当力量。从空间角度来讲，由于拥有高技术员工的相对惯性，该行业能获得稳定的劳动力，这就是说集群可以得到强有力的人力资源支持。这些因素使得英国ICT集群具有国际竞争力。

2. 芬兰

在芬兰的创新型产业集群中最具有代表性的就是它的信息与通讯集群，它以电信设备的生产和服务为主，可以称为芬兰国家级的创新型产业集群，推动着芬兰整个知识经济的发展。芬兰的ICT产业集群形成于20世纪80年代，到90年代发展迅猛，其产品出口额从90年代初的5%增长到90年代末的20%。技术知识代替了原来的资本原材料和能源成为国家经济主要的推动力。芬兰政府在创新型产业集群的发展中起着十分重要的作用。芬兰政府的大部分行为都被学者波特认为是“恰当”的措施，以营造一种良好的环境，鼓励产业水平提高，营造稳定的经济和政治氛围。集群内部的主要企业如NOKIA公司通过促进集群内公司之间的交流合作、技术研发也为集群的发展做出了巨大的贡献。政府机构的大力支持、高校和研究机构配合培养合格人才、内部企业的通力协作及高水平的国际级研发机构共同支持着创新型产业集群的发展。使芬兰的通信技术一直保持着世界领先水平，为芬兰的经济发展不断注入强劲动力。

（二）启示

英国的ICT产业集群及芬兰的ICT产业集群的成功告诉了我们内部参与者的重要性，它是集群发展的原动力。创新型产业集群内部参与者之间要加强交流沟通，加快知识的转移速度和产出率，提高集群对于经济的作用力，尤其是那些在行业里有一定规模的企业，要扮演好领头羊的角色，促进创新型产业集群内部的研发、合作，将创新的意识根植在企业文化中。欧洲的创新型产业集群的发展也告诉我们，政府的政策支持是必不可少的，影响着整个集群的发展。这里主要谈一下政府在创新型产业集群发展中应发挥作用方面的启示。

1. 我国政府对于整个集群的发展要有一个宏观的把握

根据各个地区的历史、地理、社会条件确立正确的集群发展方向。可以像英国学习通过建立创新型产业集群数据库，对集群进行统一管理，全面了解各个创新型产业集群的历史、现况，绘制全国创新型产业集群的地理分布图。以此为依据来制定相应的政策扶持创新型产业集群的发展。

2. 在明确方向后，政府要为创新型产业集群的发展提供创造一个良好的外部环境，在全社会营造一种创新文化

完善现行的法律体制、加强对于知识产权的保护力度；理顺市场机制的运作，开放市场，为创新活动提供一个公平、公正的竞争环境。在这一点上，可以借鉴芬兰的成功经验，芬兰在1999年初向四家数字通经营商免费颁发UMTS许可证，同年，又颁发了数字电视经营许可证，以此全面开放市场，鼓励竞争，以公平竞争来促进创新型产业集群的发展。

3. 政府要加大在创新上的资金投入

要重视培育那些刚刚起步、尚未发展成熟但极具潜力的新型部门，在解决创新型产业集群的资金问题上，政府可以从两方面着手：①税收政策。对于新兴的创新企业给予税收优惠政策，鼓励创新活动的展开。②政府可以帮助发展成立一批风险投资公司，通过投资公司在创新过程中引入风险资金，与政府一起解决创新型产业集群的资金问题。同时投资公司的介入还可以加快知识的转移，提高创新型产业集群的经济效益。

4. 促进各企业各地区的合作，以获得更高的竞争力

通过在创新型产业集群内部建设一批技术创新服务机构、信息服务机构，来加快集群内部知识、信息的流通速度，打破传统地区之间的“鸿沟”使得创新型产业集群之间得以相互学习和促进。像芬兰就设有TEKES、COE等国家级组织帮助集群内部相互学习交流，充分利用外部知识资源，让公共和私营知识机构充分互动。

5. 大力发展教育，引进和培养创新型人才

人才是集群发展的主要驱动力。通过教育改革、人才引进制度等提升人才的技术水平、创新能力，保障集群的后续动力。

政府的政策可以帮助创新型产业集群更好发展，但这些政策工具并不是万能的。政府在运用这些政策工具时应具有敏锐的感受力，同时要避免一些认识上不能过分地积极，否则会使内部参与者过分依赖使集群失去内部的动力。

二、法国电信谷产业集群

（一）基本经验

有法国硅谷之称的索菲亚·安蒂波利斯科技园（SASP），是欧洲最大的科技园区。该项目始建于1969年，经过40余年的发展，把一个没有产业基础、没有大学和没有任何其他研发资源的旅游地区改造成为世界著名的高科技产业集群“电信谷”，经历了一段较长时间的资源积累、转化和飞跃的过程。SASP的成长可以明显地分成两个发展阶段：

1. 20世纪60—80年代：高科技资源集聚过程

从资源禀赋的角度来看，SASP所在地缺少发展高科技产业的比较优势，因为这个区域既无工业基础，也无大学和科研资源。因此，SASP在成立初期的主要特征是以多渠道吸引并聚集外部科技资源。

首先，凭借优越的地理条件和自然人文环境吸引跨国公司的研发机构入驻。作为传统的旅游圣地，Riviera地区拥有独特的优势资源，包括尼斯（Nice）国际机场、宜人的气候、良好的居住条件和基础设施以及世界性的文化传统，这些都足以成为吸引跨国公司将其研发中心定位于此的充分理由。1960年IBM首先在尼斯市附近建立了它的实验室，随后德州仪器也将其研发中心安置于此。这些跨国公司研发机构的初始目标是以此为窗口了解欧洲市场，通过改进产品设计以适应欧洲市场需求。

其次，科技园创始者的影响力吸引了部分科技型企业。SASP的创办完全可归功于法国Ecole国家矿业大学的校长Pierre Laffitte教授的创新性思想。Laffitte教授把建立“科学与智慧之城”的观点落实到了SASP试验项目之中。凭借Laffitte教授的影响力、社会关系网络以及大学的声誉为园区拉来了最初的一批高科技企业。

最后，政府的参与迅速汇聚了大量的国际、国内科技资源。Laffitte教授的私人实验，很快面临了基础设施和财务的约束。为了进一步实施该计划，需要大量的参与者和直接来自本地或国家政府的支持。在1977年，SASP从私人管理转为公共管理。政府直接参与了创新运动，并组织了大规模、有计划的国际营销，使它很快成为了一个有目的地筛选产业活动的国际园区，其中创新的、非污染的、高附加值的、研发活动的产业是入园的首选。在政府规划之下，法国电信公司迁移至此，并在SASP建造了高质量的电信基础设施，使之成为国家和国际沟通网络中重要的节点，也为这个地区创造了一个关键的比较优势。

自此，SASP在科技资源累积方面走上良性循环的轨道，并获得了正反馈效应。经过第一阶段的发展已经确保了SASP试验在“量”上的成功。这种成功主要可归结于两个原因：第一，对国际环境特别是美国市场的积极营销战略；第二，准确的产业定位及科技基础设施的提供，尤其是基于光纤技术的电信网络的建立，使该地区的吸引力显著增强。

回顾SASP第一阶段的发展，可以总结为以下四个特征：外部企业主要是跨国公司的定位和选址决策成为左右该地区成长的主导力量；本地经济的发展呈现一种出随机累积的特征；园区吸引的科技资源高度分散在多种产业活动范围内；科技园项目参与者与本地经济之间很少有互动。

2. 20世纪90年代至今：创新性资源的本地化过程

进入90年代之后，当知识经济和全球化创新过程成为潜在经济增长的主要的驱动力时，SASP陷入了发展危机：大型跨国公司大幅度缩减规模、部分业务在国际市场上的分包等外部因素的冲击都降低了园区吸引外部资源的速度；另外，本地劳动力市场的缺乏成为制约园区成长的瓶颈。然而，危机却促成了SASP增长体制的转变，即从外生驱动到内生驱动过程的转变，而且促进了企业之间、研究机构之间与本地互动关系的发展。

在这一时期，该地区出现了两个显著变化：

首先，尼斯大学积极参与到科技园建设中，培训了大量毕业生，带动了当地劳动力市场的兴起；特别是尼斯大学的博士研究项目，加强了工程师与科研人员之间的交流和联系，逐渐满足了园区日益增长的对高素质人员的需求。如今，尼斯大学已经成为法国第二大综合性大学，每年大约为园区培训4000名左右的毕业生。学校的教学、科技研究与其产业市场建立和保持了非常密切的联系，促进了科研成果的商业化。尼斯大学从SASP的经济成长中受益，同时大学的发展也为科技园的发展提供了必要的人力资源。在第二阶段，SASP的科研人员和学生的数量显著增加，尤其在计算机科学、电信和电子领域相关的研究优势已经确立。

其次，中小型企业迅速繁衍，盘活了本地资源。这一期间大型跨国公司在全球市场上重新布局、规模减缩，为避免外来资源的流失，大量衍生企业“被迫”出现。这些中小型企业主要是由以前大公司的工程师创办的，凭借与原公司非正式的网络联系，它们承担了大企业的部分分包项目，促进了技术的扩散和知识的本地化。另外，网络经济的出现，为本地高科技人才的创业提供了良好的平台，大量本土企业陆续进入软件、多媒体、电信和互联网领域。大型跨国企业的本地研发部门、中小型衍生企业、学术界的创业实践构成了SASP生物多样化的市场结构。

回顾SASP第二阶段的发展，可以总结为以下四个特征：①研究机构和学术人员的数量显著增加，高科技人才的流动市场日益形成；②大型外部（跨国）公司定位于SA地区的工厂数量相对减少；③园区内形成了特定的“企业家氛围”和创业文化；④本地创业企业在信息和通信技术相关领域对国际化大公司的替代效应加强，而且企业之间、研究机构之间以及与本地经济系统之间的交互影响增多。

（二）启示

索菲亚·安蒂波利斯科技园的演进历史及“电信谷”的巨大成功，对我国科技园的建设和区域创新体系的构建均有很大启示。

1. 以科技园区为聚点，培育地区产业集群

目前我国的科技园的产业定位大多集中在信息及通讯技术、新材料、生物医药、光机电一体化与先进制造技术、环境保护、软件、新能源与可再生资源、现代农业技术等国际热门领域，但园区汇聚的资源多呈分散化、孤立化特点，大多数园区还处于发展的初期阶段，以吸引外部资源为考核指标和终极目的，真正形成有影响力的地区产业集群的并不多见。参照SASP的成功经验，地区经济的发展必须依赖创新知识的本地化，而这种本地化知识的最有效物质载体即为产业集群。可见，借助科技园的平台，打造产业集群，拉动地区经济增长，是我们今后应该继续努力的方向。

从建立科技园区到形成有竞争力的产业集群必须完成从外部资源集聚到内外资源整合的飞跃。首先，对外部科技资源的吸引和聚集是先决条件，这其中需要依靠区域自然条件优势、大学的声誉和信用、政府的政策措施等多方力量的协作与支持；其次，加强外部资源与本地互补性资源的互动交流是关键。围绕园区创新成果，构筑产业链的核心，打造产业集群，并将其融入区域经济系统，进而才能拉动本地的经济增长。最后，国家或地区政府要在基础设施建设、创新环境营造上当仁不让，在园区主导产业选择、优势产业培育上给予适度地引导和扶持。

2. 借助产业集群创新，构建区域创新体系

在逐渐完善科技园物理性基础设施建设、汇聚科技资源的基础上，需要进行组织创新、机制创新、制度创新、文化创新，借助园区的“二次创业”，提升产业集群的能级。整个这样的过程也是培育区域创新体系的一条重要路径。在这个过程中，一方面要促进新知识的创造活力，另一方面也要加强知识的本地化和根植性。SASP 的演进历史给我们的启示如下：

首先，大学是创新知识的源泉，是地区人才库的培训和生产基地。加强产学研结合，推进大学与科技园区的交流、大学与地区资源的互动，是构建区域创新体系中的重要环节。其次，中小型创业企业是促进区域创新的催化剂。本地创业企业与本地经济资源有着天然的千丝万缕的联系，又与大企业及学术界的技术创新和研发有着更高层面的合作与交流。围绕产业链核心部门形成的大量中小型创业企业一方面有利于外部创新资源固化在本地，另一方面也有助于本地经济积极融入全球价值链分工体系，它们的繁荣将带动地区产业结构的升级和区域经济的快速发展。最后，政府在建立组织协调机构、创造沟通平台、提供科技信息、鼓励本地人才创业等方面应进一步发挥作用，以加快区域创新的进程。

三、美国圣地亚哥创新型产业集群

（一）基本经验

1985 年以前，美国加州圣地亚哥地区经济发展缓慢，失业率居高不下，地区创新能力不足，主导产业以国防工业和旅游业为主。1985 年以后，圣地亚哥地区经济快速发展，失业率大幅下降，GDP、出口总量和创造的就业机会均超过全国平均水平；地区创新能力得到明显提升，员工人均拥有专利数量为全国平均水平的两倍多，员工人均风险基金接近全国平均水平的 3 倍；主导产业逐渐升级为生物科技产业和高科技产业，不仅无线通信公司数位居全美第一、生物科技公司数位居全美第三，而且 10 多家世界一流研究机构也汇聚在此。著名企业和研究机构包括：美国第一大无线通信公司 WirelessValley、美国第三大的生物技术公司 BiotechBeach、美国著名的生物研究所 Salk 以及海洋研究所 SCRIPPS 等。如今，圣地亚哥已成为仅次于硅谷和波士顿地区的全美第三大科技中心（又称“美国第二硅谷”,），其发展模式被冠以“圣地亚哥模式”。英国《经济学家》杂志曾评价：圣地亚哥地区是世界上唯一的一个真正的生物科技产业的集

聚区。

在二十几年间，圣地亚哥地区从一个过去以国防工业和旅游业为主的地区转变成如今的美国第三大科技中心和世界上唯一的一个真正的生物科技产业集聚区。Michael E. Porter 对此进行了深入分析和研究，认为：高质量的商业环境、具有竞争优势的产业集群以及各种促进合作的正式或非正式组织是推动圣地亚哥地区创新型产业集群成功的三支重要力量。

那么，如何促进高质量的商业环境、具有竞争优势的产业集群以及各种促进合作的正式或非正式组织这三支重要力量有效整合与协同从而形成圣地亚哥的创新型产业集群呢？UCSD CONNECT 在其中起到了至为关键的作用。正是 UCSD CONNECT 的建立，圣地亚哥地区才得以形成良好的商业环境，各产业集群之间才能够不断产生横向创新，各类正式和非正式合作组织才能够有效协同。凭借 UCSD CONNECT 构建的信息传播网络、知识传播网络，创新型产业集群内各行为主体才能够实现协同与竞争。其中，UCSD 和以 Salk 为代表的一大批著名研究机构作为知识与技术的源头，有效地促进了集群中知识、信息、技术等的扩散，为创新型产业集群提供了有力的支持；政府和金融机构对共同技术研究等提供资金支持；以 BIOCOM 为代表的一些知识密集服务机构和中介组织提供的信息平台及时传递科技信息。最后，上述各行为主体所提供的资源最终通过企业的利用，转化为科技成果和技术创新。

（二）启示

1. 构建有效整合各类资源的多层次的公共创新服务平台，形成创新型产业集群最具竞争力的核心资源

圣地亚哥的成功经验表明：一个能够有效整合各类资源的公共创新服务平台（UCSD CONNECT）对于创新型产业集群的形成所起到的最为关键的支撑作用。因此，我国应借鉴其成功经验，构建一个能够突破区域限制的、多层次的公共创新服务平台，以有效整合和优化配置各类资源，连接各公共和私人地方性机构，以解决集群内诸如风险融资、中介服务、产学研合作、信息支持等问题。在该公共创新服务平台中，大学、科研院所提供创新所需的新知识、新思想，同时为集群培养创新型人才；知识密集服务机构和中介组织提供科技发展的国内外前沿信息，为相关机构与企业提供有针对性和适用性的服务，以有效提高集群的创新效率；企业及时地

应用创新成果，以便直接拉动集群的创新水平。

2. 发挥研究性大学和科研院所的能动作用，形成提升集群创新水平的重要动力源

在硅谷的发展中，斯坦福大学发挥了极大的作用；在爱尔兰的软件园里，利默里克大学就位于软件园的中心；同样，加州大学圣地亚哥分校在圣地亚哥的成功中也发挥着举足轻重作用，UCSD CONNECT 正是由加州大学圣地亚哥分校赞助成立的。作为高智力聚集中心的研究性大学和科研院所既是技术创新的开发者，又可为集群提供思想活跃、技术熟练的大量的工程技术人才，同时也可作为企业成长的孵化器并为之提供中介服务，从而为提升集群创新水平提供了重要动力源。

3. 提升政府的公共服务能力和水平，营造有利于创新型产业集群形成的良好的商业环境

创新型产业集群的形成需要一个具有良好信誉基础和信息基础的商业环境，仅依靠私人关系或机构无法保障其有效率。因此，政府应致力于公共服务能力和水平的提升，为创新型产业集群的形成提供一个“公平、公正、公开”的良好商业环境，使集群内具有互补能力的各行为主体之间产生协同效应，从而促进集群内协同创新的产生。

四、日本创新型产业集群

（一）基本经验

九州位于日本的西南端，是日本的第三大岛，被称之为日本的“10%经济”。到 20 世纪 70 年代为止，九州的产业结构以钢铁、造船为主，但因环境污染、日元升值等原因，其发展受到限制。从 20 世纪 70 年代开始，九州大力发展半导体产业，现被誉为“硅岛”。

日本九州半导体创新型产业集群的发展可分为单纯集聚、产业集群、创新型产业集群 3 个阶段。只是在产业集群阶段上，作为集群的要素特征不是很明显，即到 20 世纪 90 年代为止，九州半导体集群尚未形成有效的横向合作体系，这无疑阻碍了集群协同效应的发挥。

2001 年以后，在日本经济产业省的主导下，九州半导体产业通过实施产业集群计划向创新型产业集群升级，其发展模型（如图 8－1）（以下简称九州创新型产业集群）。九州创新型产业集群把发展目标设定为，通过促进产、学、官之间的联系和合作，研究开发创新性技术、产品及商务

模式，提高九州半导体产业的全球竞争地位。这一模式具有如下的特征：

（1）九州的半导体产业集群具备了创新型产业集群所必需的各项要素，如企业、大学、研究所、协调支援机构等。

（2）采取了政府主导的发展模式。作为日本政府产业集群计划的组成部分，九州半导体创新型产业集群的发展从政策、资金方面，得到了中央及地方政府强有力的支持。但其发展模式并非是上命下从的模式，而是通过设立非官方的推进机构—半导体创新协议会，注重于协调异质的行为主体产、学、官各方。

（3）重视创新要素间的联系与合作。通过设立产学官会员制组织半导体创新协议会，以及举办论坛与交流会等，不仅加强了技术需求方企业与供给方大学之间的合作，又促进了“从来见不到面”的垂直系列企业间的联系。

（4）大学成为人才培养、创新技术的孵化与商用化的基地。通过设立技术许可办公室和直接创办风险企业，加强了产学合作，促进了新技术发明的直接转化。

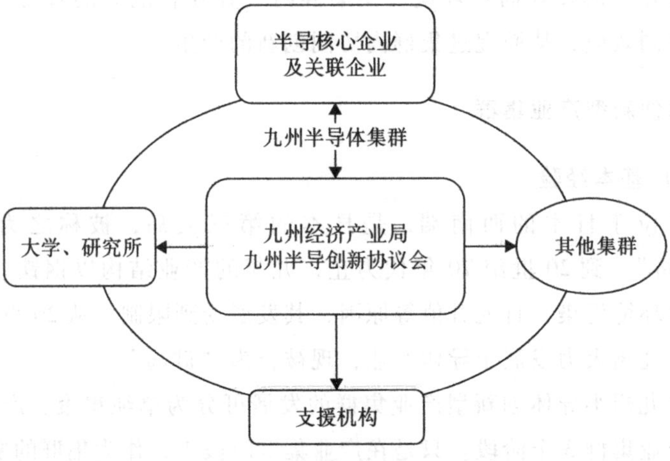

图 8－1 九州半导体创新型产业集群发展模型

资源来源：根据日本九州经济产业局官网的资料来源修改而成（http：//www. kyushu. meti. go. jp）。

但是，到目前为止，九州创新型产业集群还处于发展形成阶段，这主要表现在：①尚未开发出能够在全球范围内通用的创新技术或产品；②创新活动的主体大多以官、学为主，以企业为主体的创新还为数小多；③集群网络属于交易型或研发型网络，尚未构筑能够提升集群整体竞争力的网络系统。

（二）启示

反观我国国内的传统产业集群和高新技术集群，大多存在创新要素的缺失，或即使完备也因各项要素之间未能形成有机的融合，无法创造协同效应。而日本九州产业集群的发展及升级的经验，对我国发展创新型产业集群具有如下启示：

（1）政府在发展创新型产业集群方面应起到主导作用。虽然国内学者在“自上而下”与“自下而上”两种模式的选择上颇有争议，但是目前在国内市场体制尚不健全、民间对创新要素的投入有限的情况下，我国创新型产业集群的发展应以自上而下的模式为主。但是这一模式不应是硬性圈地、扎堆的模式，而是政府制定长期的发展战略，整合各项要素的投入，促进产、学、官合作的模式。

（2）传统产业集群的升级必须与创新要素相结合。我国的传统产业集群大多属于市场自发形成，处于全球价值链、产业链的低端，缺乏知识创造机构的有效支撑。因此，对于传统产业集群来说，如何取得外部的技术支持，或怎样提高自身研发、设计能力是其向创新型产业集群发展至关重要的因素。因此，要求并提供优惠条件，使地方所在的高等院校及研究所在专业课程设置、研究领域上有所侧重，从而为集群的发展在人才、技术方面提供有效支撑。另外，构筑良好的社会、居住环境是吸引高端人才的重要条件，而目前国内的传统产业集聚地，如温州、泉州在此方面多有不足。

（3）促进产、学、官联系与合作。企业既是创新技术的需求者，又是商用化者；而大学和研究机构是创新人才和技术的提供者。因此，促进产学合作是创新型产业集群发展所必不可缺的机制。这一机制需要政府作为服务提供者的角色来构筑，也可以效仿日本的做法，设立由产、学、官参与的非官方机构来协调集群内各方的利益。另外，应通过鼓励和扶持大学创办技术许可办公室（TLO）和风险企业，推动创新技术发明的快速产业化。

（4）促进中小企业向创新型企业发展。产业集群不仅需要大企业的核心领航作用，还需要由众多中小企业提供分工协作。但我国因历史、制度等原因，对中小企业的扶持一直不足，到目前为止这一状况尚未得到改观。因此，需要政府尽快建立中小企业政策性融资体系，促进中小企业及其向创新型企业发展，提高产业整体的竞争力。

第二节 国内创新型产业集群演进过程及典型模式

一、北京中关村模式

中关村科技园（Zhongguancun Science Park，简称中关村，下同），起源于20世纪80年代初的“中关村电子一条街”，是中国第一个国家级高新技术产业开发区、第一个国家自主创新示范区、第一个国家级人才特区，也是京津石高新技术产业带的核心园区。中关村科技园是我国体制机制创新的试验田，被誉为“中国硅谷”。

1988年5月，国务院批准成立北京市高新技术产业开发试验区，它就是中关村科技园区的前身，1999年8月更名为中关村科技园区，中关村科技园区管理委员会作为北京市人民政府派出机构对园区实行统一领导和管理。习近平总书记指出，中关村已经成为中国创新发展的一面旗帜，面向未来，要加快向具有全球影响力的科技创新中心进军。

中关村是我国科教智力和人才资源最为密集的区域，拥有以北京大学、中国人民大学、清华大学为代表的高等院校近41所，以中国科学院、中国工程院所属院所为代表的国家（市）科研院所206家；拥有国家重点实验室67个，国家工程研究中心27个，国家工程技术研究中心28个；大学科技园26家，留学人员创业园34家。

（一）演进过程

纵览中关村创新型产业集群的形成过程，我们可以发现它经历了三个阶段。

1. 第一阶段："电子一条街"阶段（约1980—1987年）

在改革开放和经济全球化的时代背景下，中国的很多有识之士冲出国门，开始寻找发展中国经济的特色之道。1980年，以中国科学院研究员陈春先为首的一批科技人员在考察美国"128号公路"和"美国硅谷"之后，跨出了科学的殿堂，在中关村创立了我国第一个民办科技机构——"先进技术"发展服务部，成为我国高新技术企业的发端，并在1983年1月得到了国家领导人的肯定。从此，随着改革开放的深入，我国的民营企业从无到有并不断发展壮大。1983年，科海、京海、四通、信通先后在中关村创立，成为我国发展高新技术产业的先锋。此后，东升、未来、联想、时代、华海等一批高新技术企业也应运而生并迅速发展壮大。截至1986年底，很多以微电子产业为主的高科技企业纷纷入驻中关村，科技企业实体达到140家，"电子一条街"逐渐形成。"电子一条街"的形成，标志着中关村中小企业集群的形成。这一阶段，中关村的科技企业规模较小，企业之间联系很少，基本上处于各自为战的状态，企业聚集在一起主要是为了获得区位优势和技术优势，由于机制和体制的束缚，技术和资金相当薄弱，创新的整体环境尚未形成。

2. 第二阶段："北京市新技术开发试验区"阶段（约1988—1999年）

随着中关村企业集群的形成，国家高层决策者开始注重集群的整体发展。经过反复的调研论证后，国务院在1988年5月10日正式批准了《北京市高新技术产业开发试验区暂行条例》（即"18条"），划定以海淀区为中心的100平方公里的范围为高新技术试验区，并给予试验区各种优惠政策。至此，我国的第一个国家级高新技术区在中关村成立。为了促进创新成果的产业化，区内很多高校和科研机构响应国家政策，纷纷进入试验区创办技术企业。截至1999年2月，丰台园区、昌平园区、电子城科技园区以及亦庄科技园区先后成立，从而形成了一区五园的格局。这个阶段，中关村凭借"18条"带来的配套政策、法规，依靠"两不四自"原则，吸引了很多创业人员来园区创业，并涌现出了一大批发展迅速、富有活力的高新技术企业，取得了骄人的成绩。这一阶段，区内企业完成了产业集聚、联系合作密切，并开始从单个企业的独立创新走向了外部的联合创新，产业集群开始形成。

3. 第三阶段："中关村科技园区"阶段（1999年至今）

1999年5月，"北京市高新技术产业开发试验区"正式更名为"中关村科技园区”，标志着中关村创新性产业集群的形成。此后，中关村科技园区保持加速增长的势头，特别是国务院批复以来，经济总量稳步提升、大量新的企业入驻园区、留学生归国人员创业势头非常旺盛、外资大量涌入中关村。创新资源集聚以及创新网络的形成，促使园区的支柱产业——电子信息产业走向成熟。中关村推进以软件产业、信息服务和信息制造业为代表的特色产业发展；大力促进电子信息、光电一体化、生物工程与新医药、新材料和环保等支柱产业的发展；带动中介服务业、文化体育产业、教育培训产业以及商业、房地产业等相关产业的发展。

（二）中关村模式的特点

中关村经过40多年的发展建设，已经聚集以联想、百度为代表的高新技术企业近2万家，形成了下一代互联网、移动互联网和新一代移动通信、卫星应用、生物和健康、节能环保、轨道交通等六大优势产业集群，集成电路、新材料、高端装备与通用航空、新能源和新能源汽车等四大潜力产业集群和高端发展的现代服务业，构建了“一区多园”各具特色的发展格局，成为首都跨行政区的高端产业功能区。

近年来，中关村围绕国家战略需求和北京市社会经济发展需要，取得了大量的关键技术突破和创新成果，涌现出汉卡、汉字激光照排、超级计算机、非典和人用禽流感疫苗等一大批重大科技创新成果，为航天、三峡工程和青藏铁路等国家重大建设项目实施提供了强有力的支撑；中关村企业获得国家科技进步一等奖超过50项，承接的“863项目”占全国的四分之一，“973项目”占全国的三分之一；创制了TD-SCDMA、McWill、闪联等86项重要国际标准，798项国家、地方和行业标准；中关村技术交易额达到全国的三分之一以上，其中80%以上输出到北京以外地区。

中关村的发展历程表明，在市场与产业的相互作用下，在北京市高新技术试验区形成之前，大批创业者进驻中关村创业。由于创新环境还未形成，大量的企业聚集在一起，合作联系较少，基本上是各自为战，联合创新活动很少。随着北京市高新技术试验区的成立，国家通过为园区提供大量的优惠政策，培育有活力的市场机制以及消除市场缺陷，加快了产业集聚进程，并最终形成了中关村创新型产业集群。值得指出的是，政府在中关村的演进中，并没有进行行政干预，而是配合市场的作用来促进中关村的发展。

二、上海张江模式

张江高科技园区，被誉为中国硅谷。成立于1992年7月，位于上海浦东新区中南部，是中国国家级高新技术园区，与陆家嘴、金桥和外高桥开发区同为上海浦东新区四个重点开发区域。经过近20年的开发，园区构筑了生物医药创新链，集成电路产业链和软件产业链的框架。园区有国家上海生物医药科技产业基地、国家信息产业基地、国家集成电路产业基地、国家半导体照明产业基地、国家863信息安全成果产业化（东部）基地、国家软件产业基地、国家软件出口基地、国家文化产业示范基地、国家网游动漫产业发展基地等多个国家级基地。建有国家火炬创业园、国家留学人员创业园。

张江已是上海物联网产业集聚程度最高的区域，在传感层、网络层和应用层这三大物联网产业 层面拥有雄厚的基础。在传感层，张江是全国唯一的“国家射频识别产业化基地”，并拥有国内产业链最完整、最先进的集成电路产业基地，上海华虹集团是张江的芯片设计制造企业；在网络层，张江及周边区域聚集了中兴通讯、IBM、上海贝尔等全球先进的物联网传输设备制造业产业群，同时，浦东的“千百万”光纤工程和无线网络覆盖，也为物联网的应用提供了雄厚的传输网络；在应用层，张江软件园有大量在物联网产业应用领域领先的系统集成企业，如宝信软件、九城，盛大网络，上海亿通国际，上海移动，上海电气等龙头企业。张江5年内将完成物联网产业核心基地的开发建设，届时张江物联网产业产值预计达到500亿元，2020年达到1000亿元。

（一）演进过程

在上海市人民政府和国务院的规划下，上海张江科技园于1992年7月成立。它位于上海浦东腹地，毗邻陆家嘴金融贸易区，既能够依托浦东开发所形成的前沿优势，又能利用上海在人才、资金、技术、市场以及服务等方面的综合优势来发展自己。18年来，张江发生了翻天覆地的变化，纵览张江的发展历程，可以分为两个阶段。

1. 第一阶段：1992年张江科技园成立到1999年“聚焦张江”战略决策拉开序幕之前

在这一阶段，伴随着浦东开发和国家科教兴国战略的实施，张江就肩负着发展与国际接轨的高科技产业的重任。但是，由于这时期张江科技园正在起步阶段，无论是园区硬件环境还是软件环境都处于初建时期，所以发展速度非常缓慢，基本上处于原生态发展模式，主要靠以土地的买卖和租赁方式，引进企业的进驻。在浦东高速发展的背景下，期间三届领导都倍感压力。但是，三届领导都非常重视对入园企业的筛选，与产业定位不符的企业一律不引进。另外，三届领导都对园区进行了充分的开发和配套建设，为科技园新一轮发展提供了一个良好的硬环境。

2. 第二阶段：1999 年 8 月上海市政府提出“聚焦张江”战略到现在

1999 年 8 月，在把握科技经济发展趋势和遵循市场规律的前提下，上海市人民政府提出“聚焦张江”的战略决策，明确园区以集成电路、软件、生物医药为主导产业，在国务院和中央各部委的大力支持下，集全市之力，依托上海的综合比较优势，把张江打造成为上海“科教兴市”的重要承载平台。自此，张江高科技园进入了高速发展阶段。为了吸引创新型企业入驻高科技园区，上海市人民政府在 2000 年颁布并在 2001 年修改了《上海市促进张江高科技园区发展的若干规定》，提供了一系列宽松的政策，如建立行政管理绿色通道、集聚风险投资机构、加强知识产权保护以及集聚研发创新资源等。随后，大批企业入驻张江高科技园区，其中包括了很多国外知名的高科技企业。到 2006 年时，张江科技园就已经形成了集成电路、软件产业和生物医药三大创新型产业集群，并在园区形成了金融信息服务、文化科技创意、信息安全和冠光电子等关联产业集群。同时，园区内集结了 14 所国家高等院校、91 个企业研发中心以及将近 30 个国家级的科研院所。2007 年开始，上海张江高新区集聚特色优势产业，调整并形成了各个分园的特色产业和主导产业，限制并淘汰高污染、高能耗、低附加值的产业，集聚创新资源促进集群创新的快速发展。

2010 年，园区经营总收入达到 1100 亿元，年总收入增速达 15% 左右，成为中国高科技产业化的龙头区域。上海张江高科技园区正在全力打造 10 个拥有自主创新能力的国家级高科技战略产业平台，即集成电路制造与装备平台；移动终端产品集成平台；多元化多模式显示终端；生物医药研发、产业化；物联网基础设施技术；商用大飞机设计研发；数字内容与互联网技术；金融后台服务平台；低碳技术、高端价值链；现代农业示范推广平台。

截至 2012 年底，园区累计注册企业 9164 家；从业人员 27 万人，本科学历以上占比超过 60%。实现经营总收入 4200 亿元，同比增长 13.5%；工业总产值 2084 亿元，同比增长 19.75%；固定资产投资 206 亿元，同比增长 1.93%；税收收入 189.15 亿元，同比增长 10.6%。成为浦东发展的重要增长极。根据“2012 年上海市开发区综合评价”，张江高科技园区再度蝉联综合排名第一，同时在创新发展和投资环境指标上也排名第一。

如今，张江取得了举世瞩目的成就。张江园区已形成集成电路、生物医药、软件及文化创意和新能源、新材料等战略性新兴产业集群。集成电路产业形成了包括设计、制造、封装、测试、设备材料在内的完整产业链，共有 146 家企业，2010 年实现营业收入超过 200 亿元，同比增长 55.5%，占全国的 20%，占全球份额超过 1%。涌现出一批自主创新的明星企业，如芯片制造的中芯国际、芯片设计的展讯和材料装备的微电子。生物医药产业形成了从新药探索、药物筛选、药理评估、临床研究、中试放大、注册认证到量产上市的完整创新链，聚集了国内外生命科学领域的企业、科研院所及配套服务机构 400 多家，其中出现一批相当成熟的科研机构，如上海痛风病研究所临床科研中心、上海华中医学研究中心、上海妇科疾病研究所临床科研中心等，已成为国内外生物医药领域专业 CRO 机构集聚度最高、承接研发外包业务最活跃和国内创新药物研发数量最多的区域。2010 年实现营业收入约 200 亿元，同比增长 18%。园区企业已申报药品注册 414 件，在研药物 207 个，已获新药证书的一类新药 50 个，涌现出一批自主创新的明星企业，如微创医疗、复旦张江等。软件及文化创意产业以数字出版、网络游戏、动漫、影视制作为重点，累计引进 300 余家文化类企业，包括盛大网络、第九城市、网易。其中，经认定的文化创意、数字出版企业达到 250 余家。2010 年，文化产业及软件营业收入 553.58 亿元，同比增长 38.3%。新能源、新材料等战略性新兴产业，在生物燃料、水处理、生物脱硫、环保设备、环保服务等细分领域形成了一定的产业基础，集聚了如凯能、林洋电子、理想能源和益科博等新能源企业。

近年来，张江集成电路创新型产业集群已经占据了国内半壁江山，是国内最大的集成电路研发、制造基地；生物医药产业已形成了从完整的创新体系，是国内最密集的生物医药研发创新高地，医药销售额排名世界前 20 位的企业近一半入驻张江；文化科技创意产业产值占全国 70% 左右；

浦东软件园成为国内最大的软件产业基地之一，等等。

（二）上海张江模式的特点

上海张江高新技术产业区在这么短的时间里能取得这么惊人的成绩，其实完全是在政府的正确规划下完成的。无论是从园区优越的创新创业环境看，或是人才引进、培养和激励机制来看，还是从集群的法制环境来看，政府方面都起着关键的作用。

优越的创新创业环境是在上海政府的规划下完成的，健全的法制环境是上海政府提供的，大学和研究机构的成立基本上都是在政府的引导和支持下，集中在上海张江成立的。由此可以看出，政府在张江的发展中充当的不仅是支持者，而且是积极的参与者。可以这样说，没有政府方面对张江科技园的周全规划和设计，就没有今天上海张江高新产业区的辉煌。

第三节 国内外培育和发展创新型产业集群的主要经验

一、充分发挥政府的引导作用

国外绝大多数创新型产业集群是依靠市场，通过企业的衍生与扎堆自发形成的，但无一例外都受到了政府的大力支持。政府作为协调者，大学从企业中获得经费以减轻政府的财政压力；企业开发高新科技以增加财政税收，发展地区经济；学术界提供科技和人才源；企业提供资金并开拓市场；政府提供政策、基础设施，三方在共同利益的基础上共同发展创新型产业集群。

据波特的简单统计（波特，2003），早在21世纪初，在世界范围内许多国家、州和城市都有明确的产业集群发展计划。如在国家层面有加拿大、新西兰、印度、马来西亚与埃及等29个；在省/州/地区层面有美国的麻州、加拿大的魁北克与西班牙的加泰罗尼亚等14个；在都会城市层面则有包括硅谷在内的11个。

为促进创新型产业集群的发展，韩国政府颁布了《研究合作促进法》和《合作性研究行为促进法》，早在20世纪90年代，就制定了改善国家优势政策、发展企业间网络政策、区域发展政策和产业研发集聚政策，建立了供应链协会和区域研发中心。区域研发中心一般由大学申请，中央政府审批，私人企业与大学、中央政府、地方政府共担费用。1995年建了3个区域研发中心，1996年10个，1997年1个，1998年13个，1999年10个。1991年，印度政府电子部发起了“软件技术园区计划”，在班加罗尔建立了第一个国家级软件技术园区，利用产业集群方式发展软件业。至20世纪90年代末，印度成为仅次于美国的世界第二大软件出口大国。日本东京政府为促进大田区产业集群的发展，建立了一个企业产品和技术数据库，鼓励和支持企业建立技术学习系统和合作交流系统，支持企业举办国内外贸易博览会。

日本筑波科学城、韩国大德科学城、马来西亚多媒体超级走廊，这类创新型产业集群差不多上都由政府投资进行规划与建设的。例如，筑波的进展源于政府拟建一个“东京卫星城”的方法。大德科学城的建立则是因为当时韩国政治中存在着激烈的地区竞争，使政府意识到将高新科技进展地区分散的重要性（当时高新科技产业高度集中在首都地区），从而把科学城建在总统的家乡。这些高新科技区在成立初期就进展得相当迅速，就有相当数量的研究机构、大学和公司在此落户，或是迁入、或是新建。

二、聚集了大量优秀的创新型人才

人才是创新型产业集群进展的“引擎”，不仅要有人才，人才还得密集，而且要有各种各样的人才，形成智力库。国外创新型产业集群绝大多数是在高等院校的参与下建立的。如剑桥大学城、硅谷等高新科技产业集群，其创建和进展过程与当地的高等院校紧密相关。有资料显示：1990年美、英、法、日、德等9个发达资本主义国家已建成的220个高新科技产业集群中，有189个是在高校院所参与下进展起来的，高等院校参建比例为86%。如剑桥科学园由三一学院直接参与创建，硅谷由斯坦福大学创建。其他创新型产业集群虽不是由大学直接建立，但在其产生和进展过程中邻近的大学都积极参与，这些高校的参与主要是为集群提供了大量的创新型人才。

以硅谷为例，它的所在地拥有包括世界闻名的斯坦福大学、加州大学伯克利分校、圣克拉拉大学和圣何塞大学在内的8所大学、9所专科学院和33所技工学校。各个大学强有力的电子工程人才为硅谷的进展奠定了基础，尤其是斯坦福大学成为科学科技的源泉。目前在硅谷有30多万科技人员，3万多名从事高新科技工作的人员，仅博士生就有8000多人，集中了来自印度、中国等国的大量优秀人才。

台湾的新竹科学园是全球第四大半导体生产基地，和美国、日本这些世界半导体生产的领先者分享全球市场。新竹科学园有一种特色的做法：通过吸引海外的留学人员和科技人才，带回成熟的科技或优秀的创意，在台湾开办高新科技企业。这些人差不多都是留学生，他们作为“先进生产力的媒体”成了创业的跨国公司的企业基础，在硅谷和新竹之间架起了社会和经济的桥梁。这些技能性的移民通过一些科技团体结合起来，促进了国际间企业迅速传递技能、诀窍、市场和科技信息，以及带动资本的跨洋流淌，使新竹科学园赢得全球科技市场不断增加的市场份额。

中关村是中国国家创新型产业集群的一颗“明珠”，它云集了清华、北大等68所高校，213家科研机构，30多万在校大学生，10多万常备人才，其人才的密集度在全世界差不多上罕见的。中关村是中国知识经济的大本营，是知识经营，创新引资最活跃、最热烈的地区。

三、积极发挥行业协会的作用

创新型产业集群是企业和产业在一定区域范围内分工协作不断深化的产物，行业协会是维护企业间分工协作关系的重要手段。因此，国外创新型产业集群离不开行业协会及相关组织的支撑。意大利对外贸易协会、地区商会和产业区俱乐部等在创新型产业集群发展中发挥了重要作用。如皮安蒙特是意大利最重要的汽车及其零部件产业区，为了促进产业区的持续发展，由都灵商会和皮安蒙特商会联合推广实施了“从概念到汽车”的项目。意大利产业区俱乐部是一个民间组织，其宗旨是与政府有关部门协调产业政策，增强产业区之间的相互交流，加强产业区的学习和研究，树立意大利产业区的整体形象，促进产业区之间的合作。俱乐部目前有近40个会员，每年编辑出版《意大利产业区指南》，介绍意大利产业区的发展状况与变化趋势。此外，美国加州议会中的酒业委员会对加州葡萄酒产业集群发展起到了重要作用。

四、强调教育培训、金融等各类服务机构的作用

教育培训、金融等各类服务机构在创新型产业集群发展中发挥着重要作用。许多产业集群发达的国家政府都非常强调教育培训、金融等各类服务机构的作用。

意大利政府为促进创新型产业集群发展，出资设立各类不同层次的职业技能培训机构，对就业对象进行无偿培训。对申请创办企业者要求其必须首先参加为期五周的培训；对失业者要进行反复多次培训，直至其就业；对在职人员也要开展相应的技能培训。意大利各类服务中心为创新型产业集群发展提供了重要条件。意大利政府依照法律规定建立了为中小企业服务的产业区服务中心。服务中心一般为公有机构，由生产商协会、地方政府和企业共同所有，提供信贷担保、出口保险、组织展览会、提供信息、处理客户申诉、咨询培训服务、品质监控、资格授予、商标推广和集中采购等一系列服务。美国“硅谷”在发展过程中，风险投资公司发挥了不可或缺的作用。风险投资不仅为高新技术企业发展解决了资金瓶颈，而且帮助企业降低风险和培养了新兴企业家。在美国加州葡萄酒产业集群中，就有世界著名的加州大学戴维斯分校葡萄栽培和葡萄酿造研究机构为其配套。

五、重视中小企业的作用

许多创新型企业都是中小企业，即使是创新型大企业也是从中小企业发展而来。一个国家欲获得国际竞争优势，从而发展创新型产业集群，不能只靠本国的全球性大企业，还要靠那些扎根于本土的中小企业集群。因此，许多国家都非常重视中小企业的发展。

意大利制定了许多鼓励中小企业发展的法律。《意大利宪法》明确规定了国家对中小企业的支持；1952 年通过的《莎巴狄尼法案》，从信贷、担保等方面明确了促进中小企业发展的措施；1956 年颁布实施的《手工业法》是意大利最早的小企业法；1977 年第 675 号法律规定，在中央中期信贷银行内设立中央担保基金，为中小工业企业贷款提供担保；1982 年第 46 号法律规定，在工业、商业和手工业部设立技术创新特别滚动基金，用于鼓励中小企业开展技术创新活动；1986 年第 64 号法律专门制定了鼓励年轻人开办小企业的政策措施；1991 年第 317 号法律进一步加强

了对中小企业创新的财政支持；1992 年颁布的第 488 号法案对扶持中小企业预算做出了明确安排；1998 年的第 192 号法案为防止大企业控制小企业做出了专门规定。美国中小企业管理局为中小企业提供融资，组织中小企业出国参展与考察，增进中小企业对国外市场的了解，制定人才引进措施等。

六、培育鼓励创业和创新的区域文化

创新型产业集群的形成离不开区域文化的作用，良好的创业文化是吸引科研人员的定居的“磁石”，是激励科学家创新思维和企业家创业思维的“催化剂”。因此，许多国家将培育有利于创新的区域文化作为促进创新型产业集群的重要举措。美国“硅谷”的诞生就归功于斯坦福大学鼓励学校师生创业的全新理念。20 世纪 60 年代，加利福尼亚州出台了支持大学研发和个人创业的政策。“硅谷”培育了勇于冒险、不断进取和宽容失败的区域文化，逐步形成了支持生产性试验的合作传统，包括老企业给予新企业鼓励甚至金融支持、各公司工程师之间非正式交流与合作、公司内部各层次人员间非正式的联系与合作。日本东京大田区自 20 世纪 90 年代以来逐步培育了一种敢于创新的区域文化。年轻一代逐步形成了一种热心于技术、挑战高技术的共识，通过频繁的交流，巩固了技术综合体。

第九章

双循环格局下宁波发展创新型产业集群的对策建议

第一节

企业的对策

一、转变思路，从单个企业发展转到在集群中发展

在现有经济条件下，经济全球化正在蔓延，双循环格局正在形成，我国的经济体制和经济生活也在发生巨大变化，消费者从以前追求温饱转到现在追求生活品质。在这种条件下，企业只有转变管理理念才能增强其核心竞争力，培育其持续竞争力，在全球竞争下实现基业长青。同理，在目前的双循环格局下，宁波企业必须不断提高其自主创新能力，促进其产品结构升级，满足消费者日趋变化的消费需求和消费观念。在知识经济条件下，企业要提高自主创新能力必须改变思想观念，转变以前“单打独斗”的经营模式，加强与其他组织合作，实现双赢，即企业和其他组织相互合作，在合作中不忘竞争，在竞争中实现合作。

现在经济从以前劳动分工转变到现在知识分工，知识被分散到各个互

相独立的企业和其他组织机构之中，宁波企业要想加快创新速度，增强创新能力，就必须迅速积累系统的创新知识，因此企业必须结合起来，形成一个比较紧密的创新型产业集群，共享集群知识，加快企业知识积累。

宁波的创新型集群一般是由几个龙头企业或核心企业带领一系列中小企业在其他组织机构的润滑下经营发展，中小企业面临一系列问题如融资难、科技力量薄弱等。宁波中小企业要想做大做强就要改变以前“小而全”的发展思路，集中力量发展自己优势项目，紧紧和大企业相结合，培育其核心竞争力，在激烈竞争中占有一席之地；龙头企业或者是核心企业引起科技力量强，资金充足，但也容易形成“大企业病”即面面俱到，试图在其所在领域内都取得技术领先，并不断向其他行业出击。在双循环格局下，企业之间的竞争已经超越地区，参与到全球竞争之中，龙头企业也要参与到全球价值链中。因此，龙头企业要依靠创新型产业集群发展其优势项目，并不断扩大其优势，不断缩短其劣势，在全球竞争中保持领先地位。

总而言之，在目前的双循环格局下，宁波的龙头企业和中小企业都需要继续转变思路，积极融入集群，在集群中求发展。

二、加强研发体系建设，不断增强企业创新能力

科学技术变革通常是引领全球政治、经济和社会发展的关键性前因变量，双循环新发展格局背景下，集群企业要高度关注技术创新对高质量发展和国内大循环的推动作用，需要坚定不移深层嵌入并引领技术前沿。

（一）正视企业的创新水平，着力提高企业自身的创新能力

企业不仅要清楚外界市场环境中存在的机会与威胁，也要清楚企业自身内部的创新水平。客观评价自身的优势与劣势、能力与不足，并针对不足的方面着力改善，以提高企业自身的创新能力。另外，集群内中小企业要从储备充足的创新人才、构建企业创新研发中心、完善企业创新的知识管理系统等方面加大创新投入，为提高企业创新能力提供平台。

（二）营造浓郁的创新氛围，调动企业的创新精神与创新积极性

企业创新文化的内容是以创新为主体的。适宜的企业创新文化有助于在企业中营造浓厚的创新环境和氛围；有助于刺激管理者及员工的创新动

机并维护创新行为的持久性；有助于提高创新效率和创新成果的获得。为此，企业应加强培训管理层及普通员工创新素质，加强培育与树立企业创新价值观，建立适当的创新激励机制来激发企业员工的创新欲望。

（三）集群企业要强化研发体系建设，着力技术创新

要推动国家重大科技计划成果在企业中的应用，加强产业化建设，集群内优秀科技企业要勇于承担各类政府资助项目。集群领军企业应面向集群产业链关键核心技术需求，建设一批新型研发机构，牵头组织产业重大技术研发和行业标准制订。集群企业可以采取多种形式与高校、科研机构合作建立研发中心、设计中心和工程技术中心，着力提升创新能力和产业链现代化水平。可在宁波探索建立股份制战略技术合作机构，推动全产业链上不同环节技术优势单位强强联合、交互持股，打造技术创新合作网络和利益共同体。

宁波有条件的集群企业要积极向领军企业进发，通过加强技术研发、技术改造和提档升级，促进龙头企业成为具有核心竞争力、市场影响力和行业话语权的国际领先企业。领军企业要积极提升全产业链专业化协作和配套水平，并带动集群内有条件的科技型中小企业形成供应链。集群领军企业和关键核心企业应充分发挥带头作用，集中宁波科技型中小企业优势，实施集群企业梯次培育行动计划，这样既可以不断壮大宁波创新型产业集群的企业队伍，也可以促进宁波大中小企业协同创新、融通发展。

宁波创新型产业集群内的企业要积极参与产业技术联盟，形成定位清晰、优势互补、分工明确的协同创新机制，有效提高和降低企业在技术研发、市场开拓、配套供给等过程中的效率和成本。企业要积极协同大学、研究机构、金融机构和中介服务机构共同参与产业技术联盟建设，促进联盟进一步发挥整合各类优质创新资源的优势。宁波创新型产业集群企业还要充分利用中国创新创业大赛、创新挑战赛等平台，以获取更多优质创新资源。

三、加强集群学习，逐步完善“产业—创新链”

当前，宁波绝大多数创新型产业集群仅仅处于地理上的集中，其内在的知识创新能力并没有完全形成，所以集群内企业要加强学习，打造“产业—创新链”。首先，要在集群内建立正式交流和非正式交流的网络，

知识库如行业协会等，为集群成员提供交流的机会和场所。加强集群内的企业之间、集群内企业与集群外企业之间的信息联络，协调集群内企业之间的相关性强的活动。这可以有效地降低集群之间知识共享的成本和提升企业的学习和共享的意愿，巩固和加强企业间合作竞争网络。其次，要促进企业和知识生产机构的密切合作，在这一方面要支持大学、科研院所以更灵活、更主动的方式参与到产业集群的知识创新活动中，通过集群共同努力培育有利于知识创新的区域文化氛围。构建开放型的创新网络体系，提升企业国际化水平。提高产业国际化程度是延续和避免创新型产业集群衰退，保持其竞争优势的有效途径。

企业可以通过与高校和科研机构组成产、学、研联合，促进管理者和员工素质的全面提升。集群内的企业通过相关的培训机构和职业技术学校对上岗的职工进行培训；通过与高校合作，提高基本劳动力的整体素质，培养企业高级技术人员，培养一批现代企业家；通过建立一种经常性的集体学习机制，培育集群内部的学习能力。集体学习机制可以使集群灵活地适应动态多变的外部环境，保证集群的持续健康快速地发展。

宁波各个创新型产业集群应在上述建立合理的优势产业的同时，完善产业链结构，通过细分产业链建立起上、中、下游关系密切的产业链和完善的专业分工协作机制，从而推进集群内企业间相互学习，相互联动的关联性。同时依据国家创新体系理论，将劳动、资金、信息、知识、材料这些环节视为“创新链”结构。进而各个集群还可以通过“创新链”建立增加企业之间的关联性，使得企业能够运用各自的优势共同提高创新效率，实现创造性的协同发展。

四、群内企业需要培育新的竞合理念，实现双赢

现在社会是一个合作与竞争并存的社会，但是，企业发展中，企业往往只是注意与其他企业之间的竞争。竞争是一个企业发展的动力，激烈的竞争促使企业不断提高其产品的质量，给予企业提高其创新能力的压力，只有在压力下，企业才能够不断开拓进取，不满足于现状。但是过度的竞争又会阻碍企业的学习和创新。

现在技术创新已日趋高端化，带来的后果就是创新所需要的时间不断延长，所需资金不断增长，所需要的知识积累也日趋庞大，这已超过单个企业所能承受的，而且创新的风险日趋加大，企业要和其他经济组织结合企业共担风险，共享成果。

因此，宁波创新型产业集群中的企业不但要竞争，更要合作，在合作中求竞争则企业长存。即企业要加强其竞合理念的培养。这种竞合可以避免企业之间的恶性价格竞争造成两败俱伤，又能在合作过程中通过信息共享，开拓商机，开拓市场，实现双赢效果。

五、群内企业需要积极培育人才，参与国际合作

（一）宁波创新型产业集群内企业需要不断促进管理科学化，增强企业决策层的协同创新意识

企业内各层次管理人员决定着企业的发展前景与方向，开放的、现代化的企业管理模式是构建企业内创新环境的基础。因此，要着力提高企业内部管理者素质，建立规范的战略规划体系，增强高层领导的创新意识，促使其观念从简单的竞争方式向合作竞争方式转变，从而加强与集群内其他组织的联系及合作，建立合作联盟。

（二）企业要积极培养人才，强化人才战略

宁波创新型产业集群企业要积极建立各类高层次专业技术人才工作平台，探索建立人才柔性工作支持政策，鼓励外地人才通过各种方式为企业建设提供服务，在科研立项、成果转化、表彰奖励等方面与本地人才享受同等待遇。集群内有条件的龙头企业可以建立青年留学回国人员实习基地，吸引海外留学人员回国参与创新型产业集群建设。

（三）企业要加强开放创新，参与国际合作

双循环格局下，宁波创新型产业集群企业积极参与“一带一路”建设，探索建立“一带一路”创新型产业集群国际合作交流机制。集群领军企业可以根据产业链布局需要，在境外设立代表处、办事处等境外机构。集群内具备条件的企业，可以采取投资入股、收购兼并等方式，通过资本纽带与产业链中境外优秀机构快速融合，补齐发展短板。

第二节 政府的对策

一、前瞻性布局创新型集群发展的数字化基础设施

（一）全面升级通信网络基础设施

实施5G网络建设行动，构建覆盖“5G+千兆光网+智慧专网+卫星网+物联网”的通信网络基础设施体系，到2025年建成5G基站4万个，实现全大市5G信号全覆盖和规模商用。深入推进IPv6规模部署，提升宁波国际互联网专用通道。加快建设千兆光纤网络，到2025年实现千兆宽带对家庭和重点场所基本覆盖，打造“双千兆城市”。拓展新技术应用，探索推进量子通信、天基互联网等新一代网络技术研发和专网建设。

（二）加快布局感知网络基础设施

实施全面感知体系建设工程，推进智慧多功能杆和公共服务、城市治理等领域感知网络基础设施建设，部署低成本、低功耗、高精度、高可靠的智能化传感器。扩大窄带物联网建设覆盖范围，建设一批具有国际竞争力的物联网开放平台，大力推进感知技术在应急管理、交通治理、环境监管、智能家居、健康医疗等领域应用。

（三）前瞻部署算力基础设施

以数据中心为重点，加快构建“边缘计算+智算+超算”多元协同、数智融合的算力体系，全面建成市大数据中心，扩充宁波移动、电信、联通公共数据中心，谋划建设宁波智算中心。加快国家北斗导航位置服务浙江（宁波）数据中心建设，积极探索北斗位置服务大数据示范应用。加快推进航运大数据中心等特色产业数据中心建设。探索新型数据中心能耗指标单独核算，不列入地方年度考核体系。

二、全面营造有利于创新型集群发展的文化生态

创新文化对集群演进有重要的推动作用。在现代经济条件下，企业要像提高其自主创新能力，必须注意与其他企业之间的合作，不能只是相互之间竞争，只有竞合，才能促进集群内企业之间的交流，才能够促使企业之间形成更为紧密的创新网络，但是，现实中企业之间竞争大于合作。只有政府通过有意识的引导，促进创新文化的形成与发展，才能达到企业之间竞合的平衡，使参与主体获利。

因此，宁波市政府要继续培育有利于企业竞合的创新文化，倡导集群各行动主体之间的相互学习，产生较强的联合行动效应。在这种文化氛围中，创新成果容易在集群内扩散，创新知识能够在集群内顺利扩散，企业能够更好地享受知识溢出的好处。而且，在这种文化中，容许失败，鼓励冒险精神，能够使参与主体更加积极主动地去进行技术创新活动。

（一）建立健全协同创新体系

实施国际创新合作计划，加强与创新强国科技合作，建设中日国际科技合作中心、中东欧国家科技创新研究中心。加强国内科技合作，在上海、杭州、深圳等地建设科技合作园区。支持本土企业、高等院校、科研机构参与国际科技合作计划，支持企业设立海外研发中心、联合实验室和人才合作平台。支持领军企业联合高校院所、产业链上下游企业组建创新联合体，协同开展关键核心技术攻关。

（二）优化科技创新支持方式

推行新型科研项目组织管理方式，实行“揭榜挂帅”等制度，健全以转化应用为导向的科技成果评价机制。探索组建市创新投资集团，确保财政科技和人才经费投入年均分别增长15%以上，引导社会资本加大投入，加大基础研究支持，推动政府引导性投资基金重点投向高成长性初创企业。创新融资、保险等金融服务，发挥天使基金、创投基金、产业基金作用，拓宽科技型企业直接融资渠道。大力弘扬科学精神和工匠精神，加强科研诚信建设，推进全民科普，营造崇尚创新的社会氛围。

（三）强化知识产权保护

打通知识产权创造、运用、保护、管理和服务全链条，增强系统保护能力。深入实施专利、商标、版权、地理标志等系列工程，到2025年PCT（专利合作条约）专利申请量突破1000件。综合运用法律、行政、经济、技术、社会治理等手段，不断完善知识产权保护体系，实施惩罚性赔偿制度，争取设立知识产权法院，整体提升保护水平。健全知识产权综合管理体制，深化中国（宁波）知识产权保护中心建设，建设国家海外知识产权纠纷应对指导中心宁波分中心，运营好知识产权公共服务平台。

（四）全面提升科技服务能力

实施科技资源共享行动，推动财政投入的重大科技基础设施和大型科研仪器向社会开放。统筹建设共性技术平台，建设“科技大脑”，布局打造一批研究开发、工业设计、检验检测、实验验证、信息服务等公共服务平台。加快科技大市场升级，推动科技成果供需高效对接。高质量建设产业创新服务综合体、科技企业孵化器、大学科技园、众创空间等“双创”服务平台，鼓励社会资本进入科技成果转化服务领域，强化创业辅导、企业融资、工业设计等专业服务供给。

三、继续强化宁波企业的创新主体地位

（一）壮大创新型企业梯队

建议打造科技型中小企业、高新技术企业、创新型领军企业梯队，完善梯次培育和全链条培育机制，形成若干有国际竞争力的创新型领军企业群。支持企业建设工程（技术）中心、企业研究院、重点实验室、院士工作站、博士后工作站等研发机构，争创省级以上技术创新中心，承担重大科技项目。到2025年，高新技术企业、科技型中小企业数实现倍增，国家级高新技术企业超过6000家。

（二）打造标志性优势产业链

深入实施“246”万千亿级产业集群培育工程，巩固提升制造业发展优势和竞争力，创建国家制造业高质量发展试验区。打好产业链现代化攻坚战，加快布局一批强链补链延链项目，培育一批“链主企业”，全力打

造化工新材料、节能与新能源汽车、特色工艺集成电路、智能成型装备等10条自主安全可控的标志性产业链。常态化摸排产业链运行风险，健全重点产业链风险预警和处理机制。深入推进先进制造业与现代服务业融合发展，培育一批两业融合试点区域和试点企业。

（三）增强企业创新激励

实施全社会研发投入专项行动，完善研发导向的政策扶持机制，全面落实研发费用税前加计扣除政策，综合运用项目支持、研发后补助、风险补偿等财政支持方式，鼓励企业加大研发投入。实施重大创新成果产业化示范工程，完善自主创新产品推荐目录，加大装备首台套、材料首批次、版权首版次、部件首批次支持力度，落实政府采购优先使用自主创新产品政策。

（四）全面落实支持实体经济发展政策，进一步优化企业营商环境

加强各创新型产业集群培育工作的宣传，创新内容和形式，提高公众科学认知和参与政府决策的水平。强化交流合作，通过举办数字经济、机器人、智能汽车、智能家电家居、集成电路、工业互联网等国际性会议、论坛、展览、大赛等活动，提升区域品牌形象。强化示范宣传，组织开展重点制造业产业领域的试点示范，及时总结成功经验，促进经验交流及宣传推广，发挥好典型引领、以点带面的作用。

（五）加大政策支持

落实国家、省和市关于创新型集群发展的相关政策，围绕产业集群发展目标，整合优化现有各项政策扶持渠道和方式，在资源要素、技术改造、关键技术攻关、创新载体建设、公共服务平台建设、企业梯队培育等方面给予重点支持。继续完善政策体系，落实加快创新型产业集群发展的若干政策，形成市、区（县、市）两级联动的政策体系。

四、通过战略性新兴产业引导创新型集群发展

（一）要梯度壮大重点产业

宁波市要重点发展新材料、高端装备、电子信息、生物医药、新能源汽车、节能环保等产业，着力引进一批新兴产业重大项目，培育一批行业

龙头企业，加快形成产业体系新支柱。前瞻性布局工业互联网、第三代半导体、先进功能装备、空天信息、先进前沿材料、氢能、区块链等未来产业，发展一批具有自主创新技术的瞪羚企业，培育未来经济竞争新优势。支持发展新技术、新产品、新业态、新模式，促进平台经济、共享经济健康发展。

（二）要继续构建技术支撑体系

围绕化学创新药、现代中药、高端医疗器械、集成电路关键材料、高端功能植入医用材料、增材制造领域新材料、氢燃料电池、智能网联汽车、区块链等关键领域，布局建设一批共性技术研发、测试、中试和应用的功能性平台，组织实施一批重大工程，突破一批核心技术，开发一批战略性产品。积极举办各类创业创新大赛活动，加强各类投资基金对创业项目的支持，促进创新成果留甬转化。

（三）要健全应用推广机制

争取新兴产业市场准入、行业监管等方面的综合授权、先行试点，探索建立符合未来产业发展规律的监管体系。布局建设若干车联网示范区、生命健康试验区、工业互联网先导区等试点平台，加快打造新技术新产品应用示范区。

（四）加强要素保障

加强产业基金运作，积极争取“国家集成电路产业投资基金”等国家和省相关产业基金的支持，鼓励和引导市工信产业基金、创业投资基金、天使投资基金等加大对创新型产业集群的投资力度。加强土地保障，优先支持创新型产业集群重大项目和新产业、新业态用地，积极实施优惠地价政策及差别化用地政策。持续推进“亩产论英雄”改革，引导不符合园区产业方向的低效企业退出，淘汰“低散乱”落后产能，提升土地产出效益。创新能源、排放考核指标评价方法，建立动态平衡机制，争取国家、省对宁波列入国家产业布局的创新型集群重大项目用能指标给予支持。

五、加速创新型人才的引进与培育

（一）要加快引进高端创新型人才

宁波将实施顶尖人才集聚行动，优化整合人才计划、人才工程，实施“甬江引才工程”，确保入选人才数量持续增长，打造高素质人才发展重要首选地。大力实施柔性引才模式，建立竞争性人才使用机制，支持在甬高校院所面向全球遴选学术校长（院长）、首席专家。构建全球引才网络体系，优化人才国际交流服务，建强浙江创新中心、院士之家、人才之家等高能级人才服务平台，集聚更多海内外高端人才资源。

（二）大力集聚青年创新人才

宁波需要打造高校院所“人才蓄水池”，提高在甬高校毕业生留甬比例和市外高校毕业生来甬数量。宁波将支持高校、科研院所、企业建设博士后工作站，全面提高资助补贴标准。实施青年科技人才新星计划，培育青年科学家队伍。实施人才安居工程，建设国际青年人才社区。创新举办宁波人才日、人才科技周等重大活动，持续打响“与宁波·共成长”品牌，全力打造近悦远来的青年友好城。

（三）大力培育创新型产业人才

宁波需要加大创新型产业人才引进力度，完善新材料、工业互联网、关键核心基础件、生命健康、专业服务等重点领域人才支持政策。实施新时代“甬上工匠”培育行动，支持高校设立数字经济、人工智能等前沿学科，构建产教训融合、政企社协同、育选用贯通的高技能人才培育体系。壮大宁波帮、创二代、新生代企业人才队伍。壮大工程师队伍，实行“技术高管”“产业教授”制度，培养复合型产业人才。

（四）深化创新型人才发展体制机制改革

提高高校院所、产业技术研究院等人才“引育留用管”自主权，完善包容审慎的高层次人才管理机制，建设人才管理改革试验区。实行以增加知识价值为导向的人才激励机制，试行科技成果转移转化利益分配改革。深入推进人才评价制度改革，推进人才市场化评价和认定，建立人才举荐制度。深化人才创新创业全周期“一件事”改革，优化人才“关键小事”协调解决机制，实行人才专家服务“一码通”。发展海外引才平台，提升外籍人才出入境和停居留便利性。推动人力资源服务业高质量发展，建设国家级人力资源服务产业园等。

六、建立健全服务于创新型产业集群的平台和机构

创新型集群的演进离不开中介机构的支持。中介机构作为集群中各参与主体的润滑剂，促进各参与主体之间的交流。中介机构为企业和科研院所的创新活动提供各种支持，例如成立行业协会，为创新提供技术指导，为企业和科研院所交流提供平台。

（一）要组织和引导专业技术力量发展科技中介机构

组织和引导专业技术力量发展科技中介机构是提升科技中介机构服务水平的重要工作。通过政府支持，以各个科研单位和高校为依托，成立各种中介机构，不定期组织各种活动，使企业和其他科研院所有一个更好的交流平台。各种协会可以对整个集群进行协调、监督、指导等工作，从而加强宁波市政府和各企业间的联系，组织企业间的技术协作和联盟，推动整个集群和集群创新的持续发展。

（二）整合提升各类产业平台

坚持战略导向、竞争导向、规模导向，集中资源打造若干战略牵引平台，力争“3个创建”成为省级高能级战略平台。按照“突出重点、集中优势、整合提升、提高能级”原则，整合提升各类开发区（园区），重点建设一批制造业发展平台和特色服务业集聚区，高标准建设3个以上“万亩千亿”新产业平台，积极创建国家新型工业化产业示范基地，布局建设一批新兴产业专业园、小微企业园和特色小镇，鼓励发展产业社区。调整优化开发区（园区）管理体制，激发发展活力。

（三）聚力建设特色服务业集聚区

全力打造三江口中央商贸区、东部新城金融商务区、南部商务区总部集聚区、梅山国际物流产业集聚区、宁波电商经济创新园区、东钱湖国际会议博览区、四明山—雪窦山旅游度假区、前湾主题旅游集群区、象山影视文化产业区、慈溪鸣鹤—上林湖风景名胜区、宁波湾滨海休闲旅游区、

宁海森林温泉旅游度假区等特色服务业集聚区。

（四）推动产学研合作

通过制订相应的制度，积极为集群企业与科研院所等公共研发机构建立合作关系，使集群成员企业可以从大学等科研和公共研究机构获取创新所需的知识、技能和技术，使得企业在这种合作中得到成长，充实集群内部的知识基础和知识储备，增加集群内部的知识积累。同时也要关注知识和技术参与分配的情况，充分利用市场机制和专门机构正确评估创新成果及研究开发成果的价值，保障大学、科研机构和科技人员等创新者在转让技术过程中的责任及相应的激励机制，促进科研成果向企业转移。

（五）引导企业参与国际竞争

促进集群与外部环境的联系，帮助集群加入全球商业链。政府有意识的引导集群企业参与国际竞争，不仅可以为集群开辟国外市场，还有利于国外先进技术流入集群，避免了集群的孤立化发展，从而在一定程度上防止了集群的衰退。一方面，政府可以通过出口补贴等方式，降低企业产品的成本，鼓励其参与国际竞争；另一方面，政府可以通过降低关税等措施进口国外的先进技术和产品，以及吸引国外的创新型企业来华办厂，促进技术、信息在国内的传播。

（六）继续加强知识产权保护

通过制定产品质量标准、完善知识产权制度以及加强质量监管等措施，规范企业行为，促进集群内企业间形成良性的竞争。由于集群内部存在很多同质的企业，他们之间势必存在激烈的竞争。如果集群内产品质量标准不统一、知识产权制度不健全、质量监管措施不得力，企业之间就会出现恶性竞争，妨碍集群的发展。另外，健全知识产权制度，不仅可以保护企业的知识产权，调动企业进行技术创新的积极性，而且在一定程度上也可以缓解“搭便车”现象。

（七）创新完善政府支持政策

落实重大产业项目“一事一议”政策，在财政奖励、金融支持、土地供应等方面予以倾斜。发挥产业基金投资撬动作用，坚持市场化运作，加大关键环节精准支持。建立工业用地保护制度，提高弹性年期土地出让、租让结合、长期租赁等新型方式供地比例，建立建设用地二级市场交易平台，科学布局 M0、M3 产业用地，为产业发展提供空间保障。

（八）优化全域统筹招商机制

编制市级产业链招商指导目录，引进一批竞争性强、成长性好、关联性高的产业链引擎型项目。创新招商方式，推行产业链链长制招商，灵活运用以商招商、以企招商、以园招商和基金招商方式，强化产业生态引商作用。建立项目跨区流转和利益共享机制，引导项目向优势产业平台集聚，规范招商秩序，形成全市招商“一盘棋”格局。加大招商中介奖励力度，健全以主导产业为对象的差异化招商考核机制。

七、实施创新型产业集群品牌工程

（一）推进集群形象建设

强化技术创新，推进集群形象建设，逐步在全国培育一批有深厚技术创新能力支撑的区域集群品牌；鼓励集群内现有贴牌企业发展自主品牌，支持现有知名品牌做大做强，逐步形成一批具有全国乃至世界影响力的知名品牌。

（二）加快构筑高能级创新平台

深化国家自主创新示范区建设，推动国家高新区扩容提质建设世界一流高科技园区，争取区县（市）省级高新区全覆盖。集中力量建设甬江科创大走廊，科学布局建设文创港、软件园等一批创新单元，推动科研设施、大院大所、科创企业加速集聚，打造以甬江为主轴的创新带。加快建设极端环境服役材料多因素强耦合综合研究装置、材料与微纳器件制备平台、工业智能信息中心等科学装置。加快构建新型实验室体系，高起点建设甬江实验室并争创国家级实验室，加快国家、省、市重点实验室梯队建设，到 2025 年省级（含）以上重点实验室达到 40 家。

（三）激发大院大所创新能力

按照“引进共建一批、优化提升一批、整合组建一批、重点打造一批”路径，实施产业技术研究院建设提升工程，支持龙头企业牵头建设产业技术研究院，积极争创国家技术创新中心（制造业创新中心、产业创新中心）。按照高水平新型研发机构标准，以科研成果产出和应用为导向，推进产业技术研究院创新发展，着力形成集“研发、转化、孵化、招商”功能于一体的可持续发展模式。支持科研院所加快改革，扩大科研自主权，提高科技成果转移转化成效。到2025年，建成各类产业技术研究院80家以上，争创省级新型研发机构30家以上。

（四）推进关键核心技术攻关

实施一批重大科技基础研究专项，积极承接国家重大科技项目，大幅增加高校院所基础研究投入，鼓励开展交叉学科研究。实施重大科技攻关行动，推进“关键核心技术登峰计划”“前沿引领技术2035”“重大场景应用计划”，聚焦新材料、人工智能、新能源、工业互联网等重点领域，加快实现一批产业核心技术突破，力争部分领域达到世界领先水平。聚焦提升产业链安全性，动态更新重点领域技术需求，持续支持关键核心技术攻关。到2025年，实施关键核心技术攻关项目500个以上。

（五）实施产业基础再造工程

聚焦核心基础零部件（元器件）、关键基础材料、先进基础工艺、产业技术基础、工业基础软件等产业基础自主化，以龙头企业为核心，开展合作研发和协同攻关。滚动支持推进一批工业强基项目，加快开发一批国产化替代的适用性技术和产品。实施单项冠军全链条培育计划，打造全国制造业单项冠军第一城，到2025年国家级制造业单项冠军达到100家、专精特新“小巨人”企业达到200家。

（六）加快传统制造业改造提升

实施传统制造业改造提升计划2.0版，推动传统制造业向集群化、数字化、品质化、服务化、绿色化转型，引导企业加强研发投入、专利申请、品牌塑造和标准制定。推进制造业全域产业治理，加快老旧、低效工业区块改造，健全二次开发机制，引导零星工业区块连片开发，完善小微企业园布局，推进“低散乱”企业入园，以市场化、法治化方式推进落后产能退出。同时，要加快军民融合产业发展。加快国际商业卫星发射中心建设，打造一批军民融合产业示范基地，落地一批军民融合重大项目，培育一批军民融合骨干企业，推动海洋监测、空天信息、高端装备、生物医药等重点领域军民融合产业发展，建设“民参军”示范区。

总之，双循环格局下，宁波要培育和发展创新型产业集群，应如上所述，结合政府、企业力量共同作用，各尽其能。

参考文献

[1] [美] 赫伯特·金迪斯. 演化博弈论（第二版）——问题导向的策略互动模型 [M]. 王新荣，译. 北京：中国人民大学出版社，2015.

[2]《创新型产业集群建设的理论与实践》研究组. 创新型产业集群建设的理论与实践 [M]. 北京：科学出版社，2012.

[3] 蔡宁，杨闩柱. 论企业集群竞争优势基础的转变 [J]. 浙江大学学报（人文社会科学版），2004（06）：42－48.

[4] 曹建国. 上海集成电路创新型产业集群形成的充分条件和必要条件研究 [D]. 上海：复旦大学，2008.

[5] 曹荣. 产业集群发展的制度分析 [D]. 沈阳：沈阳师范大学，2013.

[6] 曾春媛，潘云海. 知识溢出的测度模型研究综述 [J]. 北京理工大学学报（社会科学版），2012（01）：20－26.

[7] 陈国宏. 马洁. 技术导向型产业集群创新研究——以沈阳高新区产业集群为例 [J]. 沈阳师范大学学报（社会科学版），2012（04）.

[8] 陈劲，阳银娟. 外部知识获取与企业创新绩效关系研究综述 [J]. 科技进步与对策，2014（01）：156－160.

[9] 陈升，王京雷，谭亮. 基于三阶段 DEA 的我国创新型产业集群投入产出效率研究 [J]. 经济问题探索，2019（09）：148－157.

[10] 陈雪梅. 中小企业集群的理论与实践 [M]. 北京：经济科学出版社，2003.

[11] 陈玉娟. 知识溢出、科技创新与区域竞争力关系的统计研究 [D]. 杭州：浙江工商大学，2013.

[12] 程学童，王祖强，李涛. 集群式民营企业成长模式分析 [M]. 北京：中国经济出版社，2004.

[13] 仇保兴．小企业集群研究［M］．上海：复旦大学出版社，1999.

[14] 丁魁礼．创新型产业集群知识治理机制研究［D］．武汉：华中科技大学，2010.

[15] 董微微．基于复杂网络的创新型产业集群形成与发展机理研究［D］．长春：吉林大学，2013.

[16] 段会娟．知识溢出的测度方法综述［J］．科技进步与对策，2010，27（05）：154－157.

[17] 范群林，邵石飞．增长的产业集群和创新：以成都高新区为例［J］．软科学，2012（06）：1－5.

[18] 冯德连．经济全球化下中小企业集群创新机制研究［M］．北京：经济科学出版社，2006.

[19] 符正平．论企业集群的产生条件与形成机制［J］．中国工业经济，2002（10）.

[20] 傅家骥．技术创新学［M］．北京：清华大学出版社，1998.

[21] 傅京燕，郑杰．中小企业集群成长中的地方政府作用［J］．广东商学院学报，2003（02）：15－19.

[22] 傅京燕．中小企业集群的竞争优势及其决定因素［J］．外国经济与管理，2003（3）：29－34.

[23] 盖文启．产业柔性集聚及其区域竞争力实证分析［J］．经济理论与经济管理，2001（10）.

[24] 葛新权，王斌．应用统计（修订版）［M］．北京：社会科学文献出版社，2012.

[25] 郭嘉仪，张庆霖．省际知识溢出与区域创新活动的空间集聚——基于空间面板计量方法的分析［J］．研究与发展管理，2012（06）：1－11，126.

[26] 郭丽莎．创新型产业集群的生成机制及其政策选择［D］．郑州：郑州大学，2011.

[27] 郭小婷，谭云清．创新型产业集群与政策资源依赖关系研究［J］．科技进步与对策，2021（11）：53－62.

[28] 胡宏伟，吴晓波．温州悬念［M］．杭州：浙江人民出版社，2002.

[29] 胡振华，刘宇敏. 企业集群的必要性及优势分析 [J]. 湖南财经高等专科学校学报，2002 (03)：3－5.

[30] 黄花叶，聂鸣，孙理军. OECD 国家集群政策及其对浙江区域经济发展的启示 [J]. 研究与发展管理，2003 (02)：11－15.

[31] 贾生华，疏礼兵. 产业演进、协同创新与民营企业持续成长：理论研究与浙江经验 [M]. 杭州：浙江大学出版社，2007.

[32] 姜凯耀. 创新型产业集群形成条件及演化机制——上海集成电路产业集群实证研究 [D]. 上海：复旦大学，2009.

[33] 姜维军. 产业集群向创新型产业集群演进的动力研究 [D]. 长沙：长沙理工大学，2010.

[34] 金碚等. 竞争力经济学 [M]. 广州：广东经济出版社，2003.

[35] 康青松. 日本创新型产业集群的发展及启示——以九州半导体创新型产业集群为例 [J]. 科技进步与对策，2012 (03).

[36] 蓝海林，蒋栾. 中小企业集群战略研究 [J]. 中国软科学，2002 (11)：53－57.

[37] 黎继子. 集群式供应链管理 [M]. 北京：中国经济出版社，2006.

[38] 李北伟，董微微. 创新型产业集群研究进展与未来展望 [J]. 技术经济与管理研究，2013 (07)：36－41.

[39] 李健旋，程中华. 知识溢出对区域创新影响的空间计量分析 [J]. 中国科技论坛，2017 (02)：121－126.

[40] 李进兵. 集群内部文化生态变迁与我国创新型产业集群发展 [J]. 科技进步与对策，2016 (05)：73－77.

[41] 李新春. 企业联盟与网络 [M]. 广州：广东人民出版社，2000.

[42] 李兴华，蓝海林. 高新技术企业集群自组织机制与条件研究 [M]. 北京：经济科学出版社，2004.

[43] 李宇，张福珍，郭庆磊. 创新型产业集群的网络创新机制与引导策略 [J]. 宏观经济研究，2015 (09)：98－107，150.

[44] 李志强，李政，王建秀. 创新网络内企业合作博弈研究——知识共享的角度 [J]. 科技管理研究，2017 (13)：16－23.

[45] 李子奈. 计量经济学（第四版） [M]. 北京：高等教育出版

社，2015.

[46] 蔺鹏，孟娜娜．科技型中小企业融资支持政策的运作机理及效果评估——基于 SFA 模型的实证分析［J］．软科学，2018（03）：38-42.

[47] 刘晨，董广茂．供应链中知识溢出对企业 R&D 决策影响研究［J］．科研管理，2013（S1）：271-276.

[48] 刘春香，徐玲．全球价值链视角下传统产业集群升级的实证研究——以浙江为例［M］．武汉：武汉大学出版社，2012.

[49] 刘凤朝，默佳鑫，马荣康．高管团队海外背景对企业创新绩效的影响研究［J］．管理评论，2017（07）：135-147.

[50] 刘珂．产业集群升级研究［M］．郑州：黄河水利出版社，2008.

[51] 刘芹．产业集群共性技术创新过程及机制研究述评［J］工业技术经济，2012（07）：133-138.

[52] 刘欣，李颖．国家持股对企业创新绩效影响研究［J］．软科学，2017（08）：119-122，128.

[53] 柳江．产业集群中技术创新链的发展环境与实现路径［J］．科学管理研究，2012（05）：52-55.

[54] 卢福财，胡大力．企业集群与网络组织［M］．北京：经济管理出版社，2004.

[55] 吕璞，林莉．基于开放式创新的供应链企业协同创新模型研究［J］．科技管理研究，2014（01）：197-200.

[56] 马歇尔．经济学原理［M］．北京：商务印书馆，1997.

[57] 马燕合．营造政策环境，加强技术创新［J］．中国科技产业，2000（06）：28-29.

[58] 迈克尔·波特．国家竞争优势［M］．北京：华夏出版社，2002.

[59] 迈克尔·波特．竞争论［M］．北京：中信出版社，2003.

[60] 倪鹏飞．中国城市竞争力报告［M］．北京：社会科学文献出版社，2003.

[61] 彭俊．中小企业集群理论问题研究［J］．华东经济管理，2003（04）：42-44.

[62] 谯薇，江文清，宗文哲．论中小企业集群的竞争优势［J］．当代财经，2003（10）：75－76.

[63] 芮明杰，李宇，刘昆．产业集群中的知识溢出：框架、焦点议题与中国情境［J］．研究与发展管理，2017（04）：54－64.

[64] 上海市中国特色社会主义理论体系研究中心．创新是更好引领新常态的根本之策［N］．经济日报，2017－03－24.

[65] 盛世豪．产业竞争论［M］．杭州：杭州出版社，1999.

[66] 施纪平，张仁寿．论浙江企业集群中的技术扩散［J］．商业经济与管理，2003（12）：15－17.

[67] 舒成利，辜孟蕾．知识溢出创业理论：评述与未来研究方向［J］．科技进步与对策，2019（05）：154－160.

[68] 斯蒂格勒．产业组织和政府管制［M］．潘振民，译．上海：上海人民出版社，1998.

[69] 宋伟，康卫敏，赵树良．我国协同创新研究的知识图谱分析——基于 CSSCI（1998－2017）数据［J］．西南民族大学学报（人文社科版），2018（06）：226－234.

[70] 孙伟．基于产业群的技术创新研究［D］．哈尔滨：哈尔滨工程大学，2003.

[71] 孙智慧，孙静，王伟．创新型产业集群发展绩效提升研究［J］．东北大学学报（社会科学版），2014（04）：366－370，376.

[72] 唐华．产业集群论［D］．成都：四川大学，2004（10）.

[73] 唐杰等．城市产业经济分析——一项经济案例研究［M］．北京：北京经济学院出版社，1989.

[74] 陶锋，张会勤，李红．外部知识溢出、研发双重效应与企业创新绩效［J］．财经问题研究，2018（05）：44－51.

[75] 田家欣、贾生华．网络视角下的集群企业能力构建与升级战略：理论分析与实证研究［M］．杭州：浙江大学出版社，2008.

[76] 田颖，田增瑞，韩阳，等．国家创新型产业集群建立是否促进区域创新？［J］．科学学研究，2019（05）：817－825，844.

[77] 汪斌．国际区域产业结构分析导论［M］．上海：上海三联书店，上海人民出版社，2001.

[78] 汪少华．浙江省企业集群成长的创新模式［J］．中国农村经

济，2002（08）.

[79] 王缉慈等．超越集群——中国产业集群的理论探索［M］．北京：科学出版社，2010.

[80] 王缉慈等．创新的空间：企业集群与区域发展［M］．北京：北京大学出版社，2001.

[81] 王建华，王方华．企业竞争力评价的系统模型及方法［J］．上海交通大学学报（社科版），2002（02）：67－70.

[82] 王金杰，郭树龙，张龙鹏．互联网对企业创新绩效的影响及其机制研究——基于开放式创新的解释［J］．南开经济研究，2018（06）：170－190.

[83] 王郡．企业簇群的创新过程研究［J］．管理世界，2002（10）.

[84] 王雷．外部社会资本与集群企业创新绩效的关系：知识溢出与学习效应的影响［J］．管理学报，2013（03）：444－450.

[85] 王丽丽，陈国宏．供应链式产业集群技术创新博弈分析［J］．中国管理科学，2016（01）：151－158.

[86] 王伟光，冯荣凯，尹博．产业创新网络中核心企业控制力能够促进知识溢出吗？［J］．管理世界，2015（06）：99－109.

[87] 王小芳，张永庆．法国电信谷创新性产业集群的演进及其启示［J］.中国科技论坛，2007（12）.

[88] 王亚锋．产业集聚新启示［J］．经济学家网站，2002年11月23日.

[89] 王渝，朱斌．论高科技企业集群的持续创新优势［J］．科学学与科学技术管理，2002（08）：96－99.

[90] 王玉华．乡镇企业集聚的土地制度创新与小城镇发展［J］．管理世界，2002（03）.

[91] 王振．基于企业集群战略的科技园区发展定位［J］．上海经济研究，2002（11）.

[92] 魏江．企业集群——创新系统与技术学习［M］．北京：科学出版社，2003.

[93] 魏江．企业集群中的技术学习分工和知识流动［J］．科学学与科学技术管理，2002（09）.

[94] 魏权龄．评价相对有效性的数据包络分析模型——DEA和网络

DEA [M]. 北京：中国人民大学出版社，2012.

[95] 魏守华. 集群竞争力的动力机制以及实证分析 [J]. 中国工业经济，2002 (10).

[96] 魏守华. 企业集群中的公共政策问题研究 [J]. 当代经济科学，2001 (11).

[97] 邬滋. 高技术产业知识溢出的地理邻近性与技术相似性研究 [J]. 工业技术经济，2017，36 (03)：36 - 45.

[98] 吴伟萍，张超，向晓梅. 创新型产业集群对城市绿色经济发展的影响——基于中国 280 个城市面板数据的实证分析 [J]. 企业经济，2021 (11)：24 - 32.

[99] 夏阳. 顾新. 产业集群的自主创新推进模式研究 [J] 科技进步与对策，2012 (06)：48 - 51.

[100] 小艾尔弗雷德·钱德勒. 企业规模经济与范围经济 [M]. 北京：中国社会科学出版社，1999.

[101] 肖广岭. 创新型产业集群及其政策意义 [J]. 自然辩证法研究，2003 (10)：51 - 54.

[102] 谢识予. 经济博弈论（第四版）[M]. 上海：复旦大学出版社，2017.

[103] 熊军. 群的概念、假设、理论及其启示 [J]. 新华文摘，2000 (07).

[104] 徐承红. 民营企业集群与西部区域竞争力研究 [M]. 成都：西南财经大学出版社，2006.

[105] 徐从祥. 产业集群创新网络研究——以南京市软件服务业为例 [D]. 南京：南京邮电大学，2013.

[106] 徐德英，韩伯棠. 地理、信息化与交通便利邻近与省际知识溢出 [J]. 科学学研究，2015，33 (10)：1555 - 1563.

[107] 徐康宁. 开放经济中的企业集群与竞争力 [J]. 中国工业经济，2001 (11).

[108] 徐寅杰. 基于内向型开放式创新的集群企业开放度对创新绩效的影响机制研究 [D]. 杭州：浙江大学，2012.

[109] 许庆瑞，毛凯军. 杭州市高技术企业群现状分析 [J]. 科技进步与对策，2001 (11)：86 - 87.

[110] 宣晓伟. 企业集群：发展地方经济的新药方？[N]. 中国经济时报，2003-12-02.

[111] 杨林，段牡钰，刘娟，等. 高管团队海外经验、研发投入强度与企业创新绩效 [J]. 科研管理，2018 (06)：9-21.

[112] 杨万钟. 上海及长江流域经济协调发展 [M]. 上海：华东师范大学出版社，2001.

[113] 杨勇. 中美外包体系中美国专利知识溢出机制及效应 [J]. 国际贸易问题，2019 (09)：69-82.

[114] 姚先国. 产业区灵活专业化的两种不同模式比较 [J]. 中国工业经济，2002 (06).

[115] 叶静怡，林佳，张鹏飞，等. 中国国有企业的独特作用：基于知识溢出的视角 [J]. 经济研究，2019，54 (06)：40-54.

[116] 苑全驰. 从产业集群到创新型产业集群. 集群经济发展的方向和对策研究 [J]. 江南论坛，2006 (02)：21-24.

[117] 张超. 基于创新网络的嵌入跨国外包体系的产业集群升级研究 [D]. 武汉：武汉理工大学，2012.

[118] 张红岩. 创新型产业集聚区培育机制与成长动力研究 [J]. 河南科技学院学报，2012 (11).

[119] 张宏. 民营企业集群培育的路径与政府作用 [J]. 理论导刊，2006 (05).

[120] 张辉. 全球价值链下地方民营企业集群转型和升级 [M]. 北京：经济科学出版社，2006.

[121] 张冀新，柳静. 基于效能评价的创新型产业集群成长模式研究 [J]. 科技进步与对策，2019，36 (11)：54-63.

[122] 张冀新，王怡晖. 创新型产业集群中的战略性新兴产业技术效率 [J]. 科学学研究，2019，37 (08)：1385-1393.

[123] 张冀新，王怡晖. 创新型产业集群中的战略性新兴产业技术效率 [J]. 科学学研究，2019 (08)：1385-1393.

[124] 张金昌. 国际竞争力评价的理论和方法 [M]. 北京：经济科学出版社，2002.

[125] 张景安. 创新精神与创新集群—硅谷的启示 [M]. 上海：复旦大学出版社，2002.

[126] 赵静．建设创新型产业集群实现跨越式发展［J］．华东科技，2012（06）：70－71.

[127] 赵峭含，胡晓龙，诸克军．变量降维及零值数据在DEA应用中的改进［J］．系统工程，2015（04）：126－130.

[128] 赵勇，白永秀．知识溢出：一个文献综述［J］．经济研究，2009，44（01）：144－156.

[129] 赵勇，白永秀．知识溢出测度方法研究综述［J］．统计与决策，2009（08）：132－135.

[130] 赵忠华．技术创新扩散为中间变量的创新型产业集群网络关系特征提升创新绩效路径研究［J］．科学管理研究，2012，30（06）：37－40.

[131] 中国社会科学院工业研究所．中国工业发展报告［M］．北京：经济管理出版社，2002.

[132] 中华人民共和国科学技术部．创新型产业集群试点认定管理办法［Z］．2013－02－07.

[133] 钟坚．世界硅谷模式的制度创新［M］．北京：中国社会科学出版社，2001.

[134] 钟书华．创新型产业集群与创新型国家建设［J］．科学管理研究，2007（06）：1－4.

[135] 朱华晟．浙江产业群——产业网络、成长轨迹与发展动力［M］．杭州：浙江大学出版社，2003.

[136] 朱胜、成美纯．企业竞争力评价指标与分析［J］．统计教育，2003（04）：12－15.

[137] 朱永明，贾明娥，赵程程．晋升激励与创业板上市公司创新绩效［J］．科技进步与对策，2017（15）：72－79.

[138] 朱云飞，张硕．河北省传统产业转型升级的创新驱动研究［J］．经济研究参考，2016（19）：8－12.

[139] Andersen P, Petersen N. C. A. Procedure for Ranking Efficient Units in Data Envelopment Analysis [J]. Management Science, 1993, 39 (10): 1261－1264.

[140] Anselin L, Varga A, Acs Z. Local Geographic Spillovers between University Research and High Technology Innovations [J]. Journal of Urban

Economics, 1997, 42 (03): 422 -448.

[141] Anthony J. Venables. Cities and Trade: External Trade and Internal Geography in Developing Economies [J]. NBER Working Paper, 2000.

[142] Banker, R. D, Charnes, A, Cooper, W. W. Some Models for Estimating Technical and Scale Inefficiencies in Data Envelopment Analysis [J]. Management Science, 1984, 30 (09): 1078 -1092.

[143] Bent Dalum. The Formation of Knowledge - based Cluster in North Jutland and Western Sweden [J]. Working Paper to the DRUID Conference on National Innovation System, 1999.

[144] Boundeville J. R. Problems of Regional Economic Planning [M]. Edinburgh University Press, 1996.

[145] Catherine Beadry and Perter Swann. Growth in Industrial Cluster: a Birds Eye View of the United Kingdom [J]. SIEPR Discussion Paper, 2001, No. 00 -38.

[146] Charnes A, Cooper W, Rhodes E. Measuring the efficiency of decision making units [J]. European Journal of Operational Research, 1979, 2 (06): 429 -444.

[147] Chen Y, Liang L. Super - efficiency DEA in the presence of infeasibility: One model approach [J]. European Journal of Operational Research, 2011, 213 (01): 359 -360.

[148] Chen Y. Measuring super - efficiency in DEA in the presence of infeasibility [J]. European Journal of Operational Research, 2005, 161 (02): 545 -551.

[149] Cook W, Liang L, Zha Y, et al. A modified super - efficiency DEA model for infeasibility [J]. Journal of the Operational Research Society, 2009, 60 (02): 276 -281.

[150] Danny Quah. Demand - driven Knowledge Cluster in a Weightless Economiy [J]. Working Paper, 2001.

[151] Fischer M, Varga M. Spatial knowledge spillovers and university research: evidence from austria [J]. AnnRegSci, 2003 (37): 303 -322.

[152] Freeman, C. Network of Innovators: a Synthesis of Research Issues [J]. Research Policy, 2000 (20): 499 -514.

[153] Greunz L. Geographically and technologically mediated knowledge spillovers between European regions [J]. The Annals of Regional Science, 2003, 37 (04): 657 -680.

[154] Griliches Z. Issues in Assessing the Contribution of Research and Development to Productivity Growth [J]. The Bell Journal of Economics, 1979, 10 (01): 92 -116.

[155] Hart, D. and J. SimmieInnovation, Competition and the Structure of Local Production Networks [J]. Local Economy, 2001 (03): 235 -258.

[156] Henry G. Overman. The Economic Geography of Trade, Production and Income: a Survey of Empirics [J]. NBER Working Paper, 2001.

[157] Ho C, Wang W, Yu J. International knowledge spillover through trade: A time - varying spatial panel data approach [J]. Economics Letters, 2018 (162): 30 -33.

[158] Jaffe A B. Real Effects of Academic Research [J]. American E-conomic Review, 1989, 79 (05): 957 -970.

[159] Kaiser U. Measuring Knowledge Spillovers in Manufacturing and Services: An Empirical Assessment of Alternative Approaches [J]. Research Policy, 2002, 31 (01): 125 -144.

[160] Krugman P. Increasing returns and economic geography [J]. Journal of Political Economy, 1991 (99): 483 -499.

[161] Lee H, Chu C, Zhu J. Super - efficiency DEA in the presence of infeasibility [J]. European Journal of Operational Research, 2011 (03): 141 -147.

[162] Lee H, Zhu J. Super - efficiency infeasibility and zero data in DEA [J]. European Journal of Operational Research, 2012, 216 (02): 429 -433.

[163] Liu Chunxiang, Luna Joyce. An Empirical Analysis of Upgrading Status of Zhejiang Traditional Industry Clusters from the Perspective of Global Value Chain, Journal of Applied Sciences Volume 13, Number 9, 1597 - 1601, 2013.

[164] Liu X, Fang Z, Zhang N, et al. An evolutionary game model and its numerical simulation for collaborative innovation of multiple agents in carbon fiber industry in China [J]. Sustainable Computing: Informatics and Systems,

2019 (04): 68 -72.

[165] Menon, Mohan K., McGinnis, Michael A., and Ackerman, Kenneth B. Selection criteria for providers of third - party logistics services: An exploratory study [J]. Journal of Business Logistics, 1998, Vol. 19, Issue 1.